W0040041

Peter Pilz

Mit Gott gegen alle

PETER PILZ

Mit Gott gegen alle

Amerikas Kampf um die Weltherrschaft

Deutsche Verlags-Anstalt
Stuttgart München

Bibliografische Information der Deutschen Bibliothek
Die Deutsche Bibliothek verzeichnet diese Publikation
in der Deutschen Nationalbibliografie; detaillierte
bibliografische Daten sind im Internet über
http://dnb.ddb.de abrufbar.

Typografie und Satz: Brigitte Müller, Stuttgart
Druck und Bindung: GGP Media, Pößneck
Printed in Germany

ISBN 3-421-05758-3

Inhalt

DREI ALTERNATIVEN

DIE STUNDE EUROPAS

Vorwort

»Als sich die Bürger des Fin de Siècle durch den globalen Nebel, der sie umgab, in das Dritte Jahrtausend tasteten, wussten sie nur eines sicher: dass eine Ära der Geschichte zu Ende gegangen war. Viel mehr wussten sie nicht.«

Eric Hobsbawm, Age of the Extremes[1]

Am Beginn des Dritten Jahrtausends herrscht Unsicherheit. Selten zuvor hat es auf die großen Fragen eines Zeitalters so wenige überzeugende Antworten gegeben. Es scheint, als hätte die Politik angesichts weltweiter ökologischer, sozialer, politischer und militärischer Krisen nicht viel mehr zu bieten als ein Krisenmanagement nach Art einer Feuerwehr, die nicht mehr kann, als atemlos von Brandherd zu Brandherd zu eilen. Nicht selten erfährt man nach der Löschung ganz normaler Brände, dass das eine oder andere Feuer von einem Feuerwehrmann gelegt worden ist. Über ganze Feuerwehren, die Brände legen, ist nichts bekannt.

Für die Brände, die erst als Bürgerkriege und dann als »Kampf gegen den Terrorismus« die Zeit nach dem Sieg der USA über die UdSSR prägen, nennt man Schuldige: Gruppen und Banden, die aus Hass und Missgunst morden und zerstören, und Staaten, die im Hintergrund die Fäden ziehen. Beiden unterstellt man zweierlei: die Gier nach Macht und einen Charakter, der nichts anderes zulässt. Sie sind »böse«. Schurken wie sie verstehen nur eine Sprache – Gewalt. Gegen sie muss Krieg geführt werden, wo immer sie sich verstecken. Die Kräfte des Guten müssen dazu jeden Winkel der Welt nach den Bösen absuchen. Überall müssen sie ihre Suchtrupps stationieren. Sie müssen neu bewaffnet werden, damit sie das

Böse in allen seinen Verstecken ausräuchern und zerstören können. Der neue Krieg bedarf neuer Regeln. Wer sie nicht befolgt, macht sich selbst verdächtig.

Die Bösen sind stark. Zum Glück ist eine Macht des Guten noch stärker. Selbstbewusst stellt sie sich dem Bösen entgegen. Sie wird gewinnen. Gott ist an ihrer Seite. Die Macht heißt »USA«. Wird die Macht angegriffen, stehen wir automatisch an der Seite des Guten. Dann sind wir alle die USA. Dieser Unsinn lebt. Niemand entkommt ihm. Vieles in der westlichen Medienwelt klingt schon wie in einer der amerikanischen Landkirchen, in denen der Unsinn aus Herzenslust gepredigt wird, weil nur er das Gemeinsame stiftet. Wer den Predigern glaubt, kann mit den Zuständen leben.

Im Zentrum des neuen amerikanischen Glaubens steht der 11. September. An diesem Tag, versichern die Prediger, habe eine Zeitenwende stattgefunden. Nichts sei wie zuvor. Das Böse habe die Welt überrascht. Damit habe ein Krieg begonnen, der nur als Kreuzzug geführt werden könne. Gott segne Amerika, und los geht's.

Die Predigtschreiber sitzen in der Sakristei und zerkugeln sich vor Lachen. Zwei Jahre vor dem 11. September haben sie ihre Pläne für die amerikanische Welt vorgelegt und mit der Rüstung für die neue Rolle begonnen. Der 11. September hat nichts geändert. Er hat nur die Rechtfertigung geliefert, die bis dahin gefehlt hat. Seit dem Jahr 2000 läuft die Militärmaschine auf Hochtouren. Mit dem 11. September 2001 ist auch die Propagandamaschine angesprungen. Wenn der Krieg um die Köpfe gewonnen ist, können die Kriege um die Weltherrschaft geführt werden.

Die Opfer des 11. September werden ein letztes Mal missbraucht. Sie sind von Terroristen, die sich auf den Islam berufen, ermordet worden. In ihrem Namen sollen jetzt noch weit mehr Unschuldige als »Kollateralschäden« zugrunde gehen. Dabei geht es weder um Recht noch um Demokratie. Es geht um die Vorherrschaft einer einzigen Macht.

In der Karikatur steht die klapprige, weit bemantelte Gestalt von Onkel Sam mit seinem hohen Zylinder, dem die Sterne und Streifen aufgedruckt sind, für das Reich. Seit der russische Bär auf Jahrmärkten auftritt, fühlt sich Onkel Sam allein mit der Welt. Alles steht ihm offen und alles steht ihm zu. Er kann mit seiner Welt machen, was er will. Wenn sich jemand in seinen Weg stellt, ist ein Stützpunkt in der Nähe. Wenn ein Imperium dabei ist, die errungene Macht abzusichern, verkündet es das Ende der Geschichte. Meist ist das ein verlässliches Zeichen, dass sie sich bald wieder in Bewegung setzt. Die Welt kann sich die USA längst nicht mehr leisten. Widerstand ist nicht mehr zwecklos. Es gibt Alternativen. Auch von ihnen handelt dieses Buch.

Der amerikanische Versuch, die Welt zu beherrschen – das ist der erste Teil des Buches. Vieles spricht dafür, dass der amerikanische Plan scheitert. Der Teil darauf handelt von der Zweiten Globalisierung – dem Versuch, mit Energiewende, geschützter Entwicklung und Globalisierung von Rechtsstaat eine Alternative zum amerikanischen Reich zu schaffen. Am Schluss steht die Rolle Europas, der einzigen Macht, die sich den USA nicht nur in den Weg stellen, sondern einen neuen Weg finden kann.

DAS REICH

Bin Bush

Bin Bush. Das scheint unerträglich. Wie kann man als Abgeordneter einer demokratischen Partei auch nur vom Namen her den Präsidenten der größten Demokratie mit einem Massenmörder vergleichen? Wie kann man als grüner Politiker, der gewohnt ist, auf der Seite der Opfer zu stehen, ein Land, das wie kaum ein anderes vom Terror getroffen ist, derart beleidigen? Und wie kann man als Bürger Europas, das viel von seiner Freiheit und Demokratie dem Einsatz des amerikanischen Militärs verdankt, den größten Verbündeten in einem Atemzug mit dem Bösen nennen? Man kann, und es gibt gute Gründe.

Osama bin Laden ist ein politischer Verbrecher, der zu allem bereit ist. Im Vergleich zu ihm hat Saddam Hussein ein Vielfaches an Menschen, aber weniger Amerikaner auf dem Gewissen. Nordkoreas Diktator Kim Jong Il steht auf einer Stufe mit Saddam. Aber was ist mit den Regimen in Pakistan, die die Taliban erfunden, die al-Qaida-Kader nach Afghanistan gebracht, den Krieg im Kaschmir begonnen und Atomraketen gegen Indien in Stellung gebracht haben? Was ist mit der Theokratie in Saudi-Arabien, die Frauen in brennenden Häusern zugrunde gehen lässt, weil sie ohne Schleier ins Freie flüchten wollen, Homosexuelle hinrichten lässt, während sich seine saufenden Prinzen europäische und amerikanische Prostituierte auf ihre Luxusjachten liefern lassen, und die bis zum Schluss Hauptsponsor des Taliban-bin-Laden-Komplexes war? Was ist mit Putins Terrorkrieg in Tschetschenien? Alles Freunde, alles verbündete Verbrecher, so wie es Saddam und bin Laden auch einmal waren. An der Spitze dieser Mordsgesellschaft steht der amerikanische Präsident.

Osama bin Laden und George Bush, der bärtige Terrorist

und der glatt rasierte Präsident. Beide kämpfen aus tiefer Überzeugung gegen das Böse. Beide wollen, dass die Welt nach ihren Plänen gut wird. Beide sind im Auftrag Gottes am Werk. Beide wollen ihre Gegner ausrotten. Beide sind bereit, dazu alle Waffen einzusetzen. Beide fühlen sich nicht an das Recht, sondern an ihre Mission gebunden. Beide sind einander ähnlicher, als es ihnen recht ist.

Vieles spricht dafür, dass George Bush das glaubt, was er sagt. Seine Welt besteht aus Schwarz und Weiß. Weniger als seine Vorgänger scheint er bereit, Schwarz in Weiß umfärben zu lassen. Er will die Welt vom Bösen erlösen und hat das zum Entsetzen seiner Redenschreiber auch immer wieder klargemacht.

George Bush hat einen besonderen Wunsch. Gemeinsam mit seinen Ministern, Militärs und Geheimdiensten will er die Welt beherrschen. Er hat:

1. einen Plan zur politischen und militärischen Beherrschung der Welt entwickelt;
2. den 11. September 2001 missbraucht, um diesen Plan umzusetzen;
3. die wichtigsten Staaten und Organisationen genötigt, ihm dabei zu helfen;
4. die Öffentlichkeit über dieses Vorhaben erfolgreich getäuscht.

Bushs Heimat ist die Erdölwirtschaft. In ihrem Interesse rüstet er hoch, baut das Militär um und führt Kriege. Sein Ziel ist ein amerikanisches Weltreich, in dem sich Satelliten und Statthalter in präzisen Abständen zum Zentrum gruppieren. Dazu nimmt er sich alle Rechte: zum »vorbeugenden Krieg«, zum globalen Überwachungsstaat und zum Einsatz von Massenvernichtungswaffen. Das Recht, das als UNO-Charta, als multilaterale Abkommen und als Völkerrecht für alle gelten soll, schiebt er beiseite.

Die Rechtfertigung dafür besteht aus einem Namen: Osama bin Laden. Egal, wer gerade aus dem Weg geräumt werden soll, egal, wo gerade wieder die Grenzen des Rechts durchbrochen werden sollen, alles geht mit diesem Namen. Wie zwei bösartige Zwillinge hängen Bush und bin Laden aneinander. Sie bekämpfen und sie brauchen einander. Ohne bin Laden wäre George Bush bestenfalls ein durchschnittlicher Präsident. Mit ihm ist er der Schutzherr einer Welt, die in größter Gefahr ist.

Nicht der Terrorismus von al-Qaida ist einmalig, sondern das System, das aus ihm entstanden ist. Bin Bush – das ist der erste gelungene Versuch, einen terroristischen Angriff für die eigenen globalen Pläne zu nützen. Bin Bush ist ein System, das das Böse zu einer solchen Größe aufbläst, dass der Einsatz aller Mittel recht scheint. Vom Irak bis ans Horn von Afrika, von Usbekistan bis auf die Philippinen muss alles gesäubert, gerettet und geschützt werden. Der einzige Exorzist, der dieser gewaltigen Aufgabe gewachsen scheint, ist das amerikanische Militär. Die ersten Kriege um die Weltherrschaft haben die USA bereits gewonnen. Die nächsten stehen bevor.

Nicht nur Moslems empfinden den amerikanischen Angriff als Kreuzzug. George Bush ist es selbst fünf Tage nach den elf großen Anschlägen herausgerutscht. Seitdem steht »Kreuzzug« trotz aller Entschuldigungen im Raum.

Als die Kreuzritter vor mehr als neunhundert Jahren in den Nahen Osten aufbrachen, hatten sie zwei Gründe: Sendung und Beute. Bis heute hat sich an Ziel und Gründen nichts geändert. Nur der Anmarsch ist schneller und die Kräfte sind ungleicher verteilt. Mit dem Kreuz in der Hand werden die Ölfelder besetzt und die Konzessionen neu verteilt. Von Osama bin Laden bis Saddam Hussein spielen die nützlichen Monster dazu ihre passenden Rollen.

Für dieses Buch habe ich ausschließlich offene Quellen genutzt: Bücher, Zeitungen, Internet. Meine parlamentarischen Mitarbeiter Petra Freiler und Nikolaus Kunrath haben mich gemeinsam mit dem Militärexperten Georg Schöfbänker[2] bei den Recherchen unterstützt. Das war das ganze Team. Damit bleibt eine Frage: Was sind das für Medien, die das eine oder andere Stück, aber nie die ganze Geschichte

berichten? Es sind amerikanische, britische, deutsche, französische, italienische, russische und österreichische Medien. Es
sind Verbündete. Ihre Journalisten haben gelernt, dass man
beim Mitschwimmen den Kopf immer stromabwärts hält. Seit
der gemeinsamen Entdeckung des Schlüssellochs haben sie
Ferngläser und Lupen beiseite gelegt. Wenn sie einmal vor
einer Kuh stehen, beherrschen sie ihren Blick derartig, dass
sie nie das ganze Tier sehen. Ihre Besten und Mutigsten berichten aufgeregt, dass sie dort, wo nichts sein sollte, einmal
ein Euter und ein anderes Mal ein Horn entdeckt hätten.
Kaum eine der Beobachtungen, die ich zusammengefasst
habe, habe ich selbst gemacht. Die Berichte von herrenlosen
Eutern, Hörnern, Schwänzen und Schädeln setze ich zusammen und gebe dem ganzen einen Namen: KUH. Die »Kuh«
dieser Geschichte ist das amerikanische Reich.

Das Reich entsteht an einem Punkt, wo die Beherrschung
der ganzen Welt zum ersten Mal technisch möglich scheint.
Um jede Stelle der Welt erreichen zu können, muss man nicht
jeden Punkt besetzen. Ein feines Netz aus gut befestigten
Enklaven genügt, um große Flächen unter Kontrolle zu halten. Nur dort, wo Pipelines wie Lebensadern sich in einem
Halbmond von Zentralasien bis in die Ölzentren des Nahen
Ostens ziehen, werden sie von einer Kette von Stützpunkten
gesäumt.

Mit der Ausbreitung des Reichs wächst der Widerstand. Wie
ein *Caterpillar* schieben Politiker und Militärs der USA immer
größere Berge vor sich her und beschweren sich, dass sie zu
immer größeren Planierraupen greifen müssen. Ihre Allianzen sind dabei so fragil wie die Basis ihrer imperialen Politik
im eigenen Land. Von der Militarisierung des Weltraums bis
zur Drohung mit den eigenen Massenvernichtungswaffen, von
der Zerstörung der Umwelt bis zur militärischen Aggression
ist das amerikanische System bösartig geworden. Der Terrorismus ist nicht die Ursache, sondern die falsche Antwort auf
ein System, das viele nicht mehr ertragen. Vieles spricht dafür,
dass das zweite amerikanische Jahrhundert das letzte wird.

Das amerikanische Leben

*»Wir haben Wahrheiten gefunden, die wir nie mehr in
Frage stellen werden: Das Böse ist Wirklichkeit, und es muss
bekämpft werden ... Gott ist nahe.«*[3]

George Bush, State of the Union Address 29. Januar 2002

»Unsere tiefste nationale Überzeugung besagt, dass jedes Leben wertvoll ist, weil jedes Leben das Geschenk eines Schöpfers ist, der uns in Freiheit und Gleichheit leben lassen will. Mehr als alles andere ist es das, was uns von unserem Feind trennt. Wir achten jedes Leben; unser Feind achtet keines.«[4] So spricht der Präsident.

»Ich denke, das ist eine sehr schwere Entscheidung, aber es ist – ja wir glauben, es ist den Preis wert.« Als die amerikanische Außenministerin Madeleine Albright am 12. Mai 1996 in der TV-Show »60 Minutes« antwortete, war sie sich ihrer Sache sicher. Kurz zuvor hatte die UNICEF dokumentiert, dass die UN-Sanktionen bereits mehr als 500 000 irakischen Kindern das Leben gekostet hatten. Medikamente, sanitäre Einrichtungen, Nahrungsmittel – alles war in den engen Maschen der Sanktionen gegen den Irak hängen geblieben. Die Journalistin Lesley Stahl hatte Albright eine einfache Frage gestellt: »Wir haben gehört, dass mehr als eine halbe Million Kinder gestorben ist. Das sind mehr Kinder, als in Hiroshima gestorben sind. Und – ist das den Preis wert?«[5]

Am 11. September 2001 kamen bei einem terroristischen Angriff 3000 Menschen ums Leben. Man sagt, dass seit diesem Tag nichts mehr so sei wie vorher. Am 16. März 1988 wurden bei einem terroristischen Angriff rund 7000 Menschen getötet. Ein paar Tage später war der Zwischenfall vergessen.

Die Toten, die niemand vergessen darf, sind Amerikaner. Die vergessenen Toten sind Kurden aus Halabja, einer Stadt im nordöstlichen Winkel des Irak. 14 Jahre nach Saddams Giftgasangriff auf Halabja wurden die Opfer ein erstes Mal medial ausgegraben. Die Wiederentdeckung Halabjas hatte einen Sinn. Die USA bereiteten ihren zweiten Angriff auf den Irak vor. Die kurdischen Opfer waren plötzlich etwas wert.

Von der Anzahl der Opfer her stehen die Anschläge vom 11. September nicht an der Spitze einer Liste vergleichbarer Terrorakte. Trotzdem ist etwas Historisches geschehen: Täter und Opfer haben von ihrer Herkunft her die Seiten gewechselt. Die Täter kommen aus dem Süden, die Opfer aus dem Norden. Nur in Europa und in Nordamerika gilt es als unanständig, die Anschläge vom 11. September mit anderen zu vergleichen. Der Grund ist einfach. Seit Jahrhunderten waren es vor allem europäische und amerikanische Politiker und Militärs, die Menschen in allen Kontinenten umbringen ließen. Die Regel war einfach: Massenmörder aus Europa und den USA, Massenopfer in der Dritten Welt. Nach Hunderten Jahren Einbahngemetzel ist die Grundregel des globalen Massenmords zum ersten Mal gebrochen worden. Das ist keine Rechtfertigung – nur eine Feststellung.

Das Aufrechnen der Toten sei nicht akzeptabel. Warum? Sind die Toten des Terrors von New York als Menschen einmaliger als die etwa doppelt so vielen Toten der Giftgasangriffe Saddams im kurdischen Ort Halabja? Sind die Bilder der Menschen, die verzweifelt aus den oberen Stockwerken der Twin Towers winken, schlimmer als die derer, die auf den Straßen Halabjas plötzlich zu lachen und zu zucken beginnen und dann an Saddams Giftgasen sterben? Rechtfertigen die einen einen Krieg und sind die anderen nicht einmal einen genaueren Augenschein wert? Und vor allem: Hat eine Regierung das Recht, für gleichermaßen symbolische wie sinnlose Sanktionen eine halbe Million Kinder zu opfern? Die Botschaft kommt an. Irakisch-Kurdistan, Kambodscha, Sudan – wer dort leben muss, hat am eigenen Leib gelernt, dass das wertvolle Leben amerikanisch ist. Der Rest zählt noch immer wenig.

In einem Wiener Supermarkt sitzt eine junge Frau an der Kasse. An die ruhigen Tage in Wien hat sie sich gewöhnt. Aber jede Nacht wacht sie auf, weil sie von Halabja träumt. Die Flugzeuge, die zuckenden Menschen, die plötzliche Stille, alles kehrt jede Nacht wieder. Die Frau gehört zu den wenigen, die die Flucht in die Sicherheit der EU geschafft haben. Sie und viele andere Opfer Saddams wissen, dass das Embargo, das die UNO auf Geheiß der USA verhängt hat, am Ziel weit vorbeigeht. Saddam Hussein exportiert weiterhin sein Öl und importiert die europäischen Luxuswagen, die seinen Vertrauten und Wächtern als Geschenke zustehen. Und wenn der Transport über die Pipelines nicht funktioniert, wird das Öl aus Kirkuk in Tankwagenkolonnen quer durch Kurdistan in die Türkei transportiert. Nach Giftgas und Bomben trifft auch das Embargo nur die Opfer Saddams.

Der Auslandsgeheimdienst des Pentagon heißt »Defense Intelligence Agency – DIA«. Am 22. Januar 1991 berichtet er über die Zukunft der Wasserversorgung des Irak. »Der Irak hängt vom Import von speziellen Geräten und bestimmten Chemikalien ab, um sein Wasser klären zu können … Wenn die Lieferungen nicht möglich sind, wird das Trinkwasser für einen großen Teil der Bevölkerung knapp. Das kann zu vermehrten Krankheitsfällen, wenn nicht Epidemien, führen.«[6] Der Bericht listet auf: »Cholera, Hepatitis, Typhus«. Die DIA rechnete mit einem schnellen Zusammenbruch der Wasserversorgung: »Obwohl die irakischen Kapazitäten zur Wasseraufbereitung jetzt schon zurückgehen, wird es mindestens sechs Monate dauern, bis das System völlig am Ende ist.«[7] Ein halbes Jahr später war die Trinkwasserversorgung des Irak am Ende. Jeder wusste, dass das Embargo die Wasserversorgung zerstören würde. Auch diese Opfer zählten nicht.

Mehr als eine halbe Million Kinder sind dem Embargo zum Opfer gefallen.[8] Vier führende Beamte der UNO sind aus

Protest von ihren Funktionen im Irak zurückgetreten. Aber die USA bleiben hart. Das Embargo steht als Symbol für amerikanische Entschlossenheit. Auf nichtamerikanische Kosten wird keine Rücksicht genommen. Für die Menschen, die den Sanktionen zum Opfer fallen, hat man einen Sammelbegriff gefunden: »Kollateralschäden«.

Als die USA beschlossen, Jugoslawien anzugreifen, führten sie in ihre Planungen eine fixe Bedingung ein: Egal, was es koste, amerikanisches Leben müsse um jeden Preis geschont werden. Militärisch geht das nur, wenn man aus möglichst großer Entfernung zerstört. So fand der Krieg wie zuvor im Irak und später in Afghanistan auf zwei Ebenen statt. Ruhig und sicher flogen amerikanische Piloten 5000 Meter über dem Boden ihre Routen, während ihre Bomben am Boden Fabriken und Kraftwerke in Brand sprengten.

Ein Teil der Bomben fiel auf Pancevo. Der Belgrader Vorort lebte bis zum 15. April 1999 von seiner chemischen Industrie. Am 15. April bombardierte die NATO zum ersten Mal die beiden petrochemischen Fabriken. Drei Tage später kamen die Bomber wieder. Nach dem Angriff war Pancevo verwüstet. Der Boden ist mit Quecksilber vergiftet. Die Menschen, die noch nicht erkrankt sind, hoffen auf Wiederaufbauprogramme.

Als ich im belgischen NATO-Hauptquartier in Mons einen deutschen Offizier fragte, warum die NATO Pancevo als Bombenziel ausgewählt habe, mühte er sich mit der Antwort. Ja, alle hier wüssten, was in Pancevo passiert sei. Sie hätten auch nachgefragt. Aber die Amerikaner hätten ihnen nur mitgeteilt, dass die Zielauswahl ihre Sache sei. Weitere Fragen seien sinnlos.

Die nächste Station war Afghanistan. Die Internet-Version eines Harry-Belafonte-Schlagers fasst Ziel, Methoden und geistigen Hintergrund des amerikanischen Angriffs prägnant zusammen:

Run Mr. Taliban, we know where you're hiding
Air Force coming, they'll flatten your home
Hey USA, USA, USA,
Uncle Sam's coming he'll flatten you home.
50 foot, 60 foot, 70 foot, crater!
Air Force coming, they'll flatten your home
Uncle Sam's pissed, he ain't no quaker!
Air Force coming, they'll flatten your home.

»Flatten your home« – das Dorf Chokar Karaiz ist jedenfalls bereits »flachgemacht«. Die französische Agentur AFP schildert: »Menschen aus der Gegend berichten, dass rund zwanzig Dorfbewohner die Angriffe vom 19. und 20. Oktober 2001 überlebt haben, als US-Kampfflugzeuge in einer Welle nach der anderen das Dorf mit schweren Bomben und Bordkanonen attackierten und alles zerstörten, was in Sicht kam. Ausländische Reporter, die von Talibanmilizen hingebracht wurden, sahen die Verwüstung aus erster Hand: Jedes Haus war flachgebombt worden, und die angrenzenden Felder waren voll tiefer Krater ... Große Schrapnellhaufen türmten sich überall. Auf einem Stück konnte man ›Guided Bomb‹ ... lesen.«[9] Zumindest hier hatten die Präzisionsbomben zivile Ziele getroffen. »›Viele Körper waren zerrissen, und alles, was wir tun konnten, war die Gliedmaßen zu sammeln und in ein gemeinsames Grab zu legen‹, sagte der 65-jährige Mungal, als er ein frisches Grab zeigte.«[10]

Aus der Luft sah die Unzahl von Höhlen wie ein Meer von Schatten aus. Zu manchen Schatten führten kaum erkennbare LKW-Spuren, aus anderen meinten Piloten, leichte Schlieren, die sie für die Rauchfahnen von Dieselaggregaten hielten, zu erkennen. Das wurde bombardiert, denn mehr war aus der großen Höhe nicht zu sehen.

Die »schlauen Bomben«, die nur dann in afghanischen Krankenhäusern und Flüchtlingslagern einschlugen, wenn die Zielauswahl danebengegangen war, wurden immer weniger. An ihre Stelle traten Clusterbomben. Je nach Abwurfhöhe, Richtung und Stärke des Windes verteilten sie in unterschiedlicher Nähe ihrer Ziele Minibomben und Minen. Etwa zehn Prozent der Bomben detonierten nicht. Die bunten kleinen Gegenstände wurden gerne von Kindern ausgegraben. Zwischen den Clusterbomben landeten Lebensmittelpakete. In manchen Dörfern blieben sie liegen, weil die Menschen seit dem letzten Bombardement Angst hatten, ihre Häuser zu verlassen.

Jedes Mal, wenn ein afghanisches Kind eine gelbe amerikanische Mine mit einem gelben amerikanischen Lebensmittelpaket verwechselte, entstand ein Kollateralschaden. Die mehr als 500 000 Kinder, die dem Embargo gegen den Irak zum Opfer gefallen sind, fallen unter dieselbe Kategorie. Zum Wesen des Kollateralschadens gehört, dass ihn der Verursacher in Kauf nimmt.

»Das AC-130 Erdkampfflugzeug ist ein Umbau des Hercules-Transportflugzeugs. Es ist ein relativ langsam fliegendes Flugzeug für den Bodenkampf, das eine Vielzahl von Bordkanonen und Feuerkontrollsystemen trägt, die es ihm ermöglichen, Ziele mit bemerkenswerter Genauigkeit zu pulverisieren.«[11] Am 1. Juli 2002 überflog ein AC-130 südlich von Kandahar eine afghanische Hochzeitsgesellschaft, bei der nach örtlichem Brauch mit Kalaschnikovs in die Luft geschossen wurde. Die AC-130 griff an und löschte die Hochzeit aus. Vierzig Tote blieben zurück. Die Luftaufklärung der USA war offensichtlich nicht in der Lage, zwischen einer Terrorzelle und einer Hochzeit zu unterscheiden. Solange es noch Bombenziele gibt, empfiehlt es sich in den gerade angegriffenen Ländern, nicht öffentlich zu feiern. Die Luftwaffe der USA könnte das missverstehen.

Anfang September 2001 waren mehr als sieben Millionen Menschen in Afghanistan von einer Hungerkatastrophe betroffen.[12] Ihr Überleben war vom Erfolg des World Food Programms der UNO und ähnlichen Hilfsprojekten abhängig. Am 16. September forderten die USA Pakistan auf, die LKW-Konvois nicht mehr nach Afghanistan durchzulassen. Kein Konvoi sollte die US-Bombardements stören. Um al-Qaida

ausrotten zu können, riskierte die amerikanische Kriegsführung den Hungertod von Millionen.

Vom Irak bis Afghanistan nahm der Krieg immer mehr in
Mitleidenschaft: die Kinder, die Flüchtlinge, den internationalen Rechtsstaat, das Ansehen der UNO, die Aussöhnung mit
der muslimischen Welt. Der Preis ist hoch. Ein Teil der politischen Kollateralschäden gehörte zum Ziel. Aber was ist das
Ziel?

Die Chance des Präsidenten

Fünf Stunden, nachdem sich die beiden Flugzeuge in die Türme des World Trade Center gebohrt hatten, machte sich ein Mitarbeiter von Donald Rumsfeld Notizen. Am 4. September 2002 brachte sie der CBS-Korrespondent David Martin an die Öffentlichkeit.[13] Ein Jahr zuvor, am 11. September um 14 Uhr 40, äußerte der Verteidigungsminister einen Wunsch: »Voll hinein. Klären ob es reicht, dass wir uns S. H. auch gleich vornehmen. Nicht nur UBL.«[14] Mit UBL wurde «Osama bin Laden» abgekürzt. S. H. stand für »Saddam Hussein«. Die Notizen gehen weiter. »Massiv hineinfahren, alles in einem Aufwasch. Egal, ob es was miteinander zu tun hat oder nicht.«[15]

Einen Tag später traf sich der Journalist Bob Woodward mit führenden Sicherheitsexperten der USA. »Rumsfeld beschäftigte sich mit der Frage, ob sie die Möglichkeit, die ihnen die terroristischen Attacken zum Angriff auf Saddam böten, nutzen sollten.«[16] Der Minister diskutierte, doch er hatte sich längst entschieden. »Vor den Attacken hatte das Pentagon bereits monatelang an einer militärischen Option für den Irak gearbeitet«,[17] berichtet Woodward. Als der Nationale Sicherheitsrat am selben Tag beriet, »stellte Rumsfeld die Frage nach dem Irak. Warum sollten wir nur Al-Kida angreifen und nicht den Irak, fragte er.«[18] Auch am 12. September 2001 gab es keine Hinweise auf Verbindungen zwischen Saddam, al-Qaida und den Anschlägen in Washington und New York. Rumsfeld plädierte von Anfang an dafür, kurzen Prozess zu machen: angreifen, aufräumen, abrechnen. Der Minister wusste schneller als andere: Die Anschläge waren nicht nur einmalige Verbrechen. Sie boten auch einmalige Chancen.

»Die Geschichte wird diesen Tag nicht nur als einen Tag der Tragödie, sondern als einen Tag der Entscheidung festhalten –

als die zivilisierte Welt zu Wut und Aktion aufgestachelt wurde.«[19] Als Präsident Bush am 11. März 2002 am *South Lawn* vor dem Weißen Haus vor die Öffentlichkeit trat, war er längst dabei, die Chance des 11. September zu nützen. Der Krieg in Afghanistan schien schon fast vorbei. Die USA waren dabei, Kurs auf die nächste Station zu nehmen: auf den Irak. Wie in Afghanistan konnten sich die USA auch hier auf reiche Erfahrungen stützen.

Mehr als ein Jahrzehnt ist Saddam Hussein einer der bedeutendsten Verbündeten der USA. Als Khomeinis Ayatollahs die Macht im Iran übernahmen und die USA damit ihre wichtigste Bastion in der Region verloren hatten, suchten sie nach neuen Partnern. Saddam Hussein war erste Wahl. Er hatte sein Land im Griff und war bereit, seinen Nachbarn im Nordosten anzugreifen. Zwei Probleme waren noch zu lösen, bevor der erste Golfkrieg begonnen werden konnte: Der Irak musste von der Liste der Staaten, die Terroristen unterstützten, gestrichen werden – und er musste die Waffen bekommen, die er für einen großen Krieg brauchte.

Obwohl Geheimdienstberichte belegten, dass Saddams Irak terroristische Organisationen unterstützte und seit der Mitte der siebziger Jahre Chemiewaffenkapazitäten aufbaute, ließ die Regierung Reagan den Irak 1982 von der Liste der Staaten, die Terroristen unterstützen, streichen.[20] Damit konnte der Irak mit *dual use*-Gütern[21] für die Herstellung konventioneller, chemischer und biologischer Waffen beliefert werden. Saddam hatte freie Bahn. »Die Zeit« berichtet von einem krönenden Höhepunkt der irakisch-amerikanischen Freundschaft: »Ende 1983 reiste der heutige Verteidigungsminister Donald Rumsfeld als Sondergesandter von Präsident Ronald Reagan zu Saddam, um die Wiederaufnahme der diplomatischen Beziehungen vorzubereiten«.[22] Reagans Nahostexperte Geoffrey Kemp hält fest: »Wir wussten, dass Saddam ein Schurke war, aber er war unser Schurke.«[23]

Als neuer Abgeordneter im österreichischen Nationalrat saß ich 1988 im »Noricum«-Untersuchungsausschuss. Das

staatliche österreichische Rüstungsunternehmen »Noricum«,
eine Tochterfirma des Stahlkonzerns Voest, hatte zu Beginn
der achtziger Jahre illegal Kanonen an den Irak geliefert. Die
GHN 45 war damals das modernste Produkt der Branche. Ihre
Geschosse reichten bis zu 45 Kilometern. Die *base bleed*-
Spezialmunition konnte mit ihrem zusätzlichen Antrieb von
herkömmlichem Sprengstoff bis zu weißem Phosphor alles bis
zu 45 Kilometern weit transportieren, was man Soldaten und
Zivilbevölkerung der anderen Seite antun wollte. Das Bild
war bald klar: Generaldirektoren, hohe Beamte und Minister
hatten zusammengespielt, um ein gutes Geschäft zu ermöglichen.

Ein einziger Akt deutete darauf hin, dass mehr als Geld im
Spiel war. »Grünes Licht aus Washington« stand in einem
Geheimakt der österreichischen Staatspolizei, den ich im Früh-
jahr 1988 durcharbeitete. Meine Nachfragen ergaben: Die
USA waren von Anfang an informiert, dass österreichische
Kanonen Anfang der achtziger Jahre über Jordanien in den
Irak geschmuggelt werden sollten. Mark Phythian von der
Universität Wolverhampton bestätigt den Verdacht: »Die
Vereinigten Staaten ermunterten die Voest-Lieferungen an
Jordanien, das heißt an den Irak.«[24] Insider und Beteiligte
ergänzten: Die USA wollten so wenig wie möglich selbst an
Saddam liefern. So unterstützten sie europäische Firmen, die
bereit waren, das politisch riskante Geschäft zu machen.

In den achtziger Jahren drängten unter den wohlwollenden
Augen der USA europäische Firmen nach Bagdad. Deutsche
Unternehmen lieferten Chemikalien, britische, polnische und
jugoslawische Firmen halfen, die Produktion von Raketen
und Munition aufzubauen. Rund ein Dutzend österreichischer Firmen plante den Bau der Raketenfabriken, lieferte
Einrichtungen für die Patronenerzeugung und ermöglichte
mit Bioreaktoren, erste chemische Waffen zu erzeugen. Von
SAAD 5 bis SAAD 21 entstand im Laufe eines Jahrzehnts ein
weit über das Land verteilter Rüstungskomplex, über dessen
Ausdehnung und Möglichkeiten außer CIA und Mossad kaum

jemand Bescheid wusste.[25] Ab und zu lieferten die USA verdeckt und direkt. Der britische Labour-Abgeordnete Alan Simpson fasste in seinem Bericht über den Irakkrieg zusammen: »Die US-Regierung lieferte für ›Unkraut-Sprühaktionen‹ Hubschrauber (die daraufhin 1988 für die chemischen Angriffe auf die Kurden eingesetzt wurden),[26] verschaffte dem Irak Zugang zu Geheimdienstinformationen, die es ihm erlaubten, seine Senfgasangriffe auf iranische Truppen zu ›präzisieren‹ (1984), stellte Air Force-Offiziere für die Zusammenarbeit mit ihren irakischen Kollegen zur Verfügung (ab 1986), genehmigte Technologieexporte an die irakische Raketenbeschaffungsagentur zum Zweck der Reichweitensteigerung (1988) und blockierte Anträge zur Verurteilung des Irak in Kongress und Senat.«[27] Noch 1990 erhielt der Irak US-Rüstungsgüter im Wert von 1,6 Millionen Dollar.[28]

Seit 1983 wussten die Spitzen der US-Administration, dass Saddam gegen den Iran Giftgas einsetzte. Die CIA berichtete: »Der Irak hat solche Waffen seit 1983 eingesetzt. Das Nervengas Tabun wurde 1984 zum ersten Mal überhaupt auf einem Schlachtfeld eingesetzt. Die Iraker haben eine trocken/staubige Form von Senfgas entwickelt, das auf Personen schnell wirkt.«[29] Die CIA schilderte die Schwierigkeiten beim Aufbau der Chemiewaffenproduktion: »Ausländische Unterstützung war entscheidend für die Entwicklung und Ausweitung des irakischen Chemiewaffenprogramms. Da westliche Exportkontrollen am Beginn die Kosten in die Höhe trieben und die Programme bremsten, bekam man Erfahrung in der Umgehung dieser Kontrollen und in Anpassungen der Produktionsprozesse.«[30] Auf Basis dieses Wissens konnte die CIA in die Zukunft der irakischen Militärs sehen: »Ihre Bemühungen um unabhängige und eigenständige Chemiewaffenproduktionskapazitäten wird sie weniger abhängig von ausländischem Nachschub und weniger anfällig für politischen Druck von außen machen.«[31]

1986 befasste sich der UN-Sicherheitsrat mit Saddams chemischen Kriegen. Die USA blockierten gemeinsam mit

Großbritannien jede Resolution gegen den Irak. Am 21. März verurteilte der Präsident des Rates in einer Erklärung die Verletzung des Genfer Protokolls durch den Einsatz von Chemiewaffen. Die USA stimmten gegen die Veröffentlichung der Erklärung. Saddam stand nach wie vor unter amerikanischem Schutz.

Im Februar 1988 startete Saddam unter dem Namen »Alfal« die erste Großaktion im irakischen Kurdistan. Rund 100 000 Kurden wurden getötet, 300 000 wurden vertrieben. Am Ende der Offensive waren 1200 Dörfer zerstört. Am 16. März griffen Saddams Flugzeuge und Hubschrauber die irakisch-kurdische Stadt Halabja mit Giftgas an. Der US-Senat stellte sich am 8. September auf die Seite der Opfer und verhängte Sanktionen gegen den Irak. Reagans Beamte blockierten und verschoben die endgültige Entscheidung so lange, bis der Senat aufgab.[32] Saddam Hussein wusste, dass er vom Kongress nichts zu befürchten hatte. Am 12. Oktober 1989 ließ Außenminister James Baker seinem irakischen Kollegen Tareq Aziz ein geheimes Kabel schicken: »Sehr geehrter Herr Minister… Ich fand unser Treffen extrem nützlich… Breitere und tiefere Beziehungen mit dem Irak auf der Basis gegenseitigen Respekts, das ist die Politik des Präsidenten. In diesem Zusammenhang hat mich der Präsident ersucht, Ihnen und durch Sie Präsident Hussein auf dem kürzesten Weg mitzuteilen, dass die USA an keinem Versuch der Schwächung oder Destabilisierung des Irak beteiligt sind.«[33]

Die USA wussten, wer ihr neuer Freund war, als sie am 26. November 1984 volle diplomatische Beziehungen mit dem Irak wiederherstellten. Bis zum ersten Golfkrieg war Saddam Hussein für die USA das, was mehr als 15 Jahre später General Musharraf in Pakistan für sie werden sollte: ein nützlicher Partner, über dessen Schwächen man hinwegsehen konnte. Die USA haben heute recht: Die Liste der Verbrechen, für die Saddam Hussein persönlich die Verantwortung trägt, ist weit länger als die der meisten anderen Diktatoren. Vom Krieg gegen den Iran bis zur Vergiftung Halabjas fallen seine größten Verbrechen allerdings in die Zeit, als er ein befreundetes Monster war. Unter den wohlwollenden Augen amerikanischer Administrationen konnte Saddam Krieg führen, morden und vergiften. Zum bösen Monster wurde er erst, als er mit seinem Angriff auf Kuwait die Interessen der USA verletzte. Als Washington nach bin Laden einen neuen Schurken brauchte, wurde er zum ersten Mal zum bösen nützlichen Monster.

Am 1. August 1990 lieferten die USA dem Irak militärische Kommunikationsgeräte im Wert von 695 000 Dollar.[34] Einen Tag später marschierten irakische Truppen in Kuwait ein. Binnen kurzem war die öffentliche Meinung im Westen auf einer Linie. Dieser Krieg werde um die Unversehrtheit eines Staates geführt. Öl spiele keine Rolle. Ein Jahrzehnt später sind die wichtigsten Dokumente deklassifiziert. Die erste *National Security Directive* trägt die Nummer 26 und stammt vom 2. Oktober 1989. Sie beginnt mit der Festlegung der amerikanischen Prioritäten: »Der Zugang zum Öl des Persischen Golfes und die Sicherheit von befreundeten Schlüsselstaaten in der Region sind entscheidend für die nationale Sicherheit der USA. Die Vereinigten Staaten sind bereit, ihre vitalen Interessen in der Region zu verteidigen, wenn notwendig und sinnvoll auch mit militärischen Mitteln …«[35] Die USA wussten längst, dass Saddam über chemische Waffen verfügte und sie gegen die Kurden einsetzte. Trotzdem duldeten sie den Besitz: »Die irakische Führung muss wissen, dass jeder illegale Gebrauch von chemischen oder biologischen Waffen zu wirtschaftlichen und politischen Sanktionen führt.«[36] Saddam wusste damit, dass er beim erneuten Einsatz von Giftgas nicht einmal mit militärischen Sanktionen zu rechnen hatte. Statt dessen boten die USA weitere Hilfe an: »Die USA sollten militärische Unterstützung im nichttödlichen Bereich wie Ausbildung oder medizinische Programme in Erwägung ziehen.«[37]

Acht Tage nach dem irakischen Einmarsch in Kuwait unterzeichnete George Bush senior die *National Security Direc-*

tive 45. Die Prioritäten waren unverändert: »Zugang zum Öl«
an der Spitze, gefolgt von der »Sicherheit und Stabilität befreundeter Schlüsselstaaten in der Region«.[38] Am 15. Januar 1991
richtete der UN-Sicherheitsrat sein Ultimatum an den Irak.
Gleichzeitig übermittelte Bush seine *National Security Directive 54* mit dem Angriffsbefehl gegen den Irak an den Vizepräsidenten, Außen- und Verteidigungsminister, den Direktor
der CIA und den Chef des Generalstabs. Der Befehl beginnt
mit »Zugang zum Öl des Persischen Golfs...«[39] Zwei Tage
später griffen die USA mit ihren Verbündeten an.

Zwei Wochen vor dem Ende des Kriegs gegen den Irak rief
George Bush am 15. Februar 1991 »das irakische Militär und
das irakische Volk« auf, »ihre Sache in die eigenen Hände zu
nehmen«. Amerikanische Flugzeuge warfen im Tiefflug Zehntausende Flugblätter, in denen die USA zum Desertieren aufrief, ab.[40] Die Truppen der amerikanischen Allianz hatten
ihren Marsch auf Bagdad bereits gestoppt. Trotzdem sendete
die CIA-Radiostation in Saudi-Arabien sogar noch am 3. Mai –
drei Tage nach dem Waffenstillstand im Krieg gegen den Irak –
rund um die Uhr Aufrufe, Saddam zu stürzen. Beobachter
erinnerten sich an den ungarischen Aufstand von 1956, als
Radio Free Europe die Ungarn zum Aufstand aufrief – und
im Stich gelassene Aufständische Tage später von den Panzern der Roten Armee zusammengeschossen wurden.

Die irakische Armee begann im März ihren Gegenschlag
bei Kirkuk, dem Erdölzentrum des Nordirak. Die Alliierten
hatten dem Irak jede Aktivität mit Flugzeugen verboten. Jetzt
griffen die irakischen Piloten mit Kampfhubschraubern an.
Die flüchtenden Kurden wurden zuerst mit Weißem Phosphor
Richtung Norden getrieben und dann mit Raketen und Maschinengewehren über die Hauptstraßen verfolgt. »Die Iraker
warfen Mehl aus Hubschraubern, um den Eindruck zu er-
wecken, dass sie chemische Waffen einsetzten«,[41] berichtet
Patrick Cockburn über Saddams begleitenden Terror.

Hunderttausende flüchteten in Richtung türkischer Grenze.
Das Fernsehen übertrug live, wie sie sich durch Schnee und

Minenfelder kämpften, um in verschlammte und kaum versorgte türkische Auffanglager zu gelangen. Die öffentliche Meinung kippte innerhalb weniger Tage. Danielle Mitterand, die Frau des französischen Staatspräsidenten, mobilisierte die Regierung. Der britische Premierminister John Major schlug am 8. April bei einem EU-Treffen in Luxemburg vor, für die irakischen Kurden einen »Safe Haven«, einen »sicheren Hafen«, im Nordirak zu schaffen. Der UN-Sicherheitsrat hatte bereits am 5. April in seiner Resolution 688 das Recht auf humanitäre Intervention in den Irak festgestellt – und damit die Kurden das erste Mal in einem UN-Beschluss unterstützt. Nur George Bush und die USA bremsten.

Nach lähmenden Tagen und Wochen gaben die USA dem Druck der öffentlichen Meinung nach. Das Pentagon verhängte ein irakisches Militärverbot nördlich des 36. Breitengrades und starteten die Operation »Provide Comfort«. 21 700 amerikanische, britische, französische, niederländische, italienische und spanische Soldaten landeten im Nordirak, um die Rückkehr der Kurden zu organisieren. Nach langem hatte sich eine internationale Öffentlichkeit gegen die Ignoranz der USA durchgesetzt.

Die Vorkommnisse des Februar 1991 begründen eine gewichtige Frage: Die USA hätten den Gegnern Saddams die Machtübernahme ermöglichen können. Warum haben die USA Saddam verschont und seine Gegner geopfert? Vom Irakischen Nationalkongress bis zu den beiden Kurdenparteien im Norden des Irak weiß jeder: Saddam Hussein lebt auf Bewährung. Er hätte schon längst gestürzt werden können. Der Grund für sein langes Überleben liegt nicht in Bagdad, sondern in Washington.

1991 wollten die USA vor allem eines: Stabilität. Starke türkische Generäle und überlegene israelische Militärs bildeten die Klammer für eine Kette aus einem schwachen, abhängigen saudischen Herrscherhaus, einer jordanischen Operettenmonarchie, einer stabilen und vorsichtigen syrischen Diktatur und einem berechenbaren Herrscher in Bagdad. Die Oppositionsgruppen, die auf die Unterstützung der USA hofften, waren jahrelang ignoriert worden. Als die Truppen der USA vor Bagdad und der Frage »Saddam stürzen?« standen, fiel der amerikanischen Regierung die Antwort leicht. Ein geschwächter Saddam schien kontrollierbar und berechenbar. Dennis J. Halliday war als stellvertretender UN-Generalsekretär für den Irak zuständig. »Der übliche Grund dafür war, dass sie ihn brauchten, um den Irak stabil und zusammenzuhalten, um zu verhindern, dass die Kurden ihren Weg gingen und die Schiiten vielleicht ihren im Süden und so weiter; und die Schiiten würden auf jeden Fall Saudi-Arabien und Kuwait bedrohen, weil sie als Schiiten gegen die Sunniten wären – und daher ist er ein guter Feind, er ist großartig !«[42] Der militärisch geschlagene Saddam schien wieder brauchbar. George Bush senior ließ umkehren.

Zehn Jahre später wollten die USA Saddam stürzen. Über all die Jahre war das Regime Saddam Husseins dasselbe geblieben. Die politischen Wendungen geschahen nicht in Bagdad, sondern in Washington. Was hat sich von Bush Vater zu Bush Sohn geändert?

Nach dem 11. September erklärte die Regierung der USA dem Terrorismus den Krieg. Ein Jahr später war Afghanistan längst schon Geschichte. Osama bin Laden war unauffindbar geblieben. Beim Suchen nach der Nadel im Heuhaufen hatte auch das Anzünden desselben keinen Erfolg gebracht. Während die Hilfe für den Wiederaufbau viel zu langsam auf das ruinierte Land tröpfelte, wurde der nächste Krieg vorbereitet. Sein Ziel schien klar. Erstens: Saddam Hussein bedrohe die Welt mit Massenvernichtungswaffen. Diese Bedrohung müsse – zweitens – mit allen Mitteln abgewendet werden. Drittens führten die Spuren von Osama bin Laden direkt zu ihm. Viertens ähnle sein Irak als Gefahr Hitlers Nazideutschland. Der Schluss daraus war kurz und einfach: »Ein vorbeugender Schlag gegen Hitler zur Zeit des Münchner Abkommens hätte den sofortigen Krieg bedeutet, statt dem, der später ausbrach. Der später war um vieles schlimmer.«[43] Bushs Sicherheitsberater Richard Perle plädiert für militärische Vorbeugung: Krieg, so schnell und so präzise wie möglich.

Schon die erste Annahme stimmt nicht. Saddam Husseins Regime hat biologische Waffen entwickelt, chemische Waffen eingesetzt und versucht, Atomwaffen herzustellen. Alle Berichte von UNSCOM und IAEO lassen nur einen Schluss zu: Der Irak besaß am Beginn des Jahres 2003 mit Sicherheit keine Atomwaffen. William Arkin fasst in der »Washington Post« zusammen: »Irak ist ein Land, das 1991 im Krieg gründlich besiegt worden ist. 99 Prozent seiner Massenvernichtungswaffen sind schon vorher von UNSCOM zerstört worden, und der Irak war jetzt mehr als ein Jahrzehnt isoliert.«[44] Die OPCW, die Organisation für das Verbot chemischer Waffen, versuchte, für das Problem eines möglichen Rests an Chemiewaffen auch im Irak eine Lösung zu finden. Sie scheiterte nicht an Saddam, sondern am Widerstand der USA.

Tony Blairs Bericht »Die Massenvernichtungswaffen des Irak« hat anstelle von Beweisen einige Hinweise geliefert. 2002 lohnte es sich sicherlich, ihnen mit Waffeninspektionen nachzugehen. Aber niemand kann ernsthaft annehmen, dass der Irak im Herbst 2002 plante, Washington, London, Paris und Berlin anzugreifen. Saddam Hussein ist gefährlich, aber weder verrückt noch allmächtig.

Auch die dritte Annahme hält keiner Überprüfung stand. Spuren zu al-Qaida finden sich ausschließlich in den Gebieten des Nordirak, die von der kurdischen PUK kontrolliert werden. Die terroristische Gruppe Jund-al-Islam ist nur deshalb erfolgreich, weil mit massiver saudischer Finanzhilfe Moscheen und Koranschulen gebaut und dort für den Fundamentalismus geworben wird.[45] Die Gruppe wird allerdings von Jalal Talabanis regierender kurdischer PUK erfolgreich bekämpft. Bis heute konnten neben dem Taliban-Afghanistan nur zwei Staaten enge Verbindungen zu Osama bin Laden und seinem Terrornetzwerk nachgewiesen werden: Saudi-Arabien und Pakistan.

Der Vergleich Saddam Husseins mit Adolf Hitler schließ-

lich ist absurd. Das hoch industrialisierte und hoch gerüstete
Dritte Reich war in der Lage, gleichzeitig einen jahrelangen
Krieg gegen die wirtschaftlich und militärisch stärksten Mächte
der Welt zu führen. Nach einem Jahrzehnt harter Sanktionen
war der Irak wirtschaftlich am Ende. Militärisch hatte er den
USA nicht mehr entgegenzusetzen als vor zwölf Jahren. Im
Gegensatz zu Israel und zu den irakischen Schiiten und Kurden hatte die restliche Welt von Saddam Hussein kaum etwas
zu befürchten. Der britische Schriftsteller John Le Carré ist
jedenfalls beeindruckt. »Wie Bush und seine Junta die öffentliche Wut erfolgreich von bin Laden auf Saddam Hussein
umlenkten, das ist einer der großen Public Relations-Tricks
der Geschichte.«[46]

Zu Beginn des Jahres 2003 gab es einen einzigen Staat,
der alle Schurkenkriterien erfüllte. Schon 1998 hatten die
USA wegen eines Atomtests Sanktionen gegen Pakistan verhängt.[47] »Pakistan schraubte unter Führung eines gewissen
Musharraf (und ohne Wissen Sharifs) sogar nukleare Gefechtsköpfe auf seine Raketen«,[48] erinnern die Journalisten
Michael Schwelien und Constanze Stelzenmüller an den Mai
1998. Nawaz Sharif war damals Pakistans Präsident, Pervez
Musharraf sein Generalstabschef. »Bereits im Juli 1999 musste
der amerikanische Präsident Bill Clinton den damaligen
Regierungschef in Islamabad, Nawaz Sharif, bei einem Besuch im Weißen Haus darüber informieren, dass seine Armee
gerade dabei sei, pakistanische Raketen mit A-Waffen zu
bestücken«,[49] berichtet Michael Naumann. Drei Monate nach
dem Besuch putschte Musharraf. Seither führt er den Krieg
um Kaschmir und bedroht Indien mit Atomraketen. Im Gegensatz zu Indien kontrollieren in Pakistan die Militärs die
Atomwaffen. »Die Sicherung von Raketen, Gefechtsköpfen
und waffenfähigem Material (gegen Zerstörung durch den
Feind, aber auch gegen Putschversuche oder Diebstahl durch
Terroristen), so die übereinstimmende Einschätzung der Ken-
ner, ist rudimentär«,[50] stellen Schwelien und Stelzenmüller
fest. Im Fall eines Raketenangriffs beträgt die Vorwarnzeit

zwischen Indien und Pakistan nicht mehr als acht Minuten. Zum Überprüfen und Nachdenken bleibt keine Zeit. Wenn einer der beiden glaubt, dass der andere die Drohungen wahr macht, wird er selbst auf den Knopf drücken.

Dazu kommt, dass es im pakistanischen Militär starke islamistische Strömungen mit offenen Sympathien für die Taliban und Osama bin Laden gibt. Aber Pakistan darf seine Massenvernichtungswaffen weiter auf seinen großen Nachbarn Indien richten. Seine Atomraketen sind schließlich freundlich. Als Pervez Musharraf am 9. Oktober 2001 seinen neuen Verbündeten George Bush besuchte, hatte er eine Frage. Bob Woodward berichtet: »Musharraf zeigte Bush einen Artikel im »New Yorker«, in dem der investigative Journalist Seymor Hersh behauptete, dass das Pentagon plante, sich gemeinsam mit einer israelischen Spezialeinheit im Falle politischer Instabilität in Pakistan um dessen Atomwaffen zu kümmern. ›Seymor Hirsh ist ein Lügner‹, antwortete Bush.«[51]

Pakistans Drohung mit Massenvernichtungswaffen scheint für die USA kein Problem darzustellen. Der Irak verfügt im schlimmsten Fall über einen Bruchteil der pakistanischen Arsenale. Damit bleibt eine einzige Frage: Warum wollten die USA den Irak militärisch angreifen?

Iran, Vietnam, Afghanistan ...

»In der neuen Welt, die wir betreten haben, ist der einzige
Weg zu Frieden und Sicherheit der Weg der Aktion.«[52] Im
September 2002 stellte George Bush mit der neuen US-Militärstrategie seine »neue Welt« vor. »Der große Kampf ist vorbei. Die militanten Visionen von Klasse, Nation und Rasse,
die Utopien versprochen und ins Elend geführt haben, sind
besiegt und entzaubert. Amerika ist weniger von erobernden,
sondern von scheiternden Staaten bedroht. Uns bedrohen
nicht so sehr Flotten und Armeen wie katastrophale Technologien in den Händen weniger Verbitterter. Diese Bedrohungen gegen unsere Nation, unsere Verbündeten und unsere
Freunde müssen wir besiegen.«[53] Der Befund des Präsidenten
stimmt. Auf der militärischen und politischen Bühne haben
die USA keinen ernsthaften Gegner mehr zu fürchten. Kein
Staat fordert die amerikanische Vorherrschaft heraus. Um die
Plätze wird gestritten. Die Nummer eins steht fest.

Noch nie zuvor hat ein einzelner Staat über derartige Macht
verfügt. Im Krieg gegen das neue Böse präsentieren sich die
USA auf einem Höhepunkt ihrer Stärke. Der Präsident befiehlt – und weltweit fassen UNO und Regierungen die gewünschten Beschlüsse. Im Herbst 2001 haben die USA offen
die Führung übernommen. Von Islamabad bis Berlin haben
sich alle eingereiht. Pervez Musharraf marschiert neben
Joschka Fischer, und nur ganz aus der Nähe kann man hören,
dass ab und zu einer murrt. Truppen setzen sich in Bewegung,
und Allianzen bombardieren den jeweiligen Hauptfeind aus
dem Amt – Milosevic vorgestern, die Taliban gestern und
nach ihnen Saddam.

Kritiker und Unterstützer der USA unterstellen ihrer Politik weitgehende Absichten. »Sie wollen mehr. Die USA wollen die Weltherrschaft. Seit dem Zweiten Weltkrieg haben sie dieses Ziel verfolgt. Aber in den westlichen Ländern hat sich niemand dafür interessiert, schließlich machte man im Kalten Krieg gemeinsame Sache gegen die Sowjetunion.«[54] Der Befund des britischen Historikers Eric Hobsbawm gilt dem 20. Jahrhundert. Im Jahrhundert darauf hat sich nichts geändert. »Amerika ist von einem Bösen angegriffen worden, das hofft, dass wir uns in Panik zurückziehen und unsere globale Führungsrolle aufgeben.«[55] Neun Tage nach den Anschlägen in New York und Washington wusste der amerikanische Handelsbeauftragte Robert B. Zoellick bereits, wie die »politische, militärische und wirtschaftliche Lebenskraft« der USA verteidigt werden müsse. »Unser Gegenangriff muss die amerikanische Führerschaft an all diesen Fronten verstärken.«[56] Zoellick nennt es »Führerschaft«, Hobsbawm »Herrschaft«. Zum ersten Mal stellt ein Staat aufgrund seiner wirtschaftlicher Stärke, seiner kulturellen Hegemonie und seiner militärischen Übermacht den Anspruch, die Welt zu beherrschen. Mehr als hundert Jahre haben die USA gebraucht, um ein Weltreich zu begründen. Jetzt diktieren sie die Regeln für ihre neue Welt.

Am Anfang klang alles anders. »Wo immer die Fahne von Freiheit und Unabhängigkeit entfaltet wurde oder wird, da wird das Herz Amerikas sein, sein Segen und seine Gebete. Aber Amerika geht nicht ins Ausland auf der Suche nach Monstern, die es zu zerstören gilt. Amerika wünscht allen Freiheit und Unabhängigkeit. Amerika verteidigt nur sich selbst. Amerika wird das Anliegen durch seine Stimme und durch sein gutes Beispiel unterstützen. Amerika weiß genau, wenn es sich unter anderen Fahnen als seinen eigenen sammelt, auch wenn das die Fahnen der Unabhängigkeit woanders in der Welt sind, würde es sich über die Sache der Freiheit hinaus in alle Kriege, die aus Absicht und Intrige, aus Geiz, Neid und Ehrgeiz unter dem Deckmantel der Freiheit geführt werden, hineinziehen lassen ... Amerika könnte Diktator der Welt werden. Es würde nicht länger Herr seiner eigenen Überzeugungen sein.«[57] John Quincy Adams war Secretary of State, als er am 4. Juli 1821 die erste außenpolitische Doktrin der USA niederschrieb. Amerika sollte nur durch sein Beispiel, aber nicht durch militärische Gewalt jenseits seiner Grenzen wirken. Adams Erklärung hielt genau zwei Jahre. Dann verkündete Präsident James Monroe dem Kongress in seiner Doktrin einen neuen Anspruch: Amerika würde keine fremde Macht in seiner Hemisphäre dulden. Der amerikanische Hinterhof der USA bekam zum ersten Mal einen Zaun. Zum nächsten Schritt brauchten die USA fast achtzig Jahre.

»Gott hat uns als sein auserwähltes Volk ausgezeichnet, um die Erneuerung der Welt anzuführen … Er hat uns in das Regieren eingeweiht, damit wir die Herrschaft einrichten über die wilden und primitiven Völker.«[58] Mit diesen Worten begründete Albert Beveridge im Februar 1899 im Senat, warum die USA die Philippinen annektieren müssten. Dahinter »warteten noch Chinas grenzenlose Märkte«. In seiner Antwort wandte sich der 72-jährige Senator George Hoar an den gesamten Senat:»Herr Präsident, während ich dieser eloquenten Beschreibung von Reichtum, Geschäft und Handel zugehört habe, habe ich umsonst auf die Worte, die das amerikanische Volk in jeder Krise auf den Lippen trägt, gewartet … Die Worte Recht, Gerechtigkeit, Pflicht, Freiheit haben in dieser eloquenten Rede gefehlt.«[59]

1886 hatte sich die philippinische Unabhängigkeitsbewegung von Spanien losgesagt und eine Republik gegründet. Gore Vidal berichtet, wie ein amerikanischer Präsident zu seiner Entscheidung kam:»Nach einem tief schürfenden Gespräch mit Gott entschied Präsident William McKinley, dass wir die Philippinen behalten sollten, damit wir sie zum Christentum bekehren könnten. Als er darauf aufmerksam gemacht wurde, dass die Philippinos Katholiken seien, sagte der Präsident: Genau. Wir müssen sie bekehren.«[60] Im Februar 1899 billigte der Senat mit einer Stimme Mehrheit den Vertrag über die Annexion der Philippinen. Damit besiegelte er die

Wandlung der USA zu einer imperialistischen Macht. Demokratie, Freiheit und Selbstbestimmung waren ab jetzt nur noch in den USA selbst verbrieftes Recht. Nach außen war anderes wichtiger.

Als gegen Ende des Zweiten Weltkriegs der Sieg der Alliierten sicher war, stand noch lange nicht fest, dass das amerikanische Modell die Welt beherrschen würde. Der Hauptsieger musste sich erst zum Hauptgewinner machen. Von Westeuropa bis China war vieles offen. Niemand wusste, wohin Deutschland, Italien, Griechenland, Jugoslawien, die Tschechoslowakei, aber auch Indonesien, China, die Philippinen oder Korea gehen würden. Nur eines stand fest: Sie waren in Gefahr.

Die Gefahr war tiefrot und hieß »Kommunismus«. Schon während des Krieges waren in Washington nicht wenige überzeugt, dass in Europa und Fernost der »falsche Krieg gegen die falschen Feinde« geführt würde. Im letzten Kriegsjahr begannen die USA, den Kampf gegen den »richtigen Feind« zu führen. »Wenn wir sehen, dass Deutschland gewinnt, müssten wir Russland helfen, und wenn Russland gewinnt, müssten wir Deutschland helfen und sie auf diese Weise so viele wie möglich töten lassen, obwohl ich unter keinen Umständen einen Sieg von Hitler will.«[61] Wenige Jahre später hatte Harry Truman die Möglichkeit, als US-Präsident nach den Nazis die Kommunisten zu bekämpfen.

Wer die wirtschaftlich und politisch bankrotte UdSSR vor der Wende 1989 in Erinnerung hat, vergisst leicht, dass die Sowjetunion am Ende des Zweiten Weltkriegs für Millionen von Menschen in allen Teilen der Welt eine Alternative zum westlichen System bot. Italienische, serbische und griechische Partisanen setzten auf Josef Stalins System ebenso ihre Hoffnungen wie einige der nationalen Bewegungen in Ostasien, die ihre Inseln aus eigener Kraft von den japanischen Besatzern befreit hatten. Der neue kommunistische Block präsentierte sich einig und entschlossen, die Systemkonkurrenz mit den USA zu gewinnen.

Mehr als fünfzig Jahre später bezweifelt kaum jemand mehr
das Recht der Demokratien des Westens, der Ausbreitung sta-
linistischer Diktaturen entgegenzutreten. Vor 1945 hatte das
Militär der USA den Krieg gegen den Faschismus entschieden. Nach 1945 wären so unterschiedlichen Ländern wie
Griechenland und dem Iran ohne den Schutz der USA jahr-
zehntelange Diktaturen nach dem Muster Rumäniens oder
der DDR kaum erspart geblieben. In der Aufteilung der Welt
zwischen Moskau und Washington hatten sich die USA den
größten Teil gesichert. Von Vietnam bis Indonesien war daher
eine Hoffnung weit verbreitet: Wie in Europa würden sich die
USA auch hier auf die Seite von Freiheit und Demokratie
stellen.

Wenn ein amerikanischer Präsident einem fremden Volk
seine Unterstützung anbietet, dann stellt er vorher die Bedingungen klar: »Nimm Demokratie an, bekämpfe Korruption
und erteile dem Terror eine Absage.« Wie alle seine Vorgänger sagt Präsident George Bush der Welt, was er von
ihr erwartet: Demokratie, Freiheit und Menschenrechte. Die
Geschichte des amerikanischen Jahrhunderts belegt das Gegenteil. Nach dem Sieg gegen das Dritte Reich haben die USA
meist verlässlich Partei ergriffen: für Diktaturen, für Unterdrückung und für jede Form von politischem und militäri-
schem Terror. Die Liste der amerikanischen Interventionen
ist lang.

Iran

Die Nationale Front, an deren Spitze Mohammed Mossadeq
im April 1951 zum Präsidenten gewählt worden war, schloss
als breite nationale Sammelbewegung eine Reihe unterschiedlicher nichtkommunistischer Gruppen ein. Mossadeq
selbst passte als konservativer Großgrundbesitzer schlecht in
das Bild der kommunistischen Verschwörung. Trotzdem wurde
er im August 1953 gestürzt. Die Militärs und die Demonstran-
ten, die die Machtübernahme durch den Schah erzwangen,

wurden von amerikanischen Beratern wie Kermit Roosevelt, dem Enkel von Theodore Roosevelt, geführt und unterstützt.[62] 25 Jahre später beschrieb Roosevelt, wie es der CIA gelungen war, den Iran vor dem Kommunismus zu retten.[63]

Mossadeq hatte die britische Erdölförderung gegen großzügige Abfindungen nationalisiert. Gleichzeitig weigerte er sich, der Sowjetunion Förderrechte einzuräumen. Die kommunistische Tudeh-Partei wurde nicht verboten, aber Tudeh-Kundgebungen wurden immer wieder mit Gewalt unterdrückt. 1953 hatte Mossadeq zwei Gegner: die iranischen Kommunisten und die CIA. Sein Versuch, einen eigenen Weg zwischen den beiden Parteien des Kalten Kriegs zu gehen, scheiterte an den USA.

Die Fäden, die die putschenden Offiziere mit der CIA verbanden, sind inzwischen gut dokumentiert. In den folgenden 25 Jahren seiner Herrschaft konnten sich die USA auf Schah Reza Pahlevi verlassen. Die Geheimpolizei SAVAK bespitzelte, folterte und exekutierte mit fachkundiger Unterstützung ihrer amerikanischen Berater. Als das Regime ins Wanken kam, stellte sich heraus, dass die SAVAK vor allem den demokratischen, nach dem Westen orientierten Widerstand liquidiert hatte. Der Weg für die Ayatollahs war frei.

Guatemala

Guatemala, erklärte US-Außenminister John Foster Dulles im Juni 1954, lebe unter einer »kommunistischen Art des Terrorismus«.[64] Zwei Tage, nachdem er das öffentlich festgestellt hatte, begann die Intervention der CIA.

Guatemala hatte sich in den drei Jahren der Präsidentschaft von Jacobo Arbenz international als verlässlicher Verbündeter der USA erwiesen. Resolutionen gegen den »Imperialismus« der UdSSR konnten in der UNO mit der sicheren Stimme Guatemalas rechnen. Durch zwei Projekte wurde Arbenz zum »Kommunisten«: durch den Versuch einer Landreform und durch die Absicht, eine inländische Konkurrenz zur United Fruit Company aufzubauen. Während Arbenz sich selbst noch als Verbündeter der USA sah, hatte Washington längst über sein Schicksal befunden.

Vom 18. Juni 1954 an wurde Guatemala aus der Luft mit Bomben und Maschinengewehren angegriffen. Das schwache Militär des mittelamerikanischen Kleinstaats hatte den Attacken wenig entgegenzusetzen. Zwei Wochen später konnten die USA ihren neuen Präsidenten installieren.

Indonesien

Achmad Sukarno hatte 1955 die Länder der Dritten Welt, die einen neutralen und eigenständigen Weg gehen wollten, zu einer Konferenz nach Bandung geladen. Gemeinsam mit seinen Kollegen aus anderen Staaten wollte der indonesische Präsident ein neutrales Gegenstück zur SEATO, dem südostasiatischen Block der USA, bilden. In der Folge überlebte Sukarno eine Reihe von Mordversuchen und gescheiterten Staatsstreichen trotz deren Unterstützung durch die CIA.

Der Putsch am 1. Oktober 1965 war erfolgreich. Mehr als 500 000 »Kommunisten« wurden getötet. Viele der Todeslisten kamen von der amerikanischen Botschaft.[65] Die CIA wusste besser als die indonesische Armee, wer im Land auf welcher Seite stand. Der »dritte Weg« war erledigt. Indonesien stand wieder unter der Kontrolle der freien Welt.

Vietnam

In seinem langen politischen Leben hat sich Ho Chi Minh zweimal an die USA gewandt. 1919 wollte er Unterstützung beim Versuch, von der Kolonialmacht Frankreich politische und soziale Zugeständnisse zu erreichen. 1945 versuchte er acht Mal, den Schutz der USA vor der Wiederbesetzung durch Frankreich zu gewinnen. Präsident und State Department ignorierten die Hilferufe.

Ho Chi Minh hatte gemeinsam mit dem CIA-Vorläufer OSS

Indochina von den Japanern befreit. »Er und der Vietminh waren in Wirklichkeit lange Zeit Bewunderer der Vereinigten Staaten gewesen. Ho traute den USA mehr als der Sowjetunion. Es wurde berichtet, dass auf seinem Schreibtisch ein Bild von George Washington und eine Kopie der amerikanischen Unabhängigkeitserklärung standen. Nach dem Bericht eines früheren OSS-Offiziers suchte Ho bei ihm Rat für die Gestaltung der Unabhängigkeitserklärung für Vietnam. Die Erklärung von 1945 beginnt mit dem vertrauten ›Alle Menschen sind gleich geschaffen. Ihr Schöpfer hat ihnen bestimmte unverbrüchliche Rechte gegeben, unter ihnen das auf Leben, Freiheit und das Streben nach Glück.‹«[66]

Die USA entschieden sich für Frankreich und gegen Vietnam. Ho Chi Minh war Feind und damit »Kommunist«. Ein Vierteljahrhundert später gaben die USA den Vietnamkrieg verloren. Der Versuch, Indochina politisch und militärisch zu beherrschen, war gescheitert. Drei Millionen Vietnamesen und 57 685 US-Bürger waren getötet worden. Das Land war mit Napalm und Agent Orange verwüstet. Von Massenerschießungen bis zum systematischen Einsatz von Folter hatten Einheiten des US-Militärs zahllose Kriegsverbrechen begangen. Im Januar 1971, zwei Jahre vor der amerikanischen Niederlage, erregte General Telford Taylor, der ehemalige US-Chefankläger in Nürnberg, mit einem öffentlichen Urteil Aufsehen: Nach den Maßstäben von Nürnberg hätten der Vietnamkommandeur General William Westmoreland, Verteidigungsminister Robert McNamara und Außenminister Dean Rusk wegen Kriegsverbrechen verurteilt werden können.[67] Erstmals stand die Spitze der amerikanischen Politik öffentlich auf Augenhöhe mit Hermann Göring und Rudolf Hess. In Vietnam selbst hatte die Feindschaft der USA und die Unterstützung durch die UdSSR die an die Macht gebracht, die man »eindämmen« wollte: die Kommunistische Partei.

Kambodscha

Wenn die Nachkriegsverbrechen der USA in Vietnam eine neue Dimension erreicht hatten, dann sprengten sie diese schon bald im Nachbarland. Die Verwüstung des neutralen und wehrlosen Kambodschas folgt auf der Liste der größten Gräuel des 20. Jahrhunderts gleich auf Auschwitz, Gulag und Hiroshima. Von 1970 bis 1975 wurde Kambodscha mit pausenlosen Bombenangriffen so nachhaltig vor dem Kommunismus geschützt, dass das alte Kambodscha zerstört war, als die *Khmer Rouges* in Phnom Penh einmarschierten.

Zehn Jahre später, nachdem die vietnamesische Armee Pol Pots Massenmörder vertrieben hatten, konnten sich Pol Pot und seine *Khmer Rouges* nur noch auf einen einzigen Unterstützer verlassen: die USA.

Griechenland

Als der griechische Ministerpräsident Andreas Papandreou im April 1967 durch eine Gruppe von Obersten gestürzt wurde, blieb die Rolle der USA nicht lange geheim. Oberst Georgios Papadopoulos, der Anführer der Putschisten, stand seit 15 Jahren auf der Gehaltsliste der CIA. Papandreou hatte lange in den USA gelebt und dort liberalen Demokraten wie Adlai Stevenson und Hubert Humphrey nahe gestanden. Sein Programm war ein griechischer »New Deal«. Die USA störte nur eines: Papandreou wollte nicht, dass Griechenland militärischer Frontstaat der USA blieb. Er hatte Interesse, diplomatische Beziehungen zur UdSSR und zu den kommunistischen Nachbarn aufzubauen. Die NATO-Mitgliedschaft Griechenlands hatte er öffentlich zur Diskussion gestellt. Das reichte für den Putsch. Griechenland durfte keinen eigenen Weg gehen.

Die USA halfen weiter. Der amerikanische Rechtsanwalt James Becket kam im Dezember 1969 in einer Untersuchung für Amnesty International zu dem Schluss, dass Tausende Menschen gefoltert worden waren und die USA dafür spezielle

Instrumente zur Verfügung gestellt hatten.[68] Die amerikanische Folterhilfe, die in den Staaten Lateinamerikas längst zu den guten politischen Beziehungen gehörte, hatte zum ersten Mal Europa erreicht.

Chile

Auch Chile hatte seinen 11. September. An diesem Tag im Jahr 1973 putschte ein Teil des Militärs. Die USA zogen die Fäden, als Präsident Salvador Allende gestürzt und ermordet wurde. Mit rund 30 000 Opfern kostete Chiles 11. September weit mehr Menschen das Leben als die Attentate in den USA 28 Jahre später.

Zum Zeitpunkt des Putsches war Chile die stabilste Demokratie Lateinamerikas. Mit Hilfe der USA, ihres Präsidenten Richard Nixon und ihres Außenministers Henry Kissinger wurde die Demokratie mitsamt der Demokraten beseitigt. Schon 1970 sah Henry Kissinger nicht ein, dass die USA »ein Land wegen der Verantwortungslosigkeit seines eigenen Volkes dem Kommunismus anheim geben«[69] sollten. Mit der CIA-Operation »Track II« wurde der Putsch vorbereitet. In einige Morde waren Spitzenpolitiker der USA im Hintergrund persönlich verwickelt. Im Regelfall begnügten sie sich mit der politischen Regie.

Afghanistan

Afghanistan war die letzte Station im Kampf gegen die Roten. Bis heute hält sich die Geschichte: Die USA unterstützten mutige »Widerstandskämpfer«, die sich einer sowjetischen Intervention entgegenstemmten. Erst kamen die Russen, dann halfen die Amerikaner.

Im Januar 1998 gab Präsident Carters ehemaliger Sicherheitsberater Zbigniew Brzezinski dem »Nouvel Observateur« ein Interview.

Nouvel Observateur (N): »Der frühere CIA-Direktor Robert

Gates hat in seinen Memoiren (»From the Shadows«) fest-
gehalten, dass amerikanische Nachrichtendienste die Mudscha-
heddin in Afghanistan sechs Monate vor der sowjetischen
Intervention zu unterstützen begannen. Zu dieser Zeit waren
Sie der Nationale Sicherheitsberater von Präsident Carter.
Daher haben Sie in dieser Angelegenheit eine Rolle gespielt.
Stimmt das?«

Brzezinski (B): »Ja. Nach der offiziellen Geschichtsschrei-
bung begann die CIA-Hilfe für die Mudschaheddin im Verlauf
des Jahres 1980, also nachdem die sowjetische Armee am
24. Dezember 1979 in Afghanistan einmarschiert war. Aber
die Realität, die bis jetzt geheim gehalten worden ist, ist ganz
anders: Es war am 3. Juli 1979, dass Präsident Carter die erste
Anordnung für geheime Hilfe für die Opposition gegen das
pro-sowjetische Regime in Kabul gab. Und genau an diesem
Tag schrieb ich einen Vermerk an den Präsidenten, in dem ich
ihm erklärte, dass meiner Meinung nach diese Hilfe eine
sowjetische Intervention auslösen würde.«

N: »Trotz dieses Risikos befürworteten Sie diese Geheimaktion. Aber vielleicht wollten Sie ja die Sowjetunion in den
Krieg hineinziehen und versuchten, das zu provozieren?«

B: »Es ist nicht ganz so. Wir zwangen die Russen nicht zur
Intervention, aber wir erhöhten wissentlich die Wahrscheinlichkeit, dass das passierte.«

N: »Als die Sowjets ihre Intervention damit legitimierten,
dass sie gegen eine verdeckte Einmischung der Vereinigten
Staaten kämpften, glaubte ihnen niemand. Wie auch immer,
da ist etwas Wahres dahinter. Bedauern Sie das heute nicht?«

B: »Was bedauern? Diese Geheimaktion war eine ausge-
zeichnete Idee. Es führte dazu, dass die Russen in die afghanische Falle gelockt wurden, und Sie verlangen, dass ich das
bedaure? An dem Tag, an dem die Sowjets die Grenze über-
schritten, schrieb ich an Präsident Carter: Wir haben jetzt
die Chance, der UdSSR ihren Vietnamkrieg zu bescheren. Es
stimmt, fast zehn Jahre lang musste Moskau einen Krieg
weiterführen, den die Regierung nie aushalten konnte, einen

Konflikt, der zur Demoralisierung und schließlich zum Zusammenbruch des Sowjetreichs führte.«

N: »Und Sie bedauern auch nicht, dass Sie islamische Fundamentalisten unterstützt haben und damit zukünftigen Terroristen Waffen und Beratung gegeben haben?«

B: »Was ist für die Weltgeschichte wichtiger? Die Taliban oder der Zusammenbruch des sowjetischen Reichs? Einige aufgehetzte Moslems oder die Befreiung Mitteleuropas und das Ende des Kalten Krieges?«[70]

Brzezinskis Behauptung wird durch Fakten gestützt. »In einem *Presidential Finding* erweiterte die Carter-Administration im Sommer 1979 die bereits laufende geheime Finanzierung der afghanischen Mudschaheddin zum festgestellten Zweck der ›Erhöhung der Kosten‹ für die Sowjetunion wegen ihrer Aktivitäten in Afghanistan.«[71]

Am 26. Dezember 1979 hatte Zbigniew Brzezinski seinem Präsidenten einen schriftlichen Vorschlag gemacht: »Im folgenden einige vorläufige Gedanken, die noch genauer diskutiert werden müssen: Es ist entscheidend, dass der afghanische Widerstand weitergeht. Das bedeutet sowohl mehr Geld als auch Waffenlieferungen an die Rebellen, und einiges an technischer Beratung. Damit das möglich wird, müssen wir Pakistan bestärken und ermuntern, die Rebellen zu unterstützen. Dazu bedarf es einer Überprüfung unserer Politik gegenüber Pakistan, mehr Garantien, mehr Militärhilfe. Wir sollten auch die Chinesen ermuntern, die Rebellen zu unterstützen. Wir sollten gemeinsam mit den islamischen Staaten sowohl eine Propagandakampagne als auch eine verdeckte Aktion zur Unterstützung der Rebellen vereinbaren.«[72]

Was sollten die »Rebellen« stürzen? Unter der Regierung Najibullah hatte sich das Land verändert. Neunzig Prozent der Bevölkerung hatten lesen und schreiben gelernt. Die Schulden von Landarbeitern und Kleinbauern waren gestrichen worden. Aber vor allem: Die Befreiung der Frauen hatte begonnen. Keine Frau musste sich mehr verschleiern. Keine Frau durfte mehr in die Ehe verkauft werden.

Die »Rebellen« begannen mit Morden an Lehrern und unverschleierten Frauen. Ihre Waffenkäufe finanzierten sie im Drogenhandel. Am Ende des »Befreiungskriegs« waren zwei Millionen Afghanen tot. Die Frauen trugen wieder Schleier. Die Taliban kontrollierten das Land. Zwei Tage nach dem 11. September 2001 hielt der britische Journalist Seumas Milne fest: »Es waren die Amerikaner, die den Krieg gegen das sowjetgestützte Regime in Kabul unterstützten, zu einer Zeit, als Mädchen noch in die Schule und Frauen noch in die Arbeit gehen konnten. bin Laden und seine Mudschaheddin wurden von CIA und MI6 bewaffnet und trainiert, während Afghanistan in einen Trümmerhaufen verwandelt wurde und sein kommunistischer Führer Mohammed Najibullah mit seinen Genitalien in den Mund gestopft auf eine Kabuler Straßenlaterne gehängt wurde.«[73] Unter den vielen arabischen Freiwilligen, die von CIA und pakistanischem Geheimdienst ins Land gebracht worden waren, befand sich auch Osama bin Laden. In die amerikanische Hand, die ihn damals fütterte, biss bin Laden erst später.

Auch in den USA bestreitet kaum jemand, dass die politischen Morde, die militärischen Überfälle und die Staatsstreiche, die von der CIA und anderen US-Organisationen organisiert, finanziert und gelenkt wurden, illegal waren. Die Rechtfertigung lautet bis heute: Vom Iran bis zu Nicaragua wären alle Staaten kommunistisch geworden. Die Vorstellung vom Domino, der mit seinem Umkippen einen Stein nach dem anderen mitreißt, wurde zum Leitbild der Kommunistenangst. Nicht nur aus heutiger Sicht ist das unhaltbar. Guatemalas Arbenz, Vietnams Ho Chi Minh, Irans Mossadeq, Ghanas Nkrumah, Kubas Castro, Kambodschas Sihanuk, Südafrikas Mandela, Indonesiens Sukarno – sie alle waren keine Kommunisten. Sie hatten eines gemeinsam: Sie wollten den Weg ihres Landes selbst bestimmen. Einige von ihnen bezeichneten sich als »neutral« oder bündnisfrei. Andere hielten sich im Kalten Krieg für Alliierte der USA. Trotzdem wurden sie von den USA mit allen Mitteln bekämpft.

Die kommunistische Gefahr kann vieles erklären, nur eines nicht: Warum haben die USA jeden Versuch eines Staates, einen »dritten«, von beiden Gegnern des Kalten Kriegs unabhängigen Weg zu gehen, mit allen Mitteln bekämpft? Warum war die größte Demokratie der verlässliche Feind der größten demokratischen Bewegungen? Warum konnten Freiheit, Demokratie und Unabhängigkeit nach 1945 immer öfter nur gegen die USA und die UdSSR durchgesetzt werden?

Die USA haben drei Kriege gewonnen. Nach dem Ersten Weltkrieg waren sie eine Weltmacht. Nach dem Zweiten Weltkrieg waren sie die größte Macht der Welt. Nach dem Kalten Krieg waren sie die einzige Weltmacht. Seitdem versuchen die amerikanischen Sieger, ihr Imperium abzusichern: wirtschaftlich, politisch und kulturell. Alle US-Regierungen, egal, ob liberal oder stockkonservativ, bekämpften Staaten, die eigene Wege gehen wollten, aus demselben Grund, aus dem es vor ihnen Spanier, Belgier, Briten und Russen getan haben: um ein wirtschaftliches und politisches Imperium aufzubauen, zu erhalten und nach außen und innen abzusichern. Die dritten Wege führten von Kuba bis Vietnam erst dann in die Nähe der Sowjetunion, wenn ihnen die USA den Weg versperrten. Dafür hatten diese aber einen guten Grund: Jeder dritte Weg hätte an den Rand der amerikanischen Hemisphäre geführt – oder darüber hinaus.

Mit dem Wegfall des russischen Gegenspielers standen zwei Wege offen: der Aufbau eines globalen Systems von Rechtsstaat und Demokratie oder die weltweite Herrschaft der letzten Supermacht. Unter George Bush haben die USA ihre Entscheidung für das Reich getroffen. »Vom Beginn bis zum heutigen Tag war unser oberstes Ziel die Beherrschung der Welt – der Aufbau und die Erhaltung der Fähigkeit, jeden auf diesem Planeten zu bezwingen: ohne Gewalt, wenn möglich, mit Gewalt, wenn notwendig.«[74] Ramsey Clark, der das im November 2001 bemerkte, hatte dem US-Präsidenten Lyndon B. Johnson drei Jahre lang als Justizminister gedient. Heute beobachtet er, wie die USA versuchen, ihr Weltreich zu befestigen.

Das Böse

»Als ich aufwuchs, war das eine gefährliche Welt, und man wusste, wer sie waren. Es hieß ›Wir gegen sie‹, und es war klar, wer sie waren. Heute wissen wir nicht so genau, wer sie sind, aber wir wissen: Sie sind da.«[75] Im Januar 2000 wusste George Bush nur eines: Es gab einen Feind, weil es schließlich einen geben musste. Ein ganzes Jahrzehnt brauchte es nach dem Zusammenbruch der Sowjetunion, um wieder Klarheit zu schaffen. Nach einer langen Phase der Unsicherheit unter Bill Clinton haben sich die USA erst unter George Bush junior entschieden, wie ihre neue Rolle in der Welt aussehen soll. Seit dieser Entscheidung wird wieder ein Feind bekämpft.

Das Jahr 1989 hatte eine doppelte Befreiung gebracht. Die Staaten des Warschauer Pakts fanden sich frei von ihren Diktaturen. Und der Westen war vom Feind befreit. Auch die USA wurden 1989 vom schnellen Zusammenbruch der UdSSR überrascht. Alle, die in der Gewissheit eines verlässlichen Feindes schlafen gegangen waren, wachten am nächsten Morgen feindlos auf. Dem bipolaren System war ein Pol weggebrochen. Damit hatten die USA ein Problem. Die Frage, die sich viele stellten, die unter dem militärischen Schutz der USA standen, lautete: »Wenn es den Feind nicht mehr gibt, wozu brauchen wir dann noch euren Schutz?«

»Er wusste sehr gut, dass sich jetzt, wo der Kalte Krieg vorbei war, die militärischen Aufgaben ändern müssten. Damals sagte Shalikashvili überall, dass der Chef des Generalstabs nicht das Recht hatte, einen Zettel an seine Tür zu hängen, auf dem stand: ›Tut mir leid, wir übernehmen nur die großen Sachen‹ mit der Unterschrift ›John Shalikashvili‹.«[76] Der amerikanische Autor David Halberstam schildert, dass es Clintons Generalstabschef John Shalikashvili nicht anders ging als den

Führern aller anderen modernen Militärs. Der Eiserne Vorhang war zerrissen, der russische Bär bettelte am Jahrmarkt, und die Zurückgebliebenen wussten nicht, was sie ohne Feind anfangen sollten.

Das Problem traf nicht nur die USA. Auch in Wien suchten die Militärs nach einem passenden Feindersatz. Über Nacht war der westliche Frontstaat Österreich von lauter neuen Freunden umgeben. Es ging nur um ein kleines Militär, in dem etwa 25 000 Personen mit überalterten Waffen und einem großen Verwaltungsbauch gemütlich an der ehemals verlässlichen Grenze zum Ostblock saßen. An einen Höflichkeitsbesuch beim *Austrian Desk Officer*[77] im Pentagon erinnere ich mich vor allem, weil er mit aller Kraft versuchte, beim Gespräch über das österreichische Militär übermäßige Heiterkeit zu vermeiden. Die Wiener Generäle fanden ihren Feind schnell: die »subkonventionelle Ebene der Bedrohung«. Von der Organisierten Kriminalität bis zum Terrorismus bekämpft das österreichische Militär inzwischen alles. Der tschetschenische Terrorist weiß nicht, dass er sich ebenso im Visier des Bundesheeres befindet wie der radikale Pazifist und der Journalist, der mit ihm sympathisiert.

Siebzig Jahre lang hatte das Böse mit »Kommunismus« einen gut eingeführten Namen. In wenigen Monaten des Jahres 1989 verschwand das Böse von der Bildfläche. Niemand in den politischen und militärischen Eliten der USA war auf den plötzlichen Verlust vorbereitet. Sie benötigten ein ganzes Jahrzehnt, einen brauchbaren Ersatz zu finden. Erst unter George Bush war es wieder soweit.

Korea, Iran, Irak. »Staaten wie diese und ihre terroristischen Verbündeten bilden eine Achse des Bösen und rüsten sich, um den Weltfrieden zu bedrohen.«[78] Am 29. Januar 2002 las George Bush seine erste *State of the Union*-Rede vom Blatt. Die «Achse des Bösen« war diesmal kein präsidialer Spontankalauer. Alles war gut vorbereitet und ernst gemeint. Diesmal sprach kein texanischer Alleinunterhalter, sondern der Präsident in seiner ernstesten Rolle: als oberster Kriegs-

herr der USA. Mit der Achse des Bösen präsentierte George
Bush etwas Neues. Der Politologe Samuel Huntington liefert
ihm dazu die Rechtfertigung: »Die erste Hälfte des 20. Jahrhunderts war die Ära der Weltkriege, die zweite die Ära des
Kalten Krieges. Im 21. hat die Ära der Muslim-Kriege begonnen.«[79] Wie seinem Präsidenten ist Huntington nichts zu
abwegig: Ein Grund »ist die ›demografische Beule‹ in der islamischen Welt. Die Altersgruppe 15 bis 30 ist dort die größte.
Diese jungen Männer finden zu Hause keine Jobs. Sie versuchen nach Europa auszuweichen oder lassen sich für den
Kampf gegen Nichtmuslime rekrutieren. Al-Qaida zahlt sehr
gut.«[80] Huntington und Bush tragen ihre ideologischen Beu-
len mit sichtlichem Stolz.

David Frum diente George Bush als Redenschreiber. Im
Januar 2003 lüftete er das Geheimnis der Erfindung der
»Achse des Bösen«. Die Wiener Tageszeitung »Der Standard«
berichtet: »Im Januar 2002 sei er mit der Suche nach einem
Ausdruck beauftragt worden, der eine Verbindung zwischen
dem Irak und dem Terrornetzwerk al-Qaida suggerieren
würde. Dabei sei ihm der Begriff ›Achse‹ eingefallen, der an
Deutschland, Italien und Japan erinnerte, die Gegner der
USA im Zweiten Weltkrieg. Bush hätte in seiner Rede unter-
streichen können, dass der Irak und al-Qaida eine ›Achse des
Hasses‹ (ursprüngliche Formulierung) darstellten, ohne Beweise für eine tatsächliche Allianz vorlegen zu müssen. Der
Nationalen Sicherheitsberaterin Condoleezza Rice habe der
Ausdruck gefallen, so Frum. Sie habe vorgeschlagen, auch den
Iran in diese Achse aufzunehmen. Das Terrornetzwerk al-
Qaida, das nun nicht mehr in die Achse passte, wurde kurzer-
hand in einen anderen Teil der Rede verschoben. Schließlich
fiel der Kommunikationsberaterin des US-Präsidenten, Ka-
ren Hughes, auf, dass auch die früheren Achsenmächte drei an
der Zahl waren (Berlin – Rom – Tokio). Daher sollte man
auch noch Nordkorea – eine Diktatur mit einem Atompro-
gramm – in die Achse aufnehmen. Außerdem seien die Nord-
koreaner keine Muslime, womit man möglicher Kritik begeg-

nen könnte, die Achse des Bösen bestehe nur aus muslimischen Staaten.«[81] »Die Zeit« ergänzt: »Frums Chef Michael Gerson wünschte sich eine ›theologischere Sprache‹ und machte aus der ›Achse des Hasses‹ die ›Achse des Bösen‹.«[82]

Die Achse des Bösen ist die Linie, auf der ein amerikanischer Krieg nach dem anderen geführt werden soll. David Frums Geschichte erklärt das seltsame Zustandekommen eines seltsamen Begriffs und nicht mehr. Dahinter steht als ideologische Schablone das Bild einer Welt, in der sich das Böse Staaten als Hauptsitze nimmt.

Kein islamischer Terrorist hat die Chance, eine der stabilen westlichen Demokratien ernsthaft zu gefährden. In den Staaten Europas und Nordamerikas und in den Urlaubsenklaven der Dritten Welt bedroht der Terrorismus die Sicherheit von Menschen, aber nicht die Existenz des Westens und seiner politischen Kultur. Bush, Rumsfeld und Rice wissen das ebenso wie die Journalisten, die die amerikanische Propaganda als unbestreitbare Fakten in den Meinungsmärkten anbieten. Das Böse lebt, damit es vom Guten bekämpft werden kann. Hauptsache »Feind« – der nächste lange Krieg kann geführt werden.

Wenn Osama bin Laden ein Videoband verschicken lässt, dann handelt auch dieses vom Bösen. Die beiden Bösen sind seitenverkehrt: Was bei dem einen die Vorderseite und gut ist, ist für den anderen die Rückseite und abgrundtief böse. Beide müssen das so sehen, weil beide die Welt nur in zwei Grundfarben wahrnehmen können. »Das ist eine Welt, die viel unsicherer ist als früher. Früher waren wir uns sicher, dass es ›Wir gegen die Russen‹ hieß. Wir waren uns sicher, und daher hatten wir riesige nukleare Arsenale aufeinander gerichtet, um den Frieden zu erhalten. Das ist es, worüber wir uns sicher waren … Sehen Sie, auch wenn das eine unsichere Welt ist, waren wir uns über ein paar Sachen sicher. Wir waren uns sicher, dass – obwohl das Reich des Bösen wahrscheinlich untergegangen war – das Böse immer noch da war.«[83] Als George Bush seinen Zuhörern in Albuquerque die beiden

Seiten der Welt erklärte, glaubte er jedes Wort, das er sagte. Wer an der Spitze des Guten steht, weiß eben: Das Böse ist immer und überall.

»Unsere Verantwortung vor der Geschichte ist klar«, erklärte George Bush drei Tage nach den Anschlägen. Sein Auftrag sei jetzt, »diese Angriffe zu beantworten und die Welt vom Bösen zu erlösen«.[84] Der christlich-amerikanische Fundamentalismus ist wie sein islamisch-arabisches Gegenstück im Auftrag des Herrn unterwegs. Beide bilden in ihrer kulturellen Umwelt nicht mehr als eine Strömung. In den USA hat diese Strömung den Schritt zur politischen Macht geschafft. »In Afghanistan kämpfen wir gegen das Böse.« Wer so predigt, weiß, dass das Gute sicher auf seiner Seite ist. Dieselbe Gewissheit half Osama bin Laden und seinen Gastgebern, auf dem Boden den Krieg aus der Luft auszusitzen und zu warten, bis Landetruppen in die Reichweite ihrer Waffen kamen. Wer gegen das Böse kämpft, kann Fehler machen – aber nichts falsch. Sein Ziel ist die Erlösung, und der große Preis wartet in der Regel im Jenseits. Daher kann mit dem Diesseits ruhig etwas härter umgegangen werden.

Nach dem 11. September haben die USA in nur wenigen Wochen die Allianz gegen das Böse geschmiedet. Von Saudi-Arabien bis Pakistan waren Staaten dabei, die selbst auf den Islam als Politik schwören. Sie machten mit – aber niemand in Riad oder Islamabad glaubte, dass ihnen auch nur eine nennenswerte Minderheit der 1,3 Milliarden Moslems auf diesem Weg folgen würde.

In Afghanistan traten die USA zum zweiten Mal als globale Allianz auf. Das Schicksal der ersten Allianz wurde verdrängt. Vor mehr als zehn Jahren hatten die USA gegen Saddam Hussein eine Allianz aufgeboten, die der vor Kabul ähnelte. Mit *Desert Shield* und *Desert Storm* war militärisch alles gewonnen worden. Die irakischen Truppen wurden gedemütigt. Die Welt erlebte zum ersten Mal die totale amerikanische Überlegenheit auf dem Schlachtfeld. Seit dem zweiten Golfkrieg war klar, dass sich auf lange Zeit niemand mehr den

USA militärisch in den Weg stellen kann. Dass gleichzeitig politisch vieles verloren wurde, ist weniger bekannt. Saddam Hussein hat schon früh den Kampf um Kuwait zur Verteidigung der islamischen Sache umgedeutet. Den Krieg der Panzer hat er verloren. Den Krieg der Ideen hat Saddam in weiten Teilen der islamischen Welt gewonnen.

Wie im Irak konnte auch in Afghanistan militärisch alles gewonnen und politisch alles verloren werden. Das Land war leicht an die neuen Freunde der USA gefallen. Das Risikokapital war diesmal aber wesentlich höher. Die islamischen Nationalstaaten, die noch vage nach westlichem Muster regiert wurden, konnten an die Fundamentalisten fallen. Für eine dritte und vierte Allianz hätten sich dann über Europa und Australien hinaus wahrscheinlich immer weniger Verbündete gefunden.

Wenn jemand einem stadtbekannten Gewalttäter unter der Hand eine Schusswaffe zukommen lässt und der dann damit auf ihn schießt, werden wohl viele mit denselben Worten reagieren: »Selbst schuld«. Die USA haben die afghanischen Mudscheddin finanziert, bewaffnet, ausgebildet und beim Heroinhandel gewähren lassen. Gemeinsam mit dem pakistanischen Geheimdienst ISI lieferte die CIA das, was die »Freiheitsbewegung« am dringendsten brauchte: Kämpfer aus dem Ausland. bin Laden selbst ist mit seinen arabischen Kämpfern mit Hilfe der USA in ihr Einsatzgebiet in Afghanistan gelangt. 35 000 Kämpfer aus vierzig Staaten wurden von CIA und dem pakistanischen Geheimdienst ISI gemeinsam ins Land gebracht. Bis zur ihrer Abwendung von den Taliban hatten die USA rund drei Milliarden Dollar investiert.

Die afghanische Spirale dreht sich längst andernorts weiter. Der islamische Terrorismus hat sich von seinen amerikanischen und britischen Hintermännern gelöst. Nach mehr als zehn Jahren intensiver Pflege und Ausbildung ist er selbständig geworden. Seine Mentoren sind heute seine Hauptziele. Heute stehen 5000 Saudis, 3000 Yemeniten, 2000 Ägypter, 2800 Algerier, 400 Tunesier, 370 Iraker und 200 Libyer als

»Afghanen« in Nordafrika, auf der arabischen Halbinsel, in China und Kaschmir, auf den Philippinen und in Tadschikistan im Einsatz.[85] Ihre »Erfolge« zeigen, dass sie gute Lehrer hatten.

Es sind vor allem die USA, die den Terroristen von Raketen bis Giftgas technisch alles ermöglicht haben. Die Hintermänner der Terroristen sitzen in Riad, Islamabad und Washington. Die saudische Dynastie finanziert bis heute unter den Augen der USA Fundamentalismus und Terrorismus. Der Kampf gegen den Terrorismus hat die doppelten Böden der Vergangenheit noch nicht verlassen. Nur die treuesten europäischen Freunde glauben den USA ihre neuen Grundsätze.

Die Allianz gegen bin Laden begann als »Kreuzzug«. Die Freunde der USA beteuern nun, das sei dem Präsidenten nur einmal herausgerutscht. Aber wie kann etwas herausrutschen, was nicht vorher schon drinnen war? Mehr als in anderen Disziplinen gilt in der Politik »gesagt ist gesagt«. Das Bild vom Kreuzzug trägt die Unterschrift des amerikanischen Präsidenten. Die Idee, sein einmaliger Moscheebesuch lösche es aus dem Bewusstsein von 1,3 Milliarden Menschen, ist absurd.

»Wir sind uns sicher, dass es da Leute gibt, die das nicht ausstehen können, wofür Amerika steht«,[86] zitierte die »Washington Post« aus einer Präsidentenrede. »Wir sind uns sicher, dass es da Verrückte in der Welt gibt und Terror und Raketen.« George Bushs Feinde sind die »Terroristen«. Aber wer sind sie? Sind sie der Krebs im Körper der Weltgesellschaft, der gar nicht anders kann, als seinen Wirt zu zerstören? Oder sind sie Kampfgruppen in einem Krieg zweier Zivilisationen, der den alten Gegensatz zwischen Kapitalismus und Kommunismus ersetzt hat? Von der Antwort auf diese Frage hängt auch die Wahl der Gegenmittel und der mögliche Erfolg ihres Einsatzes ab.

Einiges ist bekannt. Die »neuen« Terroristen sind in lose verbundenen Zellen weltweit organisiert – so, wie in ihrer terroristischen Phase die PLO und die PKK Zellen von Ostasien bis nach Europa und in die USA bildeten. Viele von ihnen sind bereit, sich selbst als Bombe zu opfern. Damit gehen sie einen Schritt weiter als die alten Kommandos, die in ihren selbstmörderischen Aktionen immer noch einen Fluchtweg mitplanten. Aber was ist »neu«? Al-Qaida ist so »neu« wie es die PLO in den ersten Jahren ihrer Attentate war. »Neu« scheint nur, dass sich die Anschläge zum ersten Mal gegen die USA selbst richten. Das meiste scheint erstaunlich »alt« und gut bekannt.

Im Gegensatz zur palästinensischen PLO und zur kurdischen PKK sind die Terroristen des 11. September »islamische Fundamentalisten«. Seine politische Stärke bezieht der Fundamentalismus aus dem Scheitern der arabischen Nationalstaaten. Korrupt und despotisch haben ihre Eliten von Ägypten bis zum Irak den Versuch, die westliche Moderne einzupflanzen, diskreditiert. Vor allem arabische Muslime erleben das Eindringen des Westens nicht als Verbreitung von Demokratie und Menschenrechten, sondern als Kolonisierung.

Die zerlumpten, bärtigen Männer, die sich mit ihren Kalaschnikows in Höhlen verschanzen, täuschen. Von Kairo bis Islamabad prägen Ärzte, Rechtsanwälte und Unternehmer die zweite, städtische Seite eines Fundamentalismus, der sich der Instrumente der westlichen Moderne zu bemächtigen versucht. Anders als das Regime von Pol Pot bekämpfen sie nicht Technik und Industrie, sondern ein doppeltes Bild, das sie für die Wurzel des westlichen Übels halten: die westliche Ideologie – die Vorstellung, dass ein freies Individuum im Mittelpunkt einer offenen Gesellschaft steht und Religion und Staat getrennt sind – und die westliche Politik – die neuerliche Kolonisierung ihrer Länder unter dem Titel der Globalisierung.

Die Versprechen der Moderne sind bis heute nur in Europa und Nordamerika eingelöst worden. In der ersten Hälfte des 20. Jahrhunderts haben drei Generationen muslimischer Reformer den Westen bewundert – und versucht, seine beiden

Haupterrungenschaften, Industrie und Freiheit, zu importieren. Nach Jahrzehnten vergeblicher Versuche, nach dem Muster des Westens Staaten zu bilden und es mit ihnen Europa und Amerika gleichzutun, schlägt das Pendel jetzt in die andere Richtung aus. »In unserer Zeit hat diese Haltung aus Bewunderung und Anpassung einer der Ablehnung und Zurückweisung Platz gemacht«,[87] beschreibt der Islamexperte Bernard Lewis den Wandel. »Zum Teil stammt das aus einem Gefühl der Demütigung – einem wachsenden Bewusstsein unter den Erben einer alten, stolzen und lange vorherrschenden Zivilisation, von denen überholt, überwältigt und erdrückt worden zu sein, die sie lange als Unterlegene betrachtet hatten … Für die meisten im Nahen Osten brachte die westliche Art der Wirtschaft Armut, die westliche Art der Politik Unterdrückung und die westliche Art der Kriegsführung Niederlage. Es verwundert kaum, dass so viele bereit waren, auf die Stimmen zu hören, die ihnen erzählten, dass die alte Lebensart des Islams die beste sei.« So schwer das bei uns zu verstehen ist, so selbstverständlich sehen das die Betroffenen: Der Fundamentalismus verspricht, den Muslimen ihre Würde wiederzugeben.

Als religiöse Bewegung richtet sich der Fundamentalismus gegen die Trennung von Religion und Staat. Als Verteidigung des Alten stellt er sich der Veränderung der Kultur von der Familie bis zum Staat entgegen. »Das westliche Konzept von Wissen und Freiheit hat nur äußerlich Fortschritt gebracht. Es ist hohl und oberflächlich«,[88] predigt der Religionsgelehrte Scheich al-Quaradawi von Doha bis Berlin. Wie die antimodernistischen Bewegungen in Europa hat auch der islamische Fundamentalismus keine Zukunft. Seine Kraft liegt ausschließlich in der Möglichkeit, Entwicklungen zu behindern. Seine Terroristen können Flugzeuge zerstören. Flugzeuge bauen können sie nicht. Heute ist der religiöse Fundamentalismus das einzige Ventil, das der Enttäuschung und Verbitterung über die gebrochenen Versprechen von Wohlstand und Freiheit bleibt. Der Druck darunter steigt.

Rein an der Zahl machen die neuen Terroristen nur eine kleine Minderheit der Fundamentalisten aus. Sie berufen sich aber erfolgreich auf Kultur und Stimmungen des Fundamentalismus. Nur das macht ihre Stärke aus. Daher muss man die kulturellen Wurzeln des Terrorismus verstehen. Man darf den Terrorismus aber nicht als kulturelles Phänomen verharmlosen, so, wie man die Taliban nicht mit irgendeinem religiös motivierten Regime verwechseln darf. Die Verbrecher des 11. September sind jederzeit bereit, noch Tausende andere mit Bomben und Selbstmördern anzugreifen.

Gleichzeitig stehen die Terroristen aber auch für etwas anderes: für die Befreiung der islamischen Staaten von ihren westlichen »Besatzern«. 1990 haben die USA militärische Basen in Saudi-Arabien errichtet und sich damit im Land mit den wichtigsten heiligen Stätten des Islam festgesetzt. Es ist weit mehr als eine terroristische Minderheit, die den Abzug der USA mit allen Mitteln erreichen will.

Die populäre Kritik an der amerikanischen Politik hat nichts mit Religion zu tun. Ihr Kern lautet: Ihr unterstützt unsere Diktatoren und unterdrückt die Demokratie. Ihr behindert unsere wirtschaftliche Entwicklung und plündert unsere Ressourcen. Ihr benützt eure wirtschaftliche und militärische Macht, um uns zu beherrschen. Ihr zerstört unsere Kultur und unsere Gemeinschaften. George Bush hält dem entgegen: »Amerika ist angegriffen worden, weil wir der hellste Leuchtturm der Freiheit der Welt sind. Und niemand wird dieses Licht am Scheinen hindern.«[89] Von Djakarta bis Kairo halten die meisten das für eine gefährliche Drohung.

Islamischer Fundamentalismus ist ebenso wenig etwas Neues wie sein Versuch, die Politik von Staaten zu bestimmen. Mit Saudi-Arabien gibt es einen Staat, der seine Gründung einer islamischen Sekte verdankt. Solange die Staaten mit islamischen Mehrheiten in die starren Beziehungen des Kalten Kriegs einbezogen waren, blieben die Verhältnisse auch in heißen Zonen wie dem Nahen Osten stabil und die Islamisten in ihren Moscheen. Nur an einzelnen Punkten wie

Afghanistan, an denen die Front der beiden Lager in Bewegung gekommen war, übernahm fundamentalistische Politik eine Hauptrolle.

Dan Diner beschreibt den Bruch: »Die vom Gegensatz der Nuklearmächte abgeleitete Stabilität zerfiel, als der ideologische und machtpolitische Ost-West-Gegensatz abgeschmolzen war. Die Endmoräne jener gefrorenen Zeit setzte nunmehr Entwicklungen frei, die sich jahrzehntelang an ihren Rändern angesammelt hatten und nunmehr ins Zentrum strebten.«[90]

Osama bin Laden selbst ähnelt dem Strohhalm, der sich im Heuhaufen des Fundamentalismus verbirgt. Die USA haben begonnen, den Heuhaufen anzuzünden. Die großen Ziele in Afghanistan sind längst zerbombt. Aber Hunderte weitere Haufen warten noch darauf, angezündet zu werden.

Charles G. Cogan, der von 1979 bis 1984 CIA-Operationschef für den Nahen Osten und Südasien war, berichtet: »Es ist ein ziemlicher Schock. Die Annahme, dass die Mudschaheddin in die USA kommen und hier terroristische Aktionen begehen, ist in unserer Gedankenwelt nicht vorgekommen. Wir waren völlig fixiert auf den Krieg gegen die Sowjets in Afghanistan.«[91] Jetzt sind die USA auf ihren neuen Feind fixiert. Nichts deutet darauf hin, dass sie dabei etwas gelernt hätten.

Wie soll es gegen den Terrorismus weitergehen? Keiner weiß es wirklich. Die Auftritte amerikanischer Minister geraten immer öfter zu Demonstrationen der Ratlosigkeit. Und was passiert, wenn sich die Hintermänner des nächsten Anschlags im Sudan oder in Nepal verbergen? Natürlich kann man Fußpilz bekämpfen, indem man beide Beine amputiert, und die Abnahme des Kopfes beendet jede Migräne. Aber irgendwann geht es so nicht mehr weiter. Die Sowjetunion hat das in Afghanistan gelernt. Viele hoffen, dass Demokratien wie die USA schneller lernen. Die Hoffnung täuscht: Die USA führen keinen Krieg gegen den Terror. Sie kämpfen um ein Reich. Der Terrorismus liefert die Rechtfertigung.

Die Rechtfertigungslüge

Die imperiale Politik der USA lebt von zwei Rechtfertigungen:

1. Das Imperium garantiert Freiheit/Sicherheit/Wohlstand/Frieden.
2. Das Imperium schützt vor dem Bösen.

Das Böse tritt in der Gestalt des Erzfeindes auf. Er will der Welt seinen Willen aufzwingen. Er hasst alles, was an Amerika gut, groß und schön ist: Freiheit, Demokratie, Imbissketten und den Herrgott. Er ist schlicht und einfach abgrundtief böse.

Wie jede überzeugende Figur muss auch das Böse die richtige Größe haben. Die Volksrepublik China etwa genügt wie wenige andere fast allen Böse-Kriterien. Trotzdem kommt sie nicht in die engere Wahl. Sie ist einfach zu groß. In Fällen wie diesem werden die Amerikaner europäisch. Sie suchen Handel, Verständigung und Vereinbarungen.

Wenn das Böse andererseits nicht groß genug ist, muss es aufgeblasen werden. Wenn es das Böse schließlich gar nicht gibt, muss es erfunden werden. Nach 1989 mussten die USA das Bösc zum crsten Mal erfinden.

Das Muster der Rechtfertigungslüge ist einfach.

1. Feststellung: »Der Feind ist besiegt. Wir haben gewonnen.«
2. Entdeckung: »Es gibt einen neuen Feind. Er bedroht uns alle.«
3. Beschreibung: »Der Feind ist sehr groß und unvorstellbar böse.«
4. Behauptung: »Der Feind kann nur mit Hilfe des Militärs bekämpft werden.«

5. Hinweis: »Nur wir verfügen über die nötigen militärischen Mittel.«
6. Schluss: »Daher wird der Feind unter unserer Führung bekämpft.«
7. Endgültiger Schluss: »Dazu sammeln wir eine Koalition der Anständigen um uns.«

Der achte und letzte Punkt formuliert eine Warnung: »Wer nicht für uns ist, ist gegen uns.« Wer nicht folgt, ist Feind. Es lohnt sich, die Rechtfertigungslüge Punkt für Punkt und Wort für Wort zu untersuchen.

»Der Feind ist besiegt. Wir haben gewonnen.«

1945 waren die Nazis besiegt. Die Alliierten hatten gewonnen. 1989 war mit dem Kommunismus der nächste Feind untergegangen. Für die Neuverteilung der Macht war es letztlich egal, ob das russische Imperium implodiert oder zu Tode wettgerüstet worden war. Die USA hatten gewonnen. Die Rechtfertigungslüge beginnt mit einer einfachen Wahrheit.

»Es gibt einen neuen Feind. Er bedroht uns alle.«

Nach dem Ende der Sowjetunion waren die USA mit sich allein. Die Feinde von gestern baten als Freunde von morgen um einen Kredit. Es gab niemanden mehr, vor dem die USA sich und die Welt schützen mussten. Dem Militär drohte die Sinnfrage. Mangels Feind schienen Army, Navy, Air Force und Marines seit langer Zeit zum ersten Mal ernsthaft bedroht.

Die Suche nach einem neuen Erzfeind ist kompliziert. Die Menschen müssen glauben, dass es den Feind gibt und dass sich die Grundfrage des Showdown stellt: Er oder wir. Dazu muss der Feind sowohl mächtig und gefährlich als auch kulturell fremd sein. Rechtsextreme Sekten, bei denen die uramerikanische Mischung aus Patriotismus, Waffenfreiheit und Religion zu einem explosiven Gebräu geworden war, erfüllten als innere Bedrohung die Feind-Bedingungen ebenso wenig wie die letzten von kommunistischen Parteien beherrschten Staaten. Anfang der achtziger Jahre brachten erste amerikanische Politiker den Islam ins Spiel. Samuel Huntington lieferte mit seinem »Clash of Cultures« das Bild der neuen, unentrinnbaren Bedrohung.

»Der Feind ist sehr groß und unvorstellbar böse.«

Wenn das Böse zu klein ist, hat es auch zu wenig Gewicht. Das sowjetische Böse war lange Zeit groß genug und musste nur ab und zu ein wenig aufgeblasen und dämonisiert werden. Das irakische Böse bedroht gemeinsam mit dem islamischen alles Mögliche, nur nicht die Welt. Daher wird nach Kräften aufgeblasen. In längst von der IAEO überprüfte Industrieruinen werden Atomwaffen hineinspekuliert, schmutzige Bomben tauchen auf und verschwinden wieder, und dunkelhäutige, bärtige Männer warten unerkannt in jedermanns Nachbarschaft auf ihr Zeichen. In den Kanistern, die sie unter ihren Betten versteckt haben, lauert der millionenfache Tod.

Als einer der wenigen setzt sich der amerikanische Schriftsteller Robert Pelton immer wieder vom journalistischen Tross des Militärs ab. Vom bin Laden-Mythos hält er in einem Interview mit »salon.com« nicht viel. »Ursprünglich wollten alle Osama bin Laden, und dann hat man sich geärgert, dass man ihn nicht nur nicht kriegen konnte, sondern dass man keine Ahnung hatte, wo er ist oder was er tut oder wie seine Organisation aussieht. Und dann machte man sich eine Attrappe mit dem Namen al-Qaida, so ähnlich wie »Mafia«, ein Ausdruck, der auf alles passt. Und das entspricht überhaupt nicht der Sache, weil die meisten Leute dort sind ausländische Freiwillige, die entweder im Kashmir oder in Afghanistan selbst kämpfen. Man hat diese internationale Verschwörung gewaltig aufgeblasen; sie ist lange nicht so groß und so gemein und so gut finanziert und so gut informiert wie es unsere Regierung erzählt. – Frage: Glauben Sie, dass die Regierung weiß, was sie da tut? Wird das bewusst aufgeblasen? – Pelton: Sie lernen schnell. Am 11. September haben sie darüber nichts gewusst. Der Grund, dass ich das weiß, liegt darin, dass einige meiner Freunde in diesen Organisationen arbeiten und nicht

glauben wollten, dass es das gab, weil es so eine kleine Micky-
mausgruppe war. Nach dem 11. September sind sie drauf-
gekommen, dass auch kleinere Gruppen etwas Größeres
anrichten können. Aber statt zu sehen, dass es diese Micky-
mausgruppe war, haben sie daraus diese gewaltige globale
Verschwörung gemacht, die das nicht ist. Das hat alle möglichen Probleme mit der islamischen Welt gebracht, weil wir
auf die Art die falschen Leute dämonisieren. Die bösen Bur-
schen leben in Amerika und Saudi-Arabien und Deutschland
und Großbritannien; sie sitzen nicht in Höhlen in Afghanistan.« [92]

»Der Feind kann nur mit Hilfe des Militärs bekämpft werden.«

Wenn sich Rechtsstaaten gegen Terroristen verteidigen, dann
tun sie das zivil. Egal, wie groß oder abstoßend das Verbrechen ist, die Zuständigkeiten sind klar: Gericht und Polizei.
Gerichte untersuchen, verhandeln und urteilen. Die Polizei
führt die Anordnungen der Richter durch. Nur in außerordent-
lichen Fällen kann das Militär zur Unterstützung der Polizei
herangezogen werden. Sonst haben Heer, Luftwaffe und Marine in rechtsstaatlichen Verfahren nichts verloren.

Augusto Pinochet und Slobodan Milosevic gehörten zu den
ersten, denen der Prozess gemacht werden sollte. Das Verfahren, das der spanische Untersuchungsrichter gegen den chilenischen Diktator einleitete, hat die Verhältnisse ebenso geändert wie das Tribunal, vor dem sich der serbische Expräsident
verantworten musste. Über die nationalen Grenzen hinaus ist
der Rechtsstaat so stark geworden, dass politische Verbrecher
in weiten Bereichen der Welt nicht mehr sicher sind.

Die Regierung der USA sieht das anders. Der Feind soll
nicht verfolgt, sondern ausgerottet werden. Seine Operations-
gebiete sollen kontrolliert, seine politischen Unterstützer durch
Statthalter ersetzt werden. Wo es noch keinen Feind gibt, sollen Statthalter dafür sorgen, dass es so bleibt. Dazu braucht
man keine Richter und Polizisten, sondern das Militär und
seine Waffen.

»Nur wir verfügen über die nötigen Mittel.«

Das stimmt. Wenn das Ziel nicht die gerichtliche Verfolgung terroristischer Verbrecher, sondern ihre großflächige Ausrottung ist, dann verfügen die USA über die besten Mittel: Flugzeugträger, Stealth-Bomber, Cruise Missiles, »intelligente« Munition und Clusterbomben. Nur sie können an jedem Punkt der Welt den Heuhaufen so niederbrennen, dass darin auch die gesuchte Stecknadel schmilzt.

»Daher wird der Feind unter unserer Führung bekämpft.«

Von Afghanistan bis zum Irak ließen die USA an einem keinen Zweifel: Sie würden die Kriege anführen und die Truppen kommandieren. Wo ein UNO-Mandat nützlich schiene, war gleichzeitig klar, dass die Vereinten Nationen das Mandat auf Wunsch zu liefern hätten. Für den Krieg in Afghanistan wurde ein neues Selbstverteidigungsrecht in den Artikel 56 der UN-Satzung hineingezwängt. Wer schießt, schafft an.

»Dazu sammeln wir eine Koalition der Anständigen um uns.«

Die Koalition der Anständigen besteht aus Terrorismusexperten. Von der Türkei bis zu Russland, von China bis Saudi-Arabien und Pakistan haben alle bewiesen, dass sie kennen, was sie gemeinsam mit den USA bekämpfen. Vor dem Kampf gegen die Taliban hat die türkische Armee ihre kurdische Minderheit bekämpft – und dazu alle Mittel des Terrors von Massenmord über Folter bis zur Zerstörung von mehr als 3000 Dörfern und Städten eingesetzt. Russland terrorisiert die Tschetschenen, China die Muslime in seinen westlichen Provinzen. Der russische KGB-Präsident Wladimir Putin hat freie Hand, wenn er Terroristen samt Geiseln vergiften lässt. Die Geiseln ersticken am Gift, und der KGB-Terrorist entschuldigt sich bei den Angehörigen. Das Widerliche bekämpft das Abstoßende. Zuerst selektieren die Terroristen zwischen Moslems und Nichtgläubigen, letztere können ruhig krepieren. Dann lobt Putin seine uniformierten Massenmörder und

Kriegsverbrecher und weigert sich, den Ärzten, die um die Erstickenden kämpfen, die Zusammensetzung des Giftgases zu nennen. Die einen Gangster waren bis vor kurzen »Freiheitskämpfer«, die anderen haben seit dem 11. September 2001 vom Weißen Haus den Freibrief zur Terroristenbekämpfung nach eigenem Gasgeschmack. Die Spur der verbündeten Terroristen führt von Shatila bis Grosny. Der Trost, von »anständigen« Terroristen verfolgt zu werden, ist für die Opfer gering.

Als stellvertretender Verteidigungsminister beschäftigt Paul Wolfowitz mit Harold Rhode einen Berater für islamische Angelegenheiten. »Salon.com« schildert, wie Rhode den außenpolitischen Berater des saudi-arabischen Kronprinzen Abdullah, Adel al-Jubeir, überzeugte: »Rhode informierte al-Jubeir, dass ab dem Zeitpunkt, ab dem die neue Administration ihre Sachen in Ordnung gebracht hätte, es kein Herumdrücken mehr wie zu Clinton-Zeiten gäbe ... Die USA würden sich um Saddam kümmern, der Region die Anordnungen geben, und die Saudis würden sich anschließen müssen. Al-Jubeir widersetzte sich. Darüber würden die beiden Verbündeten sicherlich noch reden müssen, informierte Jubeir den Amerikaner. Daraufhin setzte Rhode dem kleineren Saudi den Finger auf die Brust und machte ihm klar: ›Sie werden keine Wahl haben!‹«[93]

Wenn die Terroristen das Problem sind, dann haben die USA recht. Wenn ein globales Netzwerk des Terrors Freiheit und Demokratie bedroht, dann handelt der Westen in Notwehr. Aber Freiheit und Demokratie sind weder in den USA noch in Europa ernsthaft von außen bedroht. Die Gefahr ist eine Schimäre. Das Böse ist zu solcher Größe aufgeblasen, dass es den Blick auf die wahren Verhältnisse verstellt. Nicht Freiheit und Demokratie, sondern die Vorherrschaft der USA werden angegriffen. Nur eine winzige Minderheit der »Täter« hört auf die Kommandos Osama bin Ladens. Der große Rest sind alle, die einen anderen Weg gehen wollen oder bereits gehen. Früher hießen sie »Fellow Travellers« oder einfach

»Kommunisten«. In der neuen Sprache der USA sind sie die »Sympathisanten«.

»Der Nationale Sicherheitsrat trifft sich wegen dieser Sachen. Wir haben uns wegen Angelegenheiten des Nahen Ostens getroffen, so wie zu Fragen des Kriegs gegen den Terrorismus und Afghanistan und Philippinen ...«[94] Wenn Verteidigungsminister Donald Rumsfeld im Pentagon Journalisten brieft, wird die Liste der Staaten, in denen die USA den Terrorismus bekämpfen, immer länger.

Im Krieg gegen den Terrorismus hilft ein kleines Wort: »neu«. Auch in den USA weiß man, dass Terrorismus nichts Neues ist. Vom zaristischen Russland über Francos Spanien bis zum modernen Israel haben terroristische Organisationen gebombt und geschossen. Nur in wenigen Fällen schafften terroristische Gruppen den Sprung zur politischen Macht. Die meisten gingen am Rande der Gesellschaften unter.

Wie die meisten zuvor war auch das letzte Jahrzehnt voll von »einmaligen« Akten des Terrors:

Februar 1993:

Anschlag auf das World Trade Center in New York;
13 Autobomben in Bombay; 400 Tote

Dezember 1994:

Sprengung eines entführten Air France-Jets durch die algerische GIA über Paris; 283 Tote

März 1995:

Nervengasangriff der Aumsekte auf die U-Bahn in Tokyo;
12 Tote und 3796 Verwundctc

April 1995:

Bombenanschlag auf ein Regierungsgebäude in Oklahoma City durch christliche Fundamentalisten; 168 Tote

Juli bis Oktober 1995:

Bombenwelle der algerischen GIA auf U-Bahnen, Märkte, Cafés und Schulen in Frankreich

Februar/März 1996:

Selbstmordattentate der Hamas während des israelischen Wahlkampfs

April 1996:
> Anschlag mit Maschinenpistolen und Handgranaten auf Touristen in Ägypten; 18 Tote

Juni 1996:
> Lastwagenbombe gegen U. S. Air Force-Baracke in Saudi-Arabien; 19 Tote

November 1997:
> Massaker an Touristen im ägyptischen Luxor; 62 Tote

August 1998:
> Bombenanschläge auf die US-Botschaften in Kenia und Tansania; 257 Tote[95]

Dazu kommen seit 1992 Tausende terroristische Anschläge in Algerien, die bisher rund 75 000 Menschen das Leben gekostet haben.

1997 explodierte eine Serie von Bomben in Hotels der kubanischen Hauptstadt Havanna.[96] Die Täter und ihre Hintermänner saßen in Miami. Seit drei Jahrzehnten sehen US-Behörden kubanischen Terroristen bei der Vorbereitung ihrer Anschläge in Miami zu. »Im August 1996 wurden drei Kubaner, die ein Flugzeug nach Florida entführt hatten, vor Gericht gestellt. In Florida. Genauso gut könnte man jemanden wegen Spielens in Nevada verfolgen. Obwohl sogar der kubanische Pilot von Kuba geholt wurde, um gegen die drei Männer auszusagen, erklärte die Verteidigung den Geschworenen bloß, dass der Mann lüge, und die Jury löste sich schon eine Stunde, bevor die Freisprüche verkündet wurden, auf.«[97]

Der Krieg gegen den Terrorismus hat einen doppelten Vorteil: Militärisch kann er nie verloren werden. Terroristen können verletzen, aber nicht siegen. Und: Es besteht kaum eine Gefahr, dass der neue Krieg mit militärischen Mitteln gewonnen wird. Ein Staat nach dem anderen kann bombardiert, ein Regime nach dem anderen ausgewechselt werden – die Terroristen bleiben erhalten.

Die afghanische Bilanz steht für alles, was noch folgen kann. Osama bin Laden und die Spitzen von al-Qaida konnten ebenso wenig »tot oder lebendig« gefasst werden wie die

Führer der Taliban. Am 13. November 2002 gestand ein kleinlaut US-Verteidigungsminister der Presse auf die Frage, ob bin Laden noch lebe: »Die Antwort lautet ja, er ist am Leben oder tot«.[98] Die messbaren Erfolge werden öffentlich nicht gefeiert: Afghanistan ist besetzt. Von Usbekistan bis Tadschikistan haben fast alle Nachbarn US-Stützpunkte akzeptiert. Zum ersten Mal steht Vorderasien unter direkter amerikanischer Kontrolle.

Das nächste Ziel passt ins Bild. Gelingt es den USA, ein Satellitenregime im Irak einzurichten, beherrschen sie von der Türkei über Israel und Saudi-Arabien den gesamten Nahen Osten. Station drei heißt Iran, dann kommt Korea. Als fünfte Station zeichnet sich Libyen, als sechste Somalia ab. Irak, Iran, Korea, Libyen, Somalia – alle bedrohen den Weltfrieden. Während der pakistanische Diktator in aller Freundschaft öffentlich Atomversuche durchführt und Indien mit Krieg bedroht, werden die Lenkwaffen auf die oft bombardierten Reaktorruinen des Irak gerichtet.

Als sich Donald Rumsfeld im Januar 2002 nach einem Vortrag an der National Defense University in Fort McNair der Diskussion stellte, fragte ihn ein Oberstleutnant: »Wann wissen wir, dass wir den Krieg gegen den Terrorismus gewonnen haben? Auf welche Hinweise achten Sie?«[99] Rumsfeld antwortete: »Ich werde Sie verständigen lassen. (Gelächter). Nein, das ist nicht fair. (Gelächter). Das ist eine schwierige Frage.« Am Ende seiner Antwort war die Frage so schwierig wie zu Beginn. Weder Donald Rumsfeld noch Colin Powell können sagen, wann der Krieg gewonnen ist. Rumsfeld und seine Streitkräfte sind längst schon dort angelangt, wo sich alle hintereinander in einer Spirale bewegen und sich gegenseitig bezichtigen, die Henne und nicht das Ei zu sein.

Im Schatten der Invasionen in den asiatisch-arabischen Ölgürtel haben die USA längst eine zweite Front eröffnet. Der zweite Krieg gilt den Drogen. Wie der Krieg gegen den Terrorismus dient er vor allem der Sicherung der Vorherrschaft der USA. Die Drogen, die die Märkte in Europa und den USA erreichen, stammen aus drei Regionen: Heroin und andere Opiate vor allem aus Afghanistan, Kokain aus Lateinamerika, und die synthetischen Drogen werden in Labors in der Nähe der Absatzgebiete hergestellt.

Der Krieg gegen die Drogen wird mit Augenzwinkern geführt. Jeder in Pentagon und State Department weiß, dass die USA zusahen, wie die islamischen Kämpfer gegen die sowjetische Besatzung in Afghanistan ihre Waffen über den Heroinhandel finanzierten. Nur unter den Taliban ist der Opiumanbau verfolgt worden. Seit die Guten wieder an der Macht sind, blüht das Drogengeschäft. Afghanistan ist wieder in der Lage, als Hauptproduzent die Märkte in Europa und in den USA verlässlich mit Heroin zu beliefern. Trotzdem wird weitab von Afghanistan der »Krieg gegen die Drogen« geführt. Mit dem »Krieg gegen den Terrorismus« setzen sich die USA in dem weiten Bogen von Arabien bis nach Indonesien fest; mit dem »Krieg gegen die Drogen« halten sie ihren militärischen Einfluss im südamerikanischen Hinterhof aufrecht.

Egal ob »Terroristen« oder »Drogenhändler« liquidiert werden, die Hauptzahl der Opfer werden unbeteiligte Zivilisten in Ländern der Dritten Welt sein. Für die Hinterbliebenen der wenigen amerikanischen Opfer, die man in Kauf nimmt, gibt es hohen Trost: »Es gibt nur einen, der die Mütter und die Witwen, die Ehefrauen und die Kinder in den Arm nimmt, wenn ihr geliebter Mann tot ist. Andere umarmen auch, aber weil ich die Truppen in den Einsatz geschickt habe, trage ich eine zusätzliche Verantwortung zum Umarmen, und so bin ich, und ich weiß, wie das ist.«[100]

Sendung und Plan

»Dieses amerikanische Gefühl der Verantwortung, liberale und demokratische Prinzipien zu fördern und zu schützen, ging dem Kalten Krieg lange voraus … Ob man es will oder nicht, es war dieser machtvolle Antrieb zu einem aufgeklärten Altruismus im eigenen Interesse, der sowohl Westeuropa rettete als auch die Vereinigten Staaten während des Kalten Kriegs nach Indochina trieb. Und nach dem Kalten Krieg führte er die Vereinigten Staaten auf den Balkan.«[101] Der Mitherausgeber von »The New Republic«, Robert Kagan, beschreibt die amerikanische Sendung. Und wie viele andere glaubt er an sie. »Mythos oder nicht – die große Mehrheit der Amerikaner glaubte an die amerikanische Überlegenheit … Polizisten aus Chicago, Bauarbeiter aus New York, italienische und irische Fabrikarbeiter und all die anderen kleinen Leute außerhalb der Enklaven des Establishments hielten am Mythos fest …«[102] In der Welt habe Amerika einen höheren Auftrag, an dessen Erfüllung es sich nicht hindern lassen könne.

Die »Sendung« ist kein republikanischer, rechter Mythos. Im und nach dem Zweiten Weltkrieg standen der demokratische New Deal-Präsident Franklin D. Roosevelt und sein Außenminister Dean Acheson für die Sendung der Vereinigten Staaten. Erst in den siebziger Jahren hat die republikanische Rechte den Mythos zu einem Kern ihrer Ideologie gemacht.

Schon vor dem Ersten Weltkrieg waren die USA alles andere als bedingungslos imperialistisch. Im Gegensatz zu früheren Reichen stand »erobern« nicht an der Spitze der politischen Prioritätenliste. Die Reiche der Spanier und der Briten zielten auf Beherrschung von Territorien ab. Das amerikanische Ziel lautete immer anders: Im Sinne der Grundsätze der

Verfassung von 1787 sollte die ganze Welt amerikanisch werden. Der katholische Glaube, der der spanischen Gier nach
den Schätzen Amerikas das zweite, edle Motiv gab, macht
bei den USA der Vorstellung einer menschlichen Sendung
Platz. Der Unterschied geht aber tiefer: Spanien und Großbritannien waren klassische Reiche mit klaren Grenzen. Jeder
wusste, wo das Empire endete und eine andere Welt begann.
»Amerika ist seinem Prinzip nach grenzenlos, eine imperiale
Republik, die allen sonstigen Gemeinwesen gegenüber spie-
gelbildlich ›verkehrt‹ konstituiert ist«, stellt Dan Diner fest.[103]
»Setzen andere Gemeinwesen sich vornehmlich aus vorgefun-
denen Bevölkerungsgruppen zusammen, so ›konstruiert‹ sich
Amerika einzig über den geäußerten, allgemein gewordenen
politischen Willen. Amerikaner finden sich politisch zusammen, indem sie darüber Einverständnis erlangen, sich als solche zusammenzufinden. Dieses aus einem politischen Willen
hervorgegangene Gemeinwesen, dem der Grenzenlosigkeit
seiner universalen Werte wegen im Prinzip kein territorialer
Charakter zukommt und das sich allein über die Geltung seiner Institutionen definiert, steht – wiederum im Prinzip – all
jenen offen, die sich anschließen wollen.«[104]

Jedem steht es frei, sich zu »amerikanisieren«. Die drei großen amerikanischen Kulturindustrien liefern mit Kleidung,
Musik und Fast Food die äußeren Instrumente, die amerikanischen Medien die Bilder und die Werte. Der Erfolg ist über-
wältigend. Mit der amerikanischen Kultur kommen allerdings
auch ihre großen politischen Versprechen von Freiheit und
Demokratie. Überall, wo sie ernst genommen werden, folgt
das zweite Erlebnis: die Ernüchterung. Hinter der Sendung
taucht das Reich auf und macht klar, dass ihre Botschaft nicht
für alle gilt.

»Wir haben rund fünfzig Prozent des Reichtums der Welt,
aber nur 6,3 Prozent ihrer Bevölkerung … Unser wirkliches
Ziel in der kommenden Periode ist ein Geflecht von Beziehungen, das es uns erlaubt, diese Position der Ungleichheit
aufrecht zu erhalten.«[105] Die Beamten im State Department

hielten das 1947 für ihren Außenminister George Marshall und seinen internen Gebrauch fest. Nach außen galt weiter der Mythos.

Wie vieles andere folgt auch der amerikanische Mythos politischen Konjunkturen. Von Harry Truman bis Lyndon B. Johnson fanden sich die USA auf dem Höhepunkt ihrer wirtschaftlichen und kulturellen Macht. Im indochinesischen Desaster brach der Mythos ein erstes Mal. Mit dem demoralisierten GI, der ein Land, das er nicht besiegen konnte, mit Napalm und Agent Orange niederbrannte, stand ein Land am Tiefpunkt seines Ansehens.

Nach Vietnam machte der Mythos kurz einem Versuch der globalen Selbstbeschränkung Platz. Richard Nixon und Henry Kissinger leiteten den Rückzug in die Realpolitik ein. Während mit dem Putsch in Chile weiter der engere Herrschaftsbereich mit allen Mitteln abgesichert wurde, zwang ihre globale Schwäche die USA zu Zugeständnissen und Verträgen. Aber schon wenige Jahre später griff die neue republikanische Rechte Entspannung, Abrüstung und friedliche Koexistenz an. Als Ronald Reagan 1980 Jimmy Carter besiegte, war Vietnam fast vergessen. Der Kampf gegen das »Reich des Bösen« konnte wieder aufgenommen werden.

Noch heute wird gestritten, ob die USA die UdSSR totgerüstet habe oder ob das sowjetische Reich an seinen inneren Widersprüchen zugrunde gegangen ist. Auch die USA wurden von dem Zusammenbruch der UdSSR überrascht. Im gefährlichen Chaos der ersten Jahre nach 1989 reagierte George Bush senior mit Vorsicht. Seine neue Weltordnung wollte die verbliebenen Großmächte in ein internationales System einbauen. Von Weltherrschaft war noch lange nicht die Rede.

Zwischen dem Zusammenbruch der UdSSR und dem imperialen Aufbruch der USA liegt die Zeit von Bill Clinton. »Obwohl die Clintons intelligente Rechtsanwälte aus der oberen Mittelklasse sind, kamen sie an die Macht ohne viel Ahnung von der Art und Weise, in der die herrschende Klasse (in die Bush geboren wurde) handelt«, [106] stellt der amerika-

nische Schriftsteller Gore Vidal fest. »Viele unserer imperialen Caesaren waren entweder in Purpur geborene Patrizier
wie die beiden Roosevelts oder sie wurden von der Patrizier-
klasse an der Hand – und manchmal an der Nase – geführt,
ganz, wie es der elegante Außenminister Dean Acheson mit
dem unbeholfenen Harry Truman tat.« Sieben Jahre lang ist
Bill Clinton von seinen Militärs und der Rüstungswirtschaft
an der Nase quer durch die globale Sicherheitspolitik gezogen
worden. »Mit Hilfe eines überwältigenden Lobbying durch
die Luftfahrtindustrie und andere Verteidigungsbranchen
wurde die NATO ›erweitert‹, zumindest teilweise mit dem
Ziel, einen Markt für diejenigen in der Lieferantengemein-
schaft, die sonst Produktionen stilllegen hätten müssen, zu
öffnen«,[107] beschreibt der amerikanische Journalist Christopher Hitchens Clintons Periode der Unsicherheit. Gegen den
Landminenvertrag und gegen den Internationalen Strafgerichtshof – George Bush konnte dort fortfahren, wo Bill
Clinton die USA an einzelnen Punkten schon auf unilateralen
Kurs gesteuert hatte.

Im Gegensatz zu seinem Nachfolger verfügten Clinton und
seine Außenministerin Madeleine Albright über keine klare
Vorstellung über die Rolle Amerikas in der Welt. Vieles von
Clintons Sicherheitspolitik entstand zufällig, meist aus innen-
politischen Notlagen. Als er im August 1998 die Arzneifabrik
in der sudanesischen Hauptstadt Khartum bombardieren ließ,
musste er seine widerstrebenden Militärs dazu zwingen. In
seiner erstaunlichen Clinton-Studie hat Christopher Hitchens
plausibel gemacht, dass das sinnlose Bombardement erst in
einem anderen, sehr persönlichen Zusammenhang eine
Erklärung fand und Clinton den Sudan bombardieren ließ,
um zu Hause in einer privaten Angelegenheit den Rücken frei
zu bekommen.[108]

David Halberstam hat die Weltmacht USA in der Zeit Bill
Clintons und seines Vorgängers George Bush senior als »schi-
zophren« bezeichnet. »Um es offen zu sagen – das Land war
mächtiger und einflussreicher als jemals zuvor, aber es schaute

nach innen. Es war die schizophrenste Nation, eine Supermacht, die das Monopol hatte, aber keine imperiale Macht
sein wollte, und deren Geist – mit Ausnahme finanzieller und
wirtschaftlicher Angelegenheiten – mehr und mehr isolationi-
stisch schien.«[109] Erst mit der Gruppe um George Bush junior,
Dick Cheney und Donald Rumsfeld kam die Sendung zurück
ins Amt. »Wie sehr wir auch hoffen mögen, dass die Vereinigten Staaten nach dem schrecklichen Schock der Anschläge
das Zögern, die Unentschlossenheit und die moralische
Verwirrung, die ihr Verhältnis zum Gebrauch ihrer Macht seit
ihrem Unglück in Vietnam gekennzeichnet haben, aufgegeben haben, wird das doch erst die Zukunft zeigen. Vielleicht
wird das Establishment erst durch diese Feuerprobe das
Vertrauen, das es im Zweiten Weltkrieg hatte, wiedererlan-
gen. Das amerikanische Volk braucht nichts mehr als das.«[110]
Viele in der Welt hoffen nicht mit Robert Kagan. Wer die
Verbrechen in Vietnam bloß für ein Unglück hält, soll nicht
für weiteres Unglück Gewehr und Marschflugkörper bei Fuß
stehen können.

Eineinhalb Jahre nach dem 11. September ist die öffentliche
Meinung in den USA so weit. Einer nach dem anderen beginnt, sich zum Imperium zu bekennen. Der Harvardprofessor Michael Ignatieff beschreibt Amerikas neue imperiale
Rolle: »Das heißt die Regeln festzulegen, die Amerika will
(zu allem von Märkten bis zu den Massenvernichtungswaffen) und sich von den Regeln selbst auszunehmen (das Kyoto-
Protokoll zum Klimawandel und der Internationale Strafgerichtshof), die sich gegen Amerikas Interessen richten.«[111]
Das ist das Gute, und genau das will George Bush. Amerika
ist wieder auf Sendung.

Die neue Sicherheitspolitik der USA, so heißt es, sei die
wichtigste Folge des 11. September. Amerika sei überrascht
worden. Am Wege, sich nach dem Sieg über den Kommunismus wieder in die Isolation zurückzuziehen, sei das neue
Böse aufgetaucht. Im Interesse aller müsse Amerika die Her-
ausforderung annehmen. So und ähnlich lautet die Erklärung.

Dazu fügte der Präsident ein Versprechen: »Amerika hat keine Gebietsansprüche. Wir wollen kein Reich. Wir wollen Freiheit für uns und für die anderen.«[112] Die Realität sieht anders aus.

Am 7. Juni 1997 legte das »Project for the New American Century« seine Grundsätze öffentlich fest. Ihr »Statement of Principles« ist deutlich: Die US-Außen- und Militärpolitik »lasse sich treiben«. Die geopolitischen, strategischen und militärpolitischen Belange seien sträflich vernachlässigt worden. »Unser Ziel ist es, das zu ändern. Wir haben ein Ziel und wollen dafür Unterstützung: für die globale Führungsrolle der USA.«[113] Die 25 Unterzeichner planten mehr als eine Erklärung. Sie wussten schon 1997, wofür sie die nächste amerikanische Präsidentschaft gewinnen wollten.

Einige der 25 sind Ideologen der neuen christlichen Rechten: Midge Decter, Francis Fukuyama, Norman Podhoretz. Andere haben schnell Karriere gemacht. Paul Wolfowitz ist seit März 2001 stellvertretender Verteidigungsminister. Elliot Cohen arbeitet im *Defense Policy Board* des Verteidigungsministers. I. Lewis Libby ist Stabschef des Vizepräsidenten. Jeb Bush dient weiterhin als Bruder und Gouverneur von Florida. Donald Rumsfeld ist Verteidigungsminister, Dick Cheney Vizepräsident.

Drei Jahre später lag unter dem Titel »Rebuilding America's Defenses« der detaillierte Plan vor.[114] Wenige Wochen danach wurde George Bush zum 43. Präsidenten der USA gewählt. Die Konstruktion der vier Eckpfeiler des Plans war damit ein Jahr vor den Anschlägen in Washington und New York fertig:

■ »Homeland Defense«. Schon ein Jahr vor dem 11. September war klar, dass das Zentrum des Reiches besonders geschützt werden müsste;

■ »Large Wars« – die Fähigkeit, mehrere Großkriege weltweit gleichzeitig führen und gewinnen zu können. Die USA wollen auch für den schlimmsten Fall gerüstet sein;

■ »Constabulary Duties« – Wahrnehmung der »Polizeiaufgaben« in kritischen Regionen. Gute Regime werden gestützt, böse gestürzt;

▪ »Transform U.S. Armed Forces« – Umbau der US-Streitkräfte auf Basis der neuen Technologien und Strategien. Mit den neuen Mitteln der Kommunikations-, Transport- und Waffentechnik soll ein Netz aus Stützpunkten über die Welt gezogen und aus vier Teilstreitkräften eine einzige Waffe gemacht werden.

Neben neuen Strategien und größeren Budgets verlangten die Autoren zweierlei:

▪ den Aufbau eines Raketenabwehrsystems, um die Basis für die globale Vorherrschaft zu sichern;

▪ und die Kontrolle von »Space« und »Cyberspace« mit dem Aufbau der US-Space Forces und den Programmen zur Überwachung von Internet und Telekommunikation. Weltraum und Informationsraum sollen unter Kontrolle gebracht werden.

Schon im September 2000 zogen die Autoren eine zufriedene Bilanz: »Zehntausende Soldaten der USA, der NATO und der Alliierten patrouillieren am Balkan und haben dort einige entscheidende Aktionen durchgekämpft. Die Region ist am Weg, ein NATO-Protektorat zu werden.«[115] Die nächste Station stand bereits fest: »Im Persischen Golf ist die amerikanische Präsenz gemeinsam mit den britischen und französischen Einheiten schon fast alltäglich geworden ... Während der ungelöste Konflikt mit dem Irak dafür die Rechtfertigung liefert, geht die Notwendigkeit einer beträchtlichen amerikanischen Militärpräsenz über den Fall Saddam Hussein hinaus. In Ostasien verlagern sich die US-Militäroperationen nach Süden«[116] – von der Nachbarschaft Chinas bis nach Osttimor.

Während sich das Publikum noch für die selbstlosen Einsätze auf dem Balkan bedanken durfte, waren die Pläne für den Ausbau des Imperiums längst gezeichnet. Der 11. September 2001 lieferte nur noch den Anlass. Als Privatmänner hatten sie alles vorgedacht. Als Präsident, Vizepräsident und

Verteidigungsminister konnten George Bush, Dick Cheney und Donald Rumsfeld nach den Anschlägen überall dort Terroristen verfolgen, wo die USA ihr Reich ausbauen wollten. Das strategische Projekt »Rebuilding America's Defenses« liefert auch hier den Schlüssel: »Auch wenn der Prozess des Wandels zu revolutionären Änderungen führt, wird er wahrscheinlich doch lange dauern, wenn es nicht zu einem katastrophalen und katalysierenden Ereignis kommt – zu etwas wie einem neuen Pearl Harbor.«[117] Am 11. September wussten Bush und sein Team, dass genau dieser Tag gekommen war. Als der Präsident im September 2002 endlich die neue amerikanische Sicherheitsdoktrin vorlegte, gelang ihm das geplante Kunststück: Fast jeder glaubte, dass die USA in einer einzigartigen Anstrengung eine Antwort auf Osama bin Laden, den Islam und das Böse gefunden hätten. Dass die Lösung lange vor dem Problem fertig war, wussten nur wenige.

Donald Kagan lehrt an der Yale-Universität klassische griechische Geschichte. Am »Rebuilding America's Defenses«-Projekt beteiligte er sich als Co-Vorsitzender. Für die neue Rolle der USA reicht ihm ein einfaches Bild: »Sie haben den Film ›High Noon‹ gesehen? Wir sind Gary Cooper.«[118] Donald Kagans Sohn Robert ergänzt das Bild: »Amerikaner sehen sich manchmal noch immer heroisch – wie Gary Cooper in High Noon. Sie werden die Bürger der Stadt beschützen – egal ob die Bürger sie wollen oder nicht.«[119] Die ganze Welt ist Mainstreet. Anders als im Film darf Gary Cooper als erster schießen. Meistens ist ohnehin nur er bewaffnet.

Der imperiale Block und sein Präsident

Am Rande des Rummelplatzes im Wiener Prater fahren Kinder in kleinen bunten Autos kurvige Runden. Sie lenken und hupen. Es ist ihnen völlig egal, dass ihre Autos auf Schienen laufen. Sie sitzen am Steuer und jeder kann das sehen. Das reicht für ein großes Vergnügen.

George Bush steuert die USA. Die Schienen sind kaum sichtbar, aber eines fällt jedem auf: Mit Bush steht ein bemerkenswert einfältiger Mann an der Spitze des amerikanischen Reichs. »Er ist kein Intellektueller«, bemerkt ein freundlicher Biograf, »und Büchern gegenüber indifferent, obwohl seine Frau eine gelernte Bibliothekarin ist.«[120] Seine Kenntnis der Geschichte ist lückenhaft: »In den letzten eineinhalb Jahrhunderten haben Amerika und Japan eine der großen und beständigen Allianzen der modernen Zeit gebildet.«[121] Die westliche Hemisphäre beginnt bei ihm gleich hinter dem Gartenzaun: »Erdgas ist hemisphärisch. Ich nenne es gerne hemisphärisch, weil es ein Produkt ist, das wir in unserer Nachbarschaft finden können.«[122] Manchmal verteilt er die Macht über die Welt spontan neu: »Yassir Arafat war in seinem Gebäude in Ramallah eingesperrt, in einem Gebäude eindeutig voll mit deutschen Friedensdemonstranten und allen möglichen Leuten. Sie sind jetzt draußen. Er ist jetzt frei und kann Leadership zeigen, um die Welt zu führen.«[123] Sein Sinn für friedliche Koexistenz geht weit über die Menschen hinaus: » Ich weiß, dass menschliche Wesen und Fische friedlich nebeneinander leben können.«[124] Die Gewaltenteilung ist ihm ein Anliegen: »Ich beachte die Trennung von Exekutive und Legislative. Ich habe allen vier Führern versichert, dass ich den Unterschied kenne, und dass der Unterschied darin besteht, dass sie die Gesetze beschließen und ich sie exekutiere.«[125] Den gerade

Hingerichteten blieb ein weiteres Anliegen verborgen: »Ich kümmere mich nicht nur um den Erhalt der exekutiven Vollmachten für mich selbst, sondern auch für meine Vorgänger.«[126] Es besteht keine Chance, dass der Präsident diese und andere Überzeugungen aufgibt: » Ich weiß, was ich glaube. Ich werde weiter sagen, was ich glaube und was ich glaube – ich glaube, was ich glaube ist richtig.«[127]

Ab und zu beschreibt der Präsident neben dem Frieden mit Fischen, benachbarten hemisphärischen Gasen und seiner Absicht, die Legislative zu exekutieren, auch sich selbst: »Wenn eine Person die Fähigkeiten, die wir alle von ihr erhoffen, nicht hat, dann, vermute ich, liegt die Hoffnung in ferner Zukunft, wenn überhaupt.«[128] George Walker Bush fasst unübersetzbar zusammen: «They misunderestimated me.«[129]

Wie schwach ist das Amt, dass es ein Präsident wie George Bush ausfüllen kann? In seiner kurzen Geschichte amerikanischer Präsidentschaften zeichnet Gore Vidal ein Bild: »Seit Woodrow Wilson, der sein Amt 1921 verließ, hat kein Präsident seine eigenen Reden geschrieben. Der Präsident liest, was andere schreiben. Manchmal stimmt er zu. Manchmal nicht. Manchmal ist es ihm egal. Eisenhower las seine Reden immer mit einem Gefühl des Entdeckens. Während seines ersten Wahlkampfes war das Land genauso überrascht wie er selbst, als er in der Mitte seiner Rede sagte: ›Und wenn ich gewählt werde, dann gehen wir nach – Korea?‹ Seine Stimme verriet Verärgerung. Niemand hatte ihm etwas von diesem Versprechen gesagt. Aber nach Korea ging er.«[130]

Wenn George Bush frei spricht, hat das gebildete Amerika etwas zum Lachen. Wenn er vorliest, ist er der Präsident. Mehr wird von ihm nicht verlangt. Das mächtigste Land der Welt hält sich die machtlosesten Politiker. Nur gut abgestimmte Medienkonzerne sorgen dafür, dass sich das Lachen über lächerliche Politiker in Grenzen hält. Nimmt man Bildung und Persönlichkeit als Maßstab, hätte George Bush Schwierigkeiten, in Wahlen irgendwo in der europäischen

Provinz zu bestehen. Aber im Gegensatz zu Europa wird hier über weite Bereiche der Politik anderswo entschieden. Ab und zu wird einem Präsidenten, der sich mehr Politik anmaßt, klar gemacht, dass Wirtschaft, Soziales, Bildung und Gesundheit denen übertragen sind, die dort im Geschäft sind. Was bleibt, sind Außenpolitik und Militär. Nur hier hat der Präsident eine Funktion. Hier wird er gebraucht.

Es gibt zwei Arten amerikanischer Standardpräsidenten. Die einen wissen, wo sie hingehören. Die anderen wissen, wem sie gehören. Die einen heißen Kennedy oder Bush und verdanken alles ihrer Familie. Die anderen heißen Nixon oder Reagan und haben ihre Gönner in den Familien. Den Familien gehört Amerika.

»Er schien nicht zu wissen, dass sein Amt ebenso machtlos ist wie es teuer zu erlangen ist, so ähnlich wie die Wahlen zu Römischen Konsuln, die bis zum Ende des Reichs beibehalten wurden, während die Cäsaren das Regieren besorgten.«[131] Was Gore Vidal hier über Bill Clinton erzählt, gilt für alle US-Präsidenten der jüngeren Geschichte. »George Bush gab mehr als zweihundert Millionen Dollar aus, um gewählt zu werden, und sogar der New Yorker Bürgermeister Michael Bloomberg gab sechzig Millionen für seine Wahl aus.«[132] Im Jahr 2000 gab es gute Gründe, George Bush mit zweihundert Millionen Dollar zu versorgen. Nach langem war die Wahl eines Präsidenten wieder eine strategische Entscheidung.

Nicht wenige in den USA teilen eine strategische Sorge. »Wahrscheinlich werden wir im Nahen Osten über eine lange Zeit eine größere Konzentration der Streitkräfte brauchen. Das wird etwas kosten, aber man soll sich überlegen, was es kostet, wenn man das nicht tut. Wenn wir wirtschaftliche Probleme haben, dann hat das mit Unterbrechungen in unserer Ölversorgung zu tun. Wenn wir Streitkräfte im Irak haben, dann wird es keine solche Unterbrechung geben.«[133] Die große Maschine USA hängt an wenigen Schläuchen, die sie mit Treibstoff versorgen. Wenn eine dieser Adern reißt, rechnet ein Teil der Wirtschaft mit dem Schlimmsten.

Das Verhältnis zwischen Wirtschaft und Politik wird in den USA von zwei Blöcken geprägt. Der technisch modernere von beiden basiert auf »Rohstoffen« wie Silikon und Information. Von klassischen Rohstoffquellen fast unabhängig betreiben seine Unternehmen mit schnellen Rechnern, komplexer Software, Telekommunikation, Internet und Biotechnologien die großen strukturellen Umwälzungen. Ihr Projekt ist die Vollendung der Industrialisierung in Bereichen, die ihr bisher nicht zugänglich waren: geistige Arbeit, Kultur und Reproduktion des Lebens. Der traditionelle Block gruppiert sich um die Produkte, die die technischen Umwälzungen vor achtzig Jahren geprägt haben: Kraftfahrzeuge mit Verbrennungsmotoren, Maschinen und Petrochemie. Seine stoffliche Basis bilden die klassischen Rohstoffe der Dritten Welt. Sein Projekt ist die Aufrechterhaltung der traditionellen Wirtschaft mit dem Auto als Schlüsselprodukt der Industriegesellschaft.

Die Blöcke stehen nicht nebeneinander. Längst spielen Mikroelektronik, Telekommunikation und neue Werkstoffe bei der Modernisierung der traditionellen Industrien und ihrer Güter die zentrale Rolle. Trotzdem spielen die neuen Konzerne nicht die dominierende Rolle in der Politik.

Der traditionelle Block ist konservativ. Er verteidigt seine Produkte und Fabriken gegen die Angriffe von Aktivisten des Umweltschutzes und Politikern der Dritten Welt. Er setzt zweifach auf Rüstung: Zum ersten spielen klassische Rüstungsgüter von Panzern und Munition bis Kampfbombern und U-Booten in seinen Produktpaletten eine entscheidende Rolle; und zweitens braucht er das Militär, um die Versorgung mit billigen Rohstoffen zu sichern.

Der neue Block ist transnational. Den Eigentümern und Managern seiner Konzerne ist es letztlich egal, mit welchem Reisepass ihre Mitarbeiter an Dutzenden oft wechselnden Orten der Welt für das jeweilige Unternehmen arbeiten. Er will offene Märkte für grenzenlose Vorhaben. Seine Instrumente heißen GATS, WTO und IMF. Bill Gates braucht keinen Statthalter in Bagdad, um Windows an Araber verkaufen zu können. Er hat kein Interesse an der Eroberung des Irak. Er sucht nicht Statthalter, sondern Käufer.

Der alte Block setzt auf Politik und Militär. Das amerikanische Reich soll die globale Verteilung der Ressourcen zu seinen Gunsten entscheiden. Afghanistan und Irak grenzen das Gebiet, in dem die größten Rohstoff- und Energiereserven zur Neuverteilung anstehen, auf beiden Seiten ab. Vom Kaspischen Meer bis zu den arabischen Ölfeldern fordern die USA die Kontrolle. Die militärische und politische Beherrschung der Welt ist das Projekt des alten, imperialen Blocks. George Bush hat ihm einen Blankoscheck ausgestellt: »Mein Budget bringt die größte Erhöhung der Verteidigungsausgaben in zwei Jahrzehnten – denn wenn der Preis für Freiheit und Sicherheit auch hoch ist, ist er niemals zu hoch. Was immer die Verteidigung unseres Landes kosten wird, wir werden es bezahlen.«[134]

Der frühere CIA-Direktor R. James Woolsley wird deutlicher: »Es ist ganz klar, Frankreich und Russland haben Ölfirmen und Interessen im Irak. Man sollte ihnen klar machen: Wenn sie helfen, eine genehme Regierung im Irak zustande zu bringen, werden wir unser Bestes tun um sicherzustellen, dass die neue Regierung und die amerikanischen Firmen mit ihnen eng zusammenarbeiten.«[135] Die USA unter Bush sind die einzigen, die ihre Außen- und Sicherheitspolitik an Ölinteressen ausrichten. »British Petroleum verfügte in den fünfziger Jahren über jede Menge Einfluss sogar in den Förderländern«, zitiert Damien Cave den früheren OPEC-Berater Manoucher Takin.[136] »Sie haben versucht, Regierungen zu stürzen und Revolutionen anzuzetteln. Aber das gibt es heute nicht mehr.« Spätestens nach ihrem Scheitern im Iran haben europäische Erdölkonzerne aufgegeben, die Außenpolitik ihrer Staaten zu bestimmen. Unter George Bush setzen die USA mit Exxon, Mobil, Chevron, Unocal und Halliburton genau dort fort.

Der Block hält sich Politiker. Rund um den Präsidenten sorgt ein Kabinett mit wirtschaftlicher Erfahrung für den reibungslosen Verlauf der Geschäfte. Die Herkunft seiner Mitglieder verrät das Wichtigste über deren Aufgaben. Dick Cheney war bis zu seiner Vizepräsidentschaft Manager bei Halliburton, dem weltweit wichtigsten Dienstleistungsunternehmen im Erdölsektor.[137] Halliburton machte gute Geschäfte mit dem Irak. Cheney nützte die Isolation des Irak geschäftlich. »Cheneys Firma lieferte über europäische Tochterfirmen, ›um eine Belastung der Beziehungen zu Washington und eine Gefährdung der Verbindungen mit Saddam Husseins Regierung zu vermeiden‹, wie es in einem Bericht der »Financial Times« aus dem November 2000 heisst.«[138] Handelsminister Donald Evans stand ein Jahrzehnt lang an der Spitze von Tom Brown Inc., einer Gas- und Ölgesellschaft. Energieminister Spencer Abraham schaffte es als Senator, mit 700 000 Dollar die meisten Spenden der Autoindustrie zu bekommen. Paul O'Neill diente vor seiner Berufung zum Finanzminister als Präsident von Alcoa, dem größten Aluminiumproduzenten der Welt. Condoleezza Rice ist Direktorin des Nationalen Sicherheitsrats. Von 1991 bis 2000 arbeitete sie im Management von Chevron. Der US-Erdölkonzern hat massive Interessen in Kasachstan. Rice vertrat den Konzern so erfolgreich, dass ein Tanker nach ihr benannt wurde. Andrew H. Card Jr. arbeitete als Cheflobbyist für General Motors, bevor er zum Stabschef des Weißen Hauses berufen wurde.[139] George Bush selbst war Präsident der Ölfirma Harken Energy, bevor er Präsident der USA wurde. Dort, wo Volksvertreter erwartet werden, sitzen rund um den Präsidenten Vertreter von Firmen. »Ihre Freunde, ihr Geld und ihre Ansichten sind ölgetränkt«, stellt der amerikanische Journalist Damien Cave fest.[140] Der britische Schriftsteller John Le Carré bezeichnet sie in Kenntnis ihrer Ziele und Methoden kurz als »Bush and his junta«.[141]

Die Rüstungsindustrie stützt den imperialen Block. Während in den USA die Geschäfte der zivilen Luftfahrtindustrie stagnieren, boomen die militärischen Teile der Konzerne. Ihre Vertrauensleute in der Verwaltung sorgen weiter für gutes

Geschäft. James Roche dient dem Pentagon als Staatssekretär für die Luftwaffe. Sein früherer Arbeitgeber Northrop Grumman beliefert die Luftwaffe mit dem Stealth-Bomber B-2. Sein Stellvertreter Peter Teets ist direkt aus dem Vorstand von Lockheed Martin in das Pentagon gewechselt. Seine Firma bietet dem Militär das Kampfflugzeug F-18, dessen Nachfolger F/A-22 und den »kleinen« Stealth-Bomber F-117 »Nighthawk«.[142] Europa geht in die Gegenrichtung. Die zivile europäische Luftfahrtindustrie gewinnt die Konkurrenz gegen die ehemaligen amerikanischen Marktführer. Nur im Militärischen bleibt Amerika an der Spitze.

Am 31. Dezember 2001, neun Tage, nachdem der US-Vertrauensmann Hamid Karzai die afghanische Regierung übernommen hatte, nominierte George Bush seinen Afghanistan-Chefbeauftragten. Der Paschtune Zalmar Khalilzad stammt aus dem afghanischen Masar-i-Sharif und »hat für den kalifornischen Konzern Unocal 1997 die Chancen einer Öl- und Gaspipeline von Afghanistan nach Pakistan ausgelotet – und traf sich dazu auch mit nach Houston eingeflogenen Vertretern der Talibanregierung. Erst als sich das Projekt zerschlug, prangerte Khalilzad das ›unmenschliche‹ Kabuler Regime an und schrieb eine Art Drehbuch für den amerikanischen Kampf gegen Mullah Omar und Co.«,[143] berichtete der »Spiegel«. Bis 1998 setzten die USA auf die Pipelines der Taliban. Die Taliban waren nach 1994 von Pakistan an die Macht gebracht worden, um Ordnung zu schaffen und Gas- und Ölpipelines über afghanisches Gebiet verlegen zu helfen. Im Oktober 1995 unterzeichnete der turkmenische Diktator Saparmurat Niyazov ein Abkommen zum Bau einer Pipeline durch Afghanistan mit Unocal und saudischen Partnern. Ziel war ein Ölkorridor durch Zentralasien, durch den das russische, kasachische, usbekische und turkmenische Öl an die Abnehmer in Asien und den USA geleitet werden sollte.

Als die Taliban im September 1996 in Kabul einmarschierten, war der Weg für Unocal frei. Die USA signalisierten politische Unterstützung für die Taliban und ihre Absicht, Scharia und Pipelines zu bewachen. »Wir trafen uns mit vielen Fraktionen einschließlich der Taliban«,[144] gab Unocal zu, nachdem das Projekt an starker Konkurrenz und politischem Widerstand in der amerikanischen Öffentlichkeit gescheitert war. Die Taliban hatten sich als zu schwach und zu unberechenbar erwiesen, um auf sie eine langfristige wirtschaftliche Strategie bauen zu können. In den USA protestierten feministische Gruppen immer erfolgreicher gegen die beispiellose Unterdrückung der afghanischen Frauen. Am 8. August 1988 explodierten die Bomben vor den US-Botschaften in Daressalam und Nairobi. Die Taliban wurden verdächtigt, den Terroristen Unterschlupf zu bieten. Ab Ende 1998 war damit klar, dass die Taliban kein brauchbarer Statthalter der USA sein konnten. Die Anschläge vom 11. September 2001 lieferten nur den letzten Grund, sie zu beseitigen. Der imperiale Bogen konnte in Afghanistan endlich mit verlässlicheren Leuten besetzt werden. Der neue Präsident Hamid Karzai galt aus gutem Grund als verlässlich: Auch er stand auf der Gehaltsliste von Unocal.[145]

Die größten Felder, die noch gewonnen werden können, liegen aber im Irak. »Die Standard Oil Company (Mobil) hatte im Nahen Osten bereits vor dem Krieg Öl vermarktet und außerdem Förderrechte für Gebiete in Syrien und Palästina von den Osmanen erworben«,[146] schildert der Ölexperte Colin J. Campell. »Das Unternehmen übte nun Druck auf das amerikanische Außenministerium aus, um den Zugang zum irakischen Öl zu sichern.« Der Krieg war der Erste Weltkrieg. Seit damals kämpfen die USA und ihre Firmen um den irakischen Kuchen. Jetzt soll er ein letztes Mal verteilt werden.

»Es geht um Ölinteressen«, berichtete Fred Mutalibov von SWS-Securities im ARD-Magazin »Monitor«.[147] »Zurzeit ist der Irak für die amerikanische Ölindustrie verschlossen. Mit einem Regimewechsel kommt aber die Aufhebung der Sanktionen – und US-Firmen werden in den Irak zurückkehren können. Ich rede nicht nur von der Öl- und Gasindustrie, sondern auch von der Ausrüstungsindustrie, also Technik, Anlagen, Service. Das Interesse am Wiederaufbau der irakischen Ölfelder ist groß, es geht ja um eine riesige Industrie.« Saddam Hussein wollte das Geschäft mit Russland und Frankreich machen. Daher setzte das amerikanische Ölkabinett auf einen Wechsel in Bagdad.

Strategisch geht es aber um mehr. Die Zeit des billigen Öls geht zu Ende. Zwei Entwicklungen spielen dabei wichtige Rollen. Zum ersten werden die zeitlichen Abstände zwischen der Entdeckung, der Erschließung und der Erschöpfung von Ölfeldern immer kürzer. Die USA brauchten vierzig Jahre, um von der Entdeckung ihrer eigenen Quellen auf den Höhepunkt der Förderung zu kommen. In der Nordsee hat sich dieser Zeitraum auf 27 Jahre verkürzt. Die neuen Entdeckungen werden immer weniger und sind inzwischen auf ein Viertel des jährlichen Verbrauchs zurückgegangen. Das zwingt die Förderfirmen, auf die letzte Möglichkeit zurückzugreifen: auf die Reserven im offenen Meer.

Dazu kommt ein paradoxer Umstand. Die einzigen leicht zugänglichen und damit billigen Reserven finden sich im Nahen Osten. Die politische Unsicherheit in den arabischen Staaten und die Erfahrungen mit dem Ölpreisschock von 1973 haben die Firmen veranlasst, auf die teuren und technisch komplizierten Förderungen in Alaska, der Nordsee, im Golf von Mexiko und vor Afrika auszuweichen. Das billige, aber unsichere arabische Öl diente vor allem dem Ausgleich von Engpässen. Durch diesen paradoxen Umstand wird Erdöl bereits heute auf einem »unnatürlich« hohen Preisniveau gefördert. Das täuscht über die langfristigen Reserven hinweg. Der irische Erdölexperte Colin J. Campbell stellt fest: »Das verbarg die allmählich wachsenden Auswirkungen der Erschöpfung, zunehmender Knappheit und steigender Kosten, die uns sonst alarmiert hätten.«[148]

Campbell rechnet, dass die Ressourcen bald erschöpft sind. Die neuen Ölfelder in Ostkasachstan werden auf sieben, die an der irakisch-iranischen Grenze auf fünf Milliarden Barrel geschätzt. Dazu kommen Neuerschließungen in Russland in

vergleichbarer Größe. Nur die Funde in der Tiefsee versprechen mehr. Nach Campbells Berechnungen können sie die
Welt knapp vier Jahre auf jetzigem Niveau versorgen. »Seit
den Erfahrungen im Golf von Mexiko weiß man, dass Tief-
seeförderungen von Ausrüstung und Management das Äußers-
te verlangen. Kleinere Unfälle und Rückschläge können in
dieser extremen Umwelt verheerende Folgen haben.«[149]

Die Felder in Zentralasien können aber nicht mit den arabischen Funden verglichen werden. Weit mehr verunreinigt und
schwer erschließbar bewegt sich das Öl in Kasachstan und
Aserbeidschan an der Grenze der Wirtschaftlichkeit. »Doch
die Abtrennung des Öls vom Schwefel ist aufwendig und
umweltgefährdend«,[150] wird vom größten kasachischen Feld
»Tengiz« berichtet. »Neben den Förderanlagen entstand eine
gespenstische Landschaft, bestehend aus Bergen von Schwefel. Tag für Tag werden diese um 4500 Tonnen größer, bisher
4,5 Millionen Tonnen.«

Wenn Ressourcen knapp werden, steigt der Antrieb, sich
möglichst viel vom Rest zu sichern. In den USA weiß man,
dass die Wirtschaft auf plötzliche Anstiege des Ölpreises nicht
vorbereitet ist. Die teuren und wenig ergiebigen Gebiete reichen nicht mehr aus, um die USA zu versorgen. Der einzige
Weg führt mitten ins Zentrum des Nahen Ostens. Solange
es noch Gegner wie die UdSSR gab, wollte niemand in den
USA diesen Schritt riskieren. Jetzt scheint der Weg frei. Nur
George Bush und seine Partei waren geeignet, ihn zu gehen.

Der Unterschied zwischen den beiden Parteien, die in den
USA immer wieder gegeneinander kandidieren, liegt in der
frühen Geschichte des Landes und im Namen. Aus großer
Nähe scheinen sie manchmal immer noch beachtlich, aber aus
einiger Distanz sieht man, wie gering sie unter dem Strich
sind. Im Gegensatz zu Europa, das eine lange Tradition der
Klassenparteien kennt, war die amerikanische Politik von Anfang an die Angelegenheit einer Kaste.

»Die Schöpfer der Verfassung fürchteten die Macht des
Volkes, weil viele von ihnen Angehörige von etwas waren, was

in Amerika eine Aristokratie ausmachte, eine Aristokratie
der Gebildeten, der Vornehmen und der Reichen, und sie miss-
trauten denen, die ungebildet, niedrig geboren oder arm
waren«,[151] schildert der Historiker Robert A. Caro die Motive
der Verfassungsautoren. In den zweihundert Jahren seither
haben sich die Ungebildeten und Armen keine eigene Partei
geschaffen. Die zwei alten Parteien sind bis heute die Parteien
der wirtschaftlichen und politischen Aristokratie. James Ma-
dison und seine Zeitgenossen hatten einen Hauptgrund für
ihre Angst. »Sie fürchteten die Macht des Volkes, weil sie als
Eigentümer die Rechte des Eigentums vor den Besitzlosen
schützen wollten.«[152] Während in Europa sozialdemokrati-
sche Parteien aus der Illegalität heraus einen langen Weg
begannen, hatte sich die amerikanische Politik längst als
Kaste eingerichtet. Das kurze Aufleben einer Arbeiterbewe-
gung blieb für die Parteienlandschaft der USA ohne Folge.

Wo in Europa Parteien noch unterschiedliche gesellschaftli-
che Interessen vertreten, repräsentieren die Spitzen der amerikanischen Politik meist nur unterschiedliche Geschäftsinte-
ressen. Während sich Abgeordnete und Senatoren in der
Mehrzahl als Lobbyisten regionaler Wirtschaftsgruppen be-
mühen, haben die Spitzen der Administration überregionale
Verpflichtungen. Nur für Nichtamerikaner ist überraschend,
wie billig amerikanische Spitzenpolitik zu haben ist.

Die Wahlbeteiligung liegt meist nur knapp über fünfzig
Prozent. Fast die Hälfte der Amerikaner glaubt nicht, dass
sich wählen lohnt. Wahrscheinlich gibt es für sie keine Wahl.
So bleiben sie zu Hause. Von den rund zweihundert Millionen
Wahlberechtigten haben 154 Millionen nicht George Bush ge-
wählt. Auch an Stimmen ist der Präsident der Vertreter einer
Minderheit.

Aspiranten für die amerikanische Präsidentschaft müssen
drei Kampagnen erfolgreich absolvieren. Die Kampagne um
die Förderer klärt, ob man an den Start darf. Die Kampagne
um die Meinungsmacher entscheidet, ob man ins Rennen
kommt. Die Kampagne um die Wähler macht schließlich klar,

wer gewinnt. Je ähnlicher einander die Kandidaten sind, desto mehr Gewicht kommt den beiden Vorentscheidungen zu. Wer in der ersten Runde die Gesichts- und Meinungskontrolle der Geldgeber nicht übersteht, ist chancenlos. Daher ist die Paarung »harter Republikaner« gegen »weichen Demokraten« das wahrscheinlichste Ergebnis der Vorauswahl.

Je nachdem, worum es gerade geht, sind die beiden Parteien einmal fortschrittlich und dann wieder konservativ. Die Rollen sind dabei verteilt. Die Demokraten sind links von den Republikanern aufgestellt. Wenn sich die politischen Achsen des Landes in eine Richtung verschieben, schiebt das die Parteien mit. Nur dadurch entsteht der Eindruck, dass einmal die Demokraten das Land nach links und ein anderes Mal die Republikaner es nach rechts bewegt hätten.

»Wenn ich alles noch einmal tun müsste, ich würde einfach Gas geben«, sagte er. »Zum Teufel mit den Umfragen, der Taktik und dem Rest.« Dann erzählte er Reportern, er hätte »mehr frei von der Leber sprechen und viel weniger zu Media-Events gehen und dort herumtaktieren sollen«.[153] Nach der Wahl war der weiche Demokrat Al Gore in Australien einmal kurz mutig.

In keinem reichen Industriestaat sind die Unterschiede zwischen arm und reich so groß wie in den USA. Wer das Land von außen betrachtet, sieht zwei Amerikas. In keinem reichen Industriestaat sind die Unterschiede zwischen den beiden Parteien so klein wie in den USA. Aus der Ferne betrachtet sehen sie aus wie eine einzige Partei. Zwei Amerikas werden von einer Partei regiert – damit steht nicht nur die Demokratie auf dem Kopf.

Trotzdem war es weder zu Beginn der Präsidentschaft Franklin D. Roosevelts noch vor der Wahl von George Bush egal, wer gewählt wurde. Immer, wenn die Politik der USA an Wendepunkte kommt, gewinnen kleine Unterschiede für kurze Zeit an Bedeutung. In normalen Zeiten ist es meist nicht wichtig, ob ein Demokrat oder ein Republikaner zum Präsidenten gewählt wird. In den wichtigen Entscheidungen fällt der

Unterschied zwischen einem rückgratlosen Demokraten und einem konsequenten Republikaner nicht ins Gewicht.

Die Wahlen im November 2000 waren keine normalen Wahlen. Elf Jahre nach dem Zusammenbruch der UdSSR ging es um die Antwort auf eine Frage: Wird Al Gore die unentschlossene Politik Bill Clintons fortführen? Oder wird die Gruppe um George Bush die Entscheidung für die neue imperiale Rolle der USA treffen können?

Am Ende seiner Präsidentschaft hatte Bill Clinton eines geschafft: Die USA waren für George Bush reif. Trotzdem gelang es ihm nicht, die Wahl zu gewinnen. Am 7. November 2000 wurde Al Gore zum 43. Präsidenten der USA gewählt. Wochen später stellte sich heraus, dass ihm die Wahl gestohlen worden war. »In den Monaten vor der Novemberwahl befahlen Floridas Gouverneur Jeb Bush und seine Secretary of State Katherine Harris den lokalen Wahl-Supervisern, 57 700 Wahlberechtigte aus den Wählerlisten zu streichen. Ihre Begründung lautete: Es handle sich um Verbrecher, die daher kein Wahlrecht in Florida hätten. Wie sich herausstellt, waren diese Wähler keine Verbrecher, im besten Fall einige wenige von ihnen. Die Wähler auf dieser Säuberungsliste waren vor allem Schwarze (rund 54 Prozent). Die meisten anderen zu Unrecht Ausgeschlossenen waren weiße und spanische Demokraten.«[154] Der renommierte Journalist Greg Palast fand die Beweise für die gestohlene Wahl. Wochenlang versuchte er, seine Geschichte in amerikanischen Medien zu veröffentlichen. CBS zeigte Interesse und sagte kurz später ab. Die Geschichte habe sich als falsch erwiesen. Die Begründung war einleuchtend: »Wir haben in Jeb Bush's Büro angerufen.«[155]

Im Dezember 2000 kämpfte Al Gore noch immer um das entscheidende Ergebnis von Florida. Palast wusste, dass Gore nur gewinnen könnte, wenn die Geschichte vom Stimmendiebstahl in den USA bekannt würde. Am 26. November veröffentlichte der »Observer« Palasts Bericht – in Großbritannien. BBC brachte den Bericht in Newsnight. Die Zuschauer erfuhren zum ersten Mal, dass die Wahl für George Bush geschoben war. Aber es waren die falschen Zuschauer. Die amerikanischen Kanäle brachten nach wie vor nichts. Das Internetmagazin »salon.com« stieg ein – und begann die entscheidende Geschichte zu schieben, Tag für Tag. Palast lieferte weitere Beweise. Die Firma Choice Point, die die Listen für die Brüder Bush gesäubert hatte, gestand ihren »Fehler« ein. Nichts passierte.

Greg Palast fand eine weitere Säuberungsliste mit 40 000 Vorbestraften, denen man illegal das Wahlrecht genommen hatte. Die Medien schwiegen. Rund neunzig Prozent dieser Gruppen wählen normalerweise Demokraten. Währen sie zu den Urnen gegangen, hätten rund 36 000 von ihnen Gore und 4000 Bush gewählt. Wenn, wie im Landesschnitt, nur die Hälfte von ihnen zur Wahl gegangen wäre, hätte Al Gore mit ihren Stimmen allein die Präsidentschaft mit einem Vorsprung von mehr als 15 000 Stimmen gewonnen.

Während die Beweise für den Stimmendiebstahl längst auf dem Tisch lagen, starteten »New York Times«, »Washington Post« und CNN eine gemeinsame Desinformationskampagne: die »Nachzählung« der Stimmen in Florida. Sie beauftragten das National Opinion Research Center NORC mit einer Überprüfung. NORC fand heraus, »dass die Mehrheit der Wähler in Florida dachten, dass sie für Gore gestimmt hatten«.[156] Die Medien berichteten von einem Sieg Bushs.

Am 20. Januar 2001 wurde George Walker Bush als 43. Präsident der USA vereidigt. Im Mai begann die US Civil Rights Comission, den Fall zu untersuchen. Im Juni brachte die »Washington Post« die Geschichte auf Seite eins. Greg Palast bekam um sieben Monate zu spät recht.

Al Gore hat die Wahl in Florida und in den USA gewonnen. Am Ende der brüderlichen Schiebung gewann George Bush die amerikanische Präsidentschaft mit einem Vorsprung von 537 Stimmen. Seit dem Januar 2001 sitzt der falsche Präsident im Weißen Haus. Die Checks und Balances der amerikanischen Demokratie haben sich als zu schwach erwiesen. Was in

Jugoslawien und im Iran nicht mehr möglich war, schafften die Bushs und ihre Hintermänner. Der Journalist Michael Moore stellt seinen Präsidenten vor: »Er ist George W. Bush, ›Präsident‹ der Vereinigten Staaten: der Thief-in-Chief«.[157]

Das Wappentier der Demokraten ist der Esel, das der Republikaner der Elefant. Selten gibt sich die politische Heraldik so auskunftsreich wie hier. An der Weggabelung, an der der Pfeil nach rechts in Richtung »Reich« zeigte, brauchte Amerika keinen Esel, sondern einen Elefanten. Die meisten Porzellanläden am Weg sind schon durchquert.

»Wir werden nicht zögern,
allein zu handeln ...«

Die Stärke der neuen amerikanischen Weltordnung liegt in dem einfachen Muster ihres Baus. Gleich unter den USA kommt die Welt. Gleich über den USA kommt nur Gott. In Gottes Auftrag erfüllen die USA eine doppelte Mission: Weltpolizist und Weltrichter. Ihre wirtschaftliche und militärische Stärke reichen den USA, beides für sich zu beanspruchen. Die Vereinten Nationen werden bei Bedarf bezahlt und eingesetzt. Staaten, die die Ratifizierung des Internationalen Strafgerichtshofs erwägen, werden mit Sanktionen bedroht. Niemand jenseits der Landesgrenzen soll Amerikanern Befehle geben oder über sie urteilen dürfen.

Rechtsstaat funktioniert überall gleich: Beweise werden gesammelt und von einem Gericht gewürdigt. Nur dieses kann Anklage erheben und Haftbefehle ausstellen. Die Polizei führt richterliche Befehle durch. Am Ende fällt das Gericht ein Urteil. Instanzen stehen bereit, um zu verhindern, dass es zu Fehlurteilen oder ungleichen Behandlungen vor verschiedenen Gerichten kommt. Das ist alles. Im ganzen Verfahren kommt die Politik nicht vor.

Kaum jemand kommt auf die Idee, er könne einen anderen eines Verbrechens bezichtigen, auf dessen Leugnen hin die Vorlage von Beweisen verweigern, ihn daraufhin über den Haufen schießen und mit allgemeiner Zustimmung rechnen. Das Völkerrecht ist ein Versuch, über die Grenzen des Nationalstaats Normen und Verfahren zu vereinbaren, die das Recht des Stärkeren durch ein gleiches Recht für alle ersetzen. So wie in den demokratischen Rechtsstaaten Europas und Nordamerikas soll sich in Zukunft jeder Mensch darauf verlassen können, dass er wie alle anderen durch ein global geltendes Recht gleich behandelt wird. Mit diesem Ziel bilden sich Stück für Stück Elemente eines globalen Rechtssystems heraus.

»Der lang gehegte Traum eines ständigen Internationalen Strafgerichtshofes wird damit Wirklichkeit.«[158] UN-Generalsekretär Kofi Annan freute sich. »Wir hoffen, dass er künftige Kriegsverbrecher abschreckt und uns dem Tag näher bringen wird, an dem kein Herrscher, kein Staat, keine Junta und keine Armee der Welt mehr Menschenrechte ungestraft verletzen kann.« An diesem Tag, dem 1. Juli 2002, trat das Statut über den Strafgerichtshof in Kraft. Am selben Abend schlugen die USA zurück. Der amerikanische Vertreter im Sicherheitsrat der UNO legte gegen die Verlängerung des Bosnien-Mandats sein Veto ein. Die USA würden keine UN-Militäraktion dulden, wenn US-Soldaten nicht völlige Straffreiheit vor dem neuen Gericht garantiert würde. Die »Zeit« kommentierte: »Kaltblütig hat die amerikanische Demokratie zwei Fäden zu einem Strick zusammengeflochten. Damit könnte sie das frisch geborene Tribunal, das künftig über Völkermord, Kriegsverbrechen und Verbrechen gegen die Menschlichkeit verhandeln soll, schon in der Wiege erdrosseln.«[159] Die neue amerikanische Militärdoktrin stellt klar: »Wir werden alle notwendigen Schritte setzen, damit wir sicherstellen, dass unsere Anstrengungen, unsere nationalen Sicherheitsaufgaben zu erfüllen und die Amerikaner zu schützen, nicht durch die Möglichkeiten des Internationalen Strafgerichtshofs zu Ermittlungen, Untersuchungen und Gerichtsverhandlungen beeinträchtigt werden.«[160] Drei Staaten stehen in dieser Frage fest an der Seite der USA: Libyen, Israel und der Irak. Statt der Achse des Bösen stellt sich hier eine Allianz der Rechtlosigkeit der Entwicklung globaler Rechtsstaatlichkeit in den Weg. So unterschiedlich die politischen Systeme dahinter sind, die Motive sind dieselben: Saddam Hussein und Tareq Aziz sollen vor Verfahren ebenso geschützt werden wie Politiker und Militärs der USA. Mit Tadschikistan, Rumänien, Osttimor und Israel haben bereits vier Staaten dem Druck nachgegeben und einen Vertrag mit den USA unterzeichnet. Sie werden amerikanische Verbrecher nicht ausliefern.

Wenn Gerichte nicht mehr zu verhindern sind, werden sie ignoriert. Am 27. Juni 1986 verurteilte der Internationale Gerichtshof im Verfahren »Militärische und paramilitärische Aktivitäten in und gegen Nicaragua« die USA in allen 15 Punkten der Anklage.[161] Damit bestätigte er, was jeder wusste: Die USA hatten den bewaffneten Kampf gegen die demokratisch gewählte Regierung Nicaraguas unterstützt. Seit 1946 entscheidet der Gerichtshof in Den Haag in Streitfällen zwischen Staaten. Seine 15 Richter werden von Generalversammlung und Sicherheitsrat der UNO auf neun Jahre gewählt. Aus einem Land darf nicht mehr als ein Richter stammen. Daher urteilt ein einziger US-Bürger wie alle anderen – mit gleichen Rechten und ohne Veto. Die Verurteilung der USA blieb ohne Folgen. Der amerikanische Präsident nahm das Urteil einfach nicht zur Kenntnis. Gleiches ist Saddam Hussein bei Androhung eines Krieges verboten.

Im Fall »bin Laden« haben die USA den Rechtsstaat außer Kraft gesetzt. Keinem Gericht sind die Beweise für die Schuld bin Ladens an den Verbrechen vom 11. September vorgelegt worden. Politiker erklären sie für »ausreichend«. Bei Osama bin Laden brennen erstmals seit langem die Sicherungen des Rechtsstaats auch in Europa durch. »Niederbomben« rufen viele von denen, die sich zu Recht immer gegen die »Aufhängen«-Rufe, die besonders abscheuliche Verbrechen regelmäßig begleiten, wenden. Der spanische Untersuchungsrichter Baltasar Garzón, der von ETA bis Pinochet große politische Verfahren geleitet hat, kommt zum einzig vertretbaren Schluss: »Das ist nicht seriös. Das ist schlichtweg illegal.«[162]

Für die Verbrechen von Osama bin Laden gelten dieselben Regeln wie für andere Verdächtige: ein Gerichtsverfahren einleiten, Beweise vorlegen, ermitteln, eine Anklage erheben und die Auslieferung des Beschuldigten verlangen. Im Normalfall setzt die Polizei die richterlichen Anordnungen durch: Sie durchsucht, verhört und verhaftet. Im Ausnahmefall heißt die Polizei »Sicherheitsrat«. Seine Mittel reichen bis zur militärischen Intervention. Die Truppen, die angreifen, sind aber rechtlich nichts anderes als Polizei – Organe der Justiz und nicht mehr.

Die Vorstellung, statt dem Präsidenten könnte ein Richter entscheiden, ist für die USA nicht erträglich. Rechtsstaat gilt nur im Kleinen. Je größer die Sache wird, umso lieber nimmt man sie in die eigene Hand.

In Bosnien nahmen die USA die Sache in Europa zum ersten Mal ohne UNO in die Hand. Die USA intervenierten hier, um die Mehrheitsbevölkerung Bosniens vor einer militärischen Aggression und vor weiteren Massakern zu schützen. Srebrenica sollte sich nicht wiederholen. Anders als in den schnellen Interventionen im Irak und in Afghanistan konnten oder wollten sich die USA kein gültiges Mandat der UNO beschaffen. Ohne Beschluss des Sicherheitsrats hätte die Alternative zur völkerrechtlich nicht gedeckten Intervention nur »weiter zusehen« geheißen.

Generalleutnant Michael C. Short steuerte als NATO-Luftwaffenbefehlshaber die Bombardierungen. Er schilderte der »New York Times«, wie sich ein Serbe vor der nächsten Bombenwelle fühlen sollte: »Kein Strom für deinen Eisschrank, kein Gas für deinen Herd, du kannst nicht in die Arbeit, weil die Brücke zerstört ist ..., und ihr alle seid mit Zielscheiben auf euren Köpfen dagestanden ...«[163] Das Ziel waren von Anfang an nicht nur die militärischen Einrichtungen. Der Angriff auf Radio und Fernsehen in Belgrad, der Abwurf von Splitterbomben auf den Marktplatz von Nis, die Bombardierung des Dorfes Korisa, die Zerstörung der Donaubrücken, die Bombardierung des Flüchtlingskonvois bei Djakovica, die Zerstörung des jugoslawischen Stromnetzes – das waren keine Kollateralschäden, sondern Angriffe auf das zivile Jugoslawien. »Die Tatsache, dass die Lichter in siebzig Prozent des Landes ausgingen, zeigt, denke ich, dass die NATO jetzt in Jugoslawien die Finger am Lichtschalter hat und dass wir den Strom abstellen können, wo immer wir wollen.«[164] NATO-

Sprecher James Shea fand nichts dabei, wenn die USA Jugoslawien bei Bedarf einfach abschalteten. Schulen und Krankenhäuser würden dann endlich erkennen, wer über das Recht auf Licht, Wärme oder den Betrieb einer Intensivstation entscheidet.

Seit dem ersten amerikanischen Krieg gegen den Irak nennen medizinisch gebildete Kommentatoren die Bombenangriffe »chirurgische Schläge«. Dass Chirurgen Operationen am offenen Herzen im Normalfall nicht mit Kettensägen durchführen, ist ihrem Vergleich verborgen geblieben.

Neben dem Einsatz zum Schutz der bosnischen Muslims überbrachten die USA in Bosnien eine zweite, imperiale Botschaft, die sie in Afghanistan noch deutlicher wiederholten. »Die Männer und Frauen unserer Luftwaffe haben eine Botschaft überbracht, die jetzt jeder Feind der Vereinigten Staaten versteht: Auch 7000 Meilen entfernt, über Meere und Kontinente, auf Berggipfeln und in Höhlen – ihr werdet der Gerechtigkeit dieser Nation nicht entkommen.«[165] Das ist George Bushs Alternative zum globalen Rechtsstaat: Auf allen Berggipfeln, in allen Höhlen und dazwischen gilt ein einziges Recht, das Recht der USA.

Am 27. August 1928 wurde in Paris der nach seinen Initiatoren benannte Briand-Kellogg-Pakt[166] abgeschlossen. Die 15 Unterzeichnerstaaten verpflichteten sich, auf den Krieg als Mittel zur Lösung internationaler Streitfälle zu verzichten. Vom August 1928 bis zum September 2002 war der Angriffskrieg durch das Völkerrecht geächtet. Die neue Strategie der USA macht damit Schluss. Völkerrecht ist jetzt, was den USA recht ist.

Franz Leidenmühler lehrt an der Universität Linz Völkerrecht. Sein Urteil kurz vor dem amerikanischen Angriff auf Afghanistan war eindeutig: »Ein Militärschlag wäre völkerrechtswidrig, wie dies vor drei Jahren schon die Angriffe gegen Ziele in Afghanistan und im Sudan als Reaktion auf Terrorakte gegen die US-Botschaften in Kenia und Tansania waren. Der Einsatz von Streitkräften gegen fremde Staaten

ist eben nur zur Selbstverteidigung im gegenwärtigen An-
griffsfall, nicht zu Vergeltungs- und Bestrafungsaktionen nach
abgeschlossener Attacke gestattet, wie auch der Internationale Gerichtshof in Den Haag mehrfach entschieden hat.«[167]
Weder der Sudan noch Afghanistan haben die USA angegriffen. Die US-Interventionen waren daher das, was die USA
ihren Gegnern vorwerfen: illegale Akte.

»Möglicherweise stehen wir vor der wichtigsten Abstim-
mung, zumindest in den vier Jahren, seit denen ich im Kongress bin. Noch wichtiger, das ist eine radikale Wende in den
zweihundert Jahren konstitutioneller Demokratie, eine Wende
im Völkerrecht, im internationalen Recht, in der außenpolitischen Doktrin.«[168] Auch in den USA gilt Mike Tompson nicht
als Feigling. Der demokratische Kongressabgeordnete ist für
seinen Einsatz in Vietnam mit dem Purple Heart ausgezeichnet worden. Ende September 2002 besuchte er den Irak. Nach
seiner Rückkehr warnte er: »Ich denke, das ist ein wirklich
radikaler Abschied – vom internationalen Recht, von unserer
konstitutionellen Demokratie. Ein vorbeugender Militärschlag
ohne multilaterale Unterstützung ist ein schwerer, schwerer
Fehler.«[169] Der kalifornische Abgeordnete wird sich an die
neuen Regeln gewöhnen müssen. Seit dem September 2002
sind sie beschlossene Sache. Vom Tag des Siegs über die
zusammengebrochene Sowjetunion haben die USA 13 Jahre
gebraucht, die militärischen Regeln ihrer Vorherrschaft nie-
derzuschreiben.

Die neue Hauptregel lautet: »Wir werden nicht zögern,
allein zu handeln, wenn es notwendig ist, unser Recht auf
Selbstverteidigung vorbeugend in Anspruch zu nehmen.«[170]
»Preemptive Selfdefense« heißt das Mandat, alle anzugreifen,
die gefährlich werden könnten. Souveränität gilt dabei nur für
Freunde. Leonid Breschnew hat das als Generalsekretär der
KPdSU dreißig Jahre zuvor ähnlich gesehen.

»Preemptive Selfdefense«, so argumentieren die USA, sei
nichts anderes als Notwehr. Man müsse nicht warten, bis man
überfallen werde. Man habe das Recht, den bevorstehenden

Überfall zu verhindern. Es sei wie im kleinen: Wenn jemand mit der Waffe in der Hand auf einen zugine, müsse man auch nicht warten, bis man erschossen werde. Mit dem Artikel 51 der UNO Satzung steht das Recht zur Notwehr völkerrechtlich außer Zweifel. Aber gibt es einem auch das Recht, jemanden zu erschießen, der einem feindlich gesinnt ist und von dem man annimmt, dass er eine Waffe besitzt? Die USA sagen »Ja«. Ihr Verteidigungsminister Donald Rumsfeld schiebt die UN-Charta zur Seite: »Sich gegen den Terrorismus und andere auftauchende Bedrohungen des 21. Jahrhunderts zu verteidigen kann uns zwingen, den Krieg zum Feind zu tragen. Angriff ist die beste und in manchen Fällen die einzige Verteidigung.«[171]

Als Verteidigungsminister geht Donald Rumsfeld noch einen Schritt weiter. »Die Taliban haben in Afghanistan ein Umfeld geschaffen, in dem al-Qaida Terroristen ausbilden konnte. Wir mussten den Taliban klar machen, dass das nicht akzeptabel war, und als sie die Zusammenarbeit verweigerten, mussten wir die Regierung ersetzen. Das war ein vorbeugender Akt.«[172] Schon die Unterstützung eines Feindes reicht aus, um sich selbst den vorbeugenden Krieg zu gestatten.

»Der echte Präventivkrieg ist keine rechtlich mögliche Form der Notwehr. Er liegt außerhalb der Reichweite ihres Begriffs und damit ihrer Legitimation. Er hebt das Gewaltverbot auf. Dieses ist aber keine disponible Norm des Völkerrechts. Es ist die Bedingung seiner Möglichkeit als Recht. Denn rechtsförmige und gewaltförmige Konfliktlösung schließen einander logisch aus. Jedes Recht beginnt erst mit dem Gewaltverbot. Daher endet es zwingend mit dessen Aufhebung.«[173] Das, was der Hamburger Strafrechtsprofessor Reinhard Merkel beschreibt, ist die Gretchenfrage des Völkerrechts. »Alle Mitglieder unterlassen in ihren internationalen Beziehungen jede gegen die territoriale oder politische Unabhängigkeit eines Staates gerichtete oder sonst mit den Zielen der Vereinten Nationen unvereinbare Androhung oder Anwendung von Gewalt.« So steht es im Artikel 2 Absatz 4 der Charta der Vereinten Nationen, und so haben das auch die USA unterschrieben.

»Wir müssen den Begriff der ›unmittelbaren Bedrohung‹ an die Möglichkeiten und Ziele unserer heutigen Gegner anpassen.«[174] Die neue Sicherheitsdoktrin der USA ist auch in diesem Punkt klar und offen. »Wir« – das sind die USA. Ein einzelner Staat maßt sich das Recht an, den Kern des Völkerrechts seinen Bedürfnissen anzupassen. Mit demselben Recht könnte der Irak das Völkerrecht neu bestimmen. Im Gegensatz zu den USA riskiert er, dafür bombardiert zu werden.

Egal, wie der UN-Sicherheitsrat auf Druck der USA im Einzelfall entscheidet – eine militärische Notwehr weit im Vorfeld einer denkbaren Aktion ist illegal. Das Gewaltverbot des Artikel 2 der UN-Charta gilt. Gibt der Sicherheitsrat der UNO trotzdem nach, und ist der Beschluss durch Erpressung zustande gekommen, dann ist er ungültig.

Die USA gehen noch weiter. In US-Regierung und Kongress wird überlegt, die Tötung auf Regierungsbefehl wieder zu gestatten. Bob Woodward berichtet aus »informierten Quellen«: »Präsident Bush unterzeichnete am Beginn dieses Jahres eine Anordnung, die CIA solle ein geheimes Programm zur Beseitigung von Saddam Hussein entwickeln. Um den irakischen Präsidenten zu fangen beinhaltet es die Ermächtigung zum Töten.«[175] Teams der CIA und der Special Forces sollen das Recht erhalten, Saddam zu töten. Der Beweis, dass Rechtsstaat und Demokratie in den USA nur überleben können, wenn der Regierung das Recht auf Mord eingeräumt wird, scheint kaum jemandem notwendig.

»Die Nazimörder wurden in Nürnberg vor ein Gericht gestellt, weil Präsident Truman eine bemerkenswerte Entscheidung traf. ›Willkürliche Hinrichtungen‹, sagte er, ›ohne klaren Beweis der Schuld in einem fairen Verfahren würde nicht leicht in das amerikanische Bewusstsein passen oder von unseren Kindern mit Stolz zur Kenntnis genommen werden.‹«[176] Dieses Bewusstsein ist in den USA verloren gegangen.

Ähnliches gilt für Gefangene, die man der Mitgliedschaft bei al-Qaida verdächtigt. Obwohl sie für Amnesty International Kriegsgefangene sind, werden ihnen alle Rechte vorenthalten. Die Bilder der Häftlinge in ihren Käfigen in Guantanamo belegen, welche Standards im Niemandsland der US-Militärjustiz gelten. Mit Verdächtigen, die in den USA festgehalten werden, hat man ein anderes Problem: Sie dürfen nach amerikanischem Recht nicht gefoltert werden. Daher werden manche von ihnen in befreundete Staaten wie Frankreich oder Saudi-Arabien, in denen die Polizei weniger Rücksicht nimmt, »exportiert«.

Völkerrecht, UN-Charta, Menschenrechte und US-Gesetze – sie alle gelten auch für die USA. Wenn jemand mit überhöhter Geschwindigkeit auf einen US-Polizisten trifft, weiß er, was passiert. Aber niemand weiß, was man gegen einen amerikanischen Präsidenten unternimmt, der sich über Gesetz und Recht stellt.

Diktat statt Vertrag

Nach dem Zweiten Weltkrieg war die Einsicht groß genug, mit Verträgen zwischen den Staaten den gefährlichsten Risiken Riegel vorzuschieben. Die Siegermächte hatten kein Interesse, das, was sie besaßen, aufs Spiel zu setzen. Nach dem Kalten Krieg ist es mit der Einsicht vorbei. Die Siegermacht fühlt sich an nichts mehr gebunden. Seit das Diktat möglich scheint, gelten Verträge nicht mehr viel.

Chemische Waffen

Jose Bustani war erfolgreich. Als er im Mai 2000 einstimmig für eine zweite Periode wiedergewählt wurde, waren sich alle Mitgliedsstaaten einig, dass es keinen Besseren gäbe. Als Generaldirektor der Organisation für das Verbot chemischer Waffen OPCW[177] hatte er die Zerstörung von zwei Millionen Chemiewaffen und zwei Drittel der Anlagen zu ihrer Produktion geleitet und überwacht.[178] Die Zahl der Staaten, die die Konvention unterzeichneten, war von 87 auf 145 gestiegen. US-Außenminister Colin Powell hatte ihm für seine »sehr beeindruckende« Arbeit in einem persönlichen Brief gedankt. Im Januar 2001 forderten die USA seine sofortige Ablösung. Der amerikanische Vorwurf lautete: »Einseitigkeit«.

»Bustanis Fehler war sein Versuch, Bagdad zur Unterschrift unter die Chemiewaffenkonvention CWC zu bewegen. Vom Beginn seines Amtes an drängte er den Irak, Libyen, Syrien und Nordkorea, der OPCW beizutreten. Bustani war überzeugt, dass der Irak als Mitglied dieselben regelmäßigen Überprüfungen über sich ergehen lassen müsste wie derzeit bereits fast fünfzig Staaten. Weil die CWC von ihren Unterzeichnern die Vernichtung ihrer Chemiewaffenbestände verlangt, hätte auch das Arsenal des Irak unter den Auspizien der OPWC neutralisiert werden können.«[179] Damit stand Bustani der amerikanischen Irakstrategie im Weg. Der »Christian Science Monitor« fasste den Vorwurf zusammen: »Hardliner in Washington fürchteten, dass die irakische Mitgliedschaft in der OPCW ... ihre Pläne zur Ausschaltung Saddams mit der Begründung, er würde die internationalen Waffeninspektoren aussperren, unterlaufen könnte.«[180]

Zur Lösung des Problems schickte George Bush seinen Unterstaatssekretär John Bolton nach Den Haag. Bustani erinnerte sich an Boltons persönliche Botschaft: »Washington verlangt, dass Sie morgen vor der Sitzung des Exekutivkomitees zurücktreten. Sie haben die Niederlande sofort zu verlassen.«[181] Bolton drohte, das amerikanische Viertel des Budgets zu streichen. Am nächsten Tag wurde Bustani abgewählt. Fast die Hälfte der Mitglieder enthielt sich der Stimme.

Bustani nannte einen zweiten Grund für seine Ausschaltung: »Ich hatte von Anfang an Schwierigkeiten. Die Amerikaner erlaubten keine OPCW-Inspektionen in den USA. Immer wieder wurde unseren Inspektoren der Zutritt zu den Chemieanlagen verwehrt. Daher konnten wir nicht feststellen, ob diese Anlagen Chemikalien für friedliche Prozesse herstellten.«[182]

Biowaffen

»Die USA versenken die Biowaffenkonferenz.« Unter diesem Titel berichtete die »Washington Post« am 8. Dezember 2001 über das Scheitern der Fünften Überprüfungskonferenz zur Biowaffenkonvention BWC. 1972 war die Konvention von 144 Staaten unterzeichnet worden. Sie hatte einen einzigen Mangel: Bestimmungen über die Durchsetzung fehlten. Mit Ausnahme der USA hatten sich alle wichtigen Mitglieder geeinigt. Wie die Internationale Atomenergie-Organisation bei zivilen Atomanlagen und die CWC mit den Kontrollen durch die

OPCW sollte auch die B-Waffen-Konvention ein Kontroll-regime erhalten: die »Organization for the Prohibition of Bacteriological (Biological) and Toxic Weapons (OPBTW)«. Im Dezember 2001 machte John Bolton für die USA alles klar. Die USA wollten nur eines: alle Verhandlungen um fünf Jahre unterbrechen. »Eine Sitzung würde nur zu öffentlichen Streitigkeiten führen und sollte daher vermieden werden, sagten Vertreter der (US)-Regierung. Besser sei es, die Diskussionen überhaupt zu stoppen.«[183] Nach dieser Erklärung war die Konferenz gescheitert. »Sie haben uns wie Dreck behandelt ... In Jahrzehnten multilateraler Verhandlungen sind wir noch nie so beleidigend behandelt worden«, beschwerte sich ein Teilnehmer am Rande der Konferenz.

In zwei kurzen Auftritten hat Unterstaatsekretär Bolton die beiden Konventionen über chemische und biologische Waffen ruiniert. Die USA beharren dabei auf drei Grundsätzen. Erstens: Es geht nicht um die Massenvernichtungswaffen, sondern um ihre Besitzer. Zweitens: Es gibt gute und böse Besitzer. Nur die Massenvernichtungswaffen der Bösen dürfen kontrolliert und vernichtet werden. Drittens: Die USA entscheiden, wer böse ist, wer angegriffen und was zerstört wird.

Der Hauptgrund für die amerikanische Intervention liegt aber in den USA selbst. Mit ihren Anlagen zur Herstellung von Biowaffen haben die USA etwas zu verbergen. Die USA produzieren trockenes, waffentaugliches Milzbrandpulver. Die Biowaffenexpertin Barbara Rosenberg warnt: »Man will prüfen und testen, wie man es im Krieg einsetzen könnte. Man will wissen, wie es sich über große Gebiete verteilt und wie tödlich es dann noch ist. Ich glaube nicht, dass diese Tests mit waffentauglichem Milzbrand irgendeinen Sinn für die Verteidigung haben«.[184]

Am 4. Oktober 2001 wurden in den USA die ersten Briefe mit Anthraxpulver verschickt. Nachdem sogar Tom Daschle, der demokratische Mehrheitsführer im Senat, einen Anthrax-Brief erhalten hatte, befasste sich der Nationale Sicherheitsrat am 17. Oktober 2001 damit. CIA-Chef George Tenet hatte sofort einen präzisen Verdacht: »Ich glaube, das ist AQ.[185] Ich glaube, da steckt ein Unterstützerstaat dahinter. Es ist zu gut ausgedacht, das Pulver ist zu rein. Es könnte der Irak sein oder Russland, vielleicht auch ein abgesprungener Wissenschaftler ...«[186] Das Anthrax kam aus den USA. Die Spur der Biowaffe konnte bis zum Dugway Proving Ground, einem Versuchsgelände der US-Armee südwestlich von Salt Lake City, zurückverfolgt werden. Rund ein halbes Dutzend amerikanischer Wissenschafter ist dort in der Lage, trockenes Anthrax herzustellen.[187] Damit steht fest: Terroristen können sich aus US-Beständen mit Biowaffen versorgen.

Die Hinweise mehren sich, dass die USA weitere Biowaffen entwickeln. So soll ein gentechnisch veränderter Milzbrand, gegen den der Impfstoff nicht mehr wirkt, fertig sein. Eine Bombe zur Verbreitung von biologischen Kampfstoffen soll sich in Entwicklung befinden. Vor allem aber bekunden die USA neues Interesse an »nicht tödlichen« Biowaffen. Die US-Diplomatin Avis Bohlen machte am 10. Oktober 2001 in einer Rede vor der UNO klar: »Unter Waffen verstehe ich hier biologische Stoffe mit dem Ziel, zu töten.«[188] Damit schreiben die USA die Biowaffenkonvention einseitig um. Aus dem gültigen generellen Verbot der Herstellung von Organismen »für feindselige Zwecke oder in einem bewaffneten Konflikt« wird ein beschränktes Verbot tödlicher Biowaffen. Damit könnten einige der Waffen, an denen in den Labors der USA derzeit gearbeitet wird, im Nachhinein legalisiert werden. Alle diese Hinweise auf Biowaffenanlagen der USA können von Inspektoren der OBPTW nicht überprüft werden. Im Gegensatz zum Irak lassen die USA keine Inspektoren ins Land.

Hätte Jose Bustani weiter arbeiten können, wäre das Problem der chemischen Waffen des Irak mit Sicherheit einer Lösung näher. Wäre die Biowaffenkonvention nicht von den USA sabotiert worden, könnten bereits erste Inspektoren im Irak oder in Pakistan arbeiten. Die USA müssten nur zweierlei akzeptieren: dass auch die Massenvernichtungswaffen der

USA und ihrer aktuellen Freunde überprüft werden könnten; und dass es keinen Grund für Krieg gäbe. Beides ist für Washington nicht annehmbar.

Bob Woodward schildert, wie das Pentagon sechs Tage nach dem 11. September seine chemische und biologische Unterstützung anbot: Miller[189] »begann, die geheime Diapräsentation zu überprüfen. Auf einem Dia über mögliche Operationen in Afghanistan stand ›Jenseits der Grenzen denken – die Nahrungsmittel vergiften‹. Miller verschluckte sich fast. Er zeigte es Rice.[190] Die Vereinigten Staaten wissen nicht, wie man so etwas macht, erinnerte er sie, und wir dürfen es auch nicht. Das wäre ein chemischer oder ein biologischer Angriff, der eindeutig durch Verträge, die die USA unterschrieben hatten, verboten ist. Rice zeigte das Dia Rumsfeld. ›Dieses Dia wird nicht dem Präsidenten der Vereinigten Staaten vorgeführt‹, sagte sie. Ein Giftangriff war genau das, was sie von bin Laden befürchteten.«[191] Die Militärs hatten sich dabei nichts gedacht. Sie wollten dem Präsidenten einfach alles zeigen, was sie für den Krieg zu bieten hatten.

Atomwaffentestverbot und Sicherheitsgarantie

Im Jahr 1954 machte der indische Premierminister Jawaharlal Nehru einen Vorschlag: Atomwaffentests sollten für alle Zukunft verboten werden. Am 10. September 1996 beschloss die Generalversammlung der Vereinten Nationen den Umfassenden Nuklearen Testverbots-Vertrag.[192] Am 24. Scptember 1996 unterschrieb Bill Clinton für die USA. Am 1. Oktober 1999 lehnte der amerikanische Senat ab. Inzwischen haben 97 Staaten den Vertrag ratifiziert. Von den ständigen Mitgliedern des Sicherheitsrates verweigern nur zwei die Ratifizierung: China und die USA. Die amerikanischen Interessen haben sich in den neunziger Jahren gewandelt. Seit wieder über den offensiven Einsatz von Atomwaffen nachgedacht wird, will man sich alles offen halten. Damit ist die Rüstungskontrolle im Bereich der Atomwaffen blockiert.

1978 einigten sich die fünf großen Atomwaffenstaaten auf einen Anhang zum nuklearen Nichtverbreitungsvertrag. Staaten sollten nur dann mit Atomwaffen angegriffen werden, wenn sie selbst Atomwaffen besäßen. Am 21. Februar 2002 kündigte Unterstaatssekretär John Bolton die »negative Sicherheitsgarantie« seitens der USA.[193] Damit nahmen sich die USA das Recht, jeden mit nuklearen Waffen anzugreifen. Seit dem 21. Februar können amerikanische Militärs ihre Atomwaffen wieder ohne Einschränkung in ihre strategischen Planungen einschließen.

Landminen

Am 18. September 1997 wurde in Ottawa der Vertrag über das Verbot von Antipersonenminen beschlossen. Von Angola über Kurdistan bis Afghanistan liegen Hunderte Millionen leicht vergrabener Minen als Erbe der lokalen Kriege im Boden. Im Nordirak verdanken einige kleine Wälder ihr Überleben der Verminung – niemand kann riskieren, den Bäumen nahe zu kommen. Allein im Land zwischen Arbil und Sulemaniya werden rund zwei Millionen Minen im Boden vermutet. Oft sind es Kinder, denen es beim Spielen oder während der Feldarbeit ein Bein wegreißt.

Mit dem Landminenvertrag wurde etwas Neues versucht. »Während einige Staaten, darunter die USA, Russland, China und Indien analog zur gängigen Praxis der traditionellen Rüstungskontrolle an einigen Typen oder begrenzten Mengen von Antipersonenminen festhalten wollten, wurde dies von der Mehrheit der Staaten nicht akzeptiert«, berichten Herbert Wulf und Michael Brzoska vom BICC.[194] Gerade bei Kleinwaffen nützt »etwas weniger« nicht viel. Die Waffen, die in den kleinen Kriegen die größten Schäden anrichten, müssen vom Markt verschwinden. Das geht nur über ein generelles Verbot der Herstellung, des Handels und der Verwendung.

137 Staaten haben den Vertrag unterschrieben, hundert haben ihn ratifiziert.[195] Am 1. März 1999 trat damit das welt-

weite Verbot von Landminen in Kraft. Die üblichen Staaten verweigern die Ratifizierung: Iran, Irak, Libyen, Israel, Russland, China und die USA. Nach wie vor hüten die US-Militärs ihre elf Millionen Minen. Schon kurz nach Clintons öffentlicher Bereitschaft, den Vertrag zu unterschreiben, bezweifelten Rüstungskritiker die ehrliche Absicht des Präsidenten, »weil die Clinton-Administration vor kurzem den Kongress um die Erlaubnis ersuchte, fast fünfzig Millionen Dollar für eine neue Landmine auszugeben. Diese Art von Minen würde sowohl Panzer als auch Menschen in die Luft sprengen. Sie heißt RADAM. Das Pentagon sagt, diese Mine sei ›menschlicher‹ als die Landminen, die die USA derzeit besäßen.«[196] Neue Minen statt Ratifizierung – die USA behalten sich das Recht, so wie China, Jugoslawien oder Irak nach eigenem Gutdünken zu verminen.

Rüstungskontrolle

»Sobald es eine Hegemonialmacht gibt oder militärische Macht asymmetrisch verteilt ist, kommt Rüstungskontrolle zum Stillstand.«[197] Herbert Wulf und Michael Brzoska beschreiben den Wandel vom Gleichgewicht des Schreckens zum Monopol desselben. Globale Rüstungskontrolle zerfällt in vier Phasen: in die Verhandlungsphase nach der US-Niederlage in Vietnam; in den Versuch der Präsidentschaft Reagan, den Feind UdSSR niederzurüsten; in die Phase der Unsicherheit von George Bush Vater bis Clinton; und in die Zeit danach – der einseitigen amerikanischen Hochrüstung ohne äußere Beschränkung. Rüstungskontrolle und Abrüstung funktionierten nur in der Zeit, als die USA nach Vietnam militärisch und politisch so geschwächt waren, dass ihre politische Führung nach internationalem Ausgleich suchte. Die »friedliche Koexistenz« dauerte solange, bis die USA wieder auf die alten Schienen zurückgefunden hatten.

In den zehn Jahren nach dem Zusammenbruch der UdSSR wurde zum ersten Mal seit dem Zweiten Weltkrieg überall massiv abgerüstet. Die Zahl der Großwaffen sank weltweit um ein Drittel. Statt 28,8 Millionen im Jahr 1987 standen 1999 nur noch 21,1 Millionen Soldaten unter Waffen.[198] Die USA haben den Abwärtstrend umgekehrt. Die Rüstungsausgaben nähern sich wieder dem Höchststand des Kalten Krieges, und die Aufkündigung der Rüstungskontrolle schafft die letzten multilateralen Hindernisse für eine neue Welle der Aufrüstung aus dem Weg.

Folter

Nicht immer geht es um Waffen. »Gestern hat die US-Regierung ihr Vorhaben nicht durchsetzen können, ein Zusatzprotokoll zur Antifolterkonvention zum Scheitern zu bringen, da die Mehrheit der Länder gestern für dessen Annahme votierte«, berichtet der Journalist Florian Rötzer vom UN-Economic and Social Council.[199] »Die US-Regierung wollte verhindern, dass Kontrollbesuche in amerikanischen Gefängnissen, vor allem im Gefangenenlager in Guantanamo, durchgeführt werden können.« Auf dem US-Stützpunkt im kubanischen Guantanamo werden rund fünfhundert Gefangene aus fast vierzig Ländern festgehalten. Sie stehen im Verdacht, al-Qaida anzugehören. Fast alle Rechte von Beschuldigten oder Kriegsgefangenen werden ihnen vorenthalten.

Mit dem Zusatzprotokoll soll ein Gremium eingerichtet werden, das Gefängnisse inspizieren und dem Komitee zur Bekämpfung der Folter berichten soll. Wenn zwanzig Staaten das Protokoll ratifiziert haben, tritt es in Kraft. Mit den USA stimmten diesmal Kuba, China, Nigeria und der Iran.

Als George Bush senior Präsident war, fanden sich die USA gut eingebunden in ein Netz internationaler Verträge und Organisationen, das immer dichter und tragfähiger wurde. Von den Verträgen, die Sicherheit gegen die nukleare Verwüstung der Welt schaffen sollten, war die Entwicklung längst in weichere Bereiche wie Umweltschutz aufgebrochen. Unter George Bush junior sind die USA ausgebrochen. Klima, Land-

minen, Atomwaffentests, Massenvernichtungswaffen – alles,
was an globalem Recht und gemeinsamer Sicherheit in Jahrzehnte erreicht worden ist, wird von der USA offen bekämpft. Statt gleichem Recht für alle gilt das imperiale Drei-
stufenrecht: Die Feinde dürfen nichts, die Freunde erstaunlich
viel und die USA alles. Befreundete pakistanische Massenvernichtungswaffen sind gut, vermutete feindliche im Irak
eine Lebensgefahr für die Welt. »Amerikas Verbündete wollen eine multilaterale Ordnung, die die amerikanische Macht
entscheidend einschränkt. Aber das Reich wird sich nicht
wie Gulliver mit tausend gesetzlichen Fäden niederbinden lassen«,[200] beschreibt Michael Ignatieff stolz das neue imperiale
Selbstbewusstsein. Nach langem fühlt sich der amerikanische
Elefant im Porzellanladen wieder pudelwohl.

Vorbeugende Verteidigung, Blitzkrieg und Brückenköpfe

Mit der »National Security Strategy« haben die USA ihren Plan für die amerikanische Welt im September 2002 auf den Tisch gelegt. Die Zeit der alten Militärs ist vorbei. Wer die Welt beherrschen will, muss mehr können, als sich selbst und seine Hemisphäre zu verteidigen. Er muss jederzeit überall eingreifen können und dazu jederzeit überall präsent sein.

Clausewitz' Feststellung, der Krieg sei die Fortsetzung der Politik mit anderen Mitteln, hat durch Donald Rumsfeld eine Ergänzung erfahren: »Viele dieser Mittel werden möglicherweise nicht militärisch sein.«[201] Der neue Krieg vereint »alle Elemente nationaler Macht: wirtschaftliche, diplomatische, finanzielle, gesetzliche, polizeiliche, geheimdienstliche genauso wie offene und verdeckte militärische Operationen«.[202] Das Militär ist nicht mehr ein einfaches Instrument der zivilen Politik. Die Schlüsselbereiche der Politik werden Teil einer strategischen Operation, deren Kern militärisch ist. »Zu Zeiten Präsident Kennedys ... gaben die Vereinigten Staaten ein Prozent ihres BIP für die nichtmilitärischen Mittel ihrer internationalen Einflussnahme aus – über das Außenministerium, über Entwicklungshilfe, über die UNO, über Informationsprogramme. Unter der Präsidentschaft Bush ist diese Zahl auf 0,2 Prozent zurückgegangen«,[203] zitiert Michael Ignatieff aus einer amerikanischen Studie. Die Sicherheitspolitik orientiert sich fast ausschließlich an ihrem militärischen Zentrum. Dass es dazu nichtmilitärische Alternativen gibt, ist in den USA aus dem Blickfeld geraten.

»Abschreckung« war der Kern der alten Doktrin. »Vorbeugende Verteidigung« bildet unter George Bush den neuen Kern. Die USA wollen den Gegner nicht mehr abschrecken und sich gegen die Gefahr bloß verteidigen; die Gefahr soll im

Keim erstickt werden. Ein Bild prägt die neue Doktrin: Unter einem sicheren Schirm ihres Raketenabwehrsystems können die USA jederzeit bestimmen, an welchem Punkt der Welt sie intervenieren. Einzelne Attentäter, die ins Land einsickern oder amerikanische Einrichtungen in der Welt angreifen, bleiben als Restrisiko. Nicht mehr ernsthaft angegriffen werden und gleichzeitig jeden angreifen können – dazu rüsten die USA unter George Bush, Donald Rumsfeld und Dick Cheney.

Es gibt keinen Feind mehr, dem die USA in Schlachtordnung entgegentreten müssten. Niemand denkt daran, eine Marine oder eine Luftwaffe so auf- und auszurüsten, dass er langfristig einen Krieg gegen die USA führen und gewinnen könnte. Das Wettrüsten ist vorbei. Die USA sind militärisch auf lange Zeit außer Reichweite. Das militärische Modewort »asymmetrisch« beschreibt genau das. Im neuen Jahrhundert ist die Sicherheit, die einem gleichartige Gegner gaben, verschwunden. Wer heute von Krieg spricht, meint immer öfter Bürgerkriege, Stammeskämpfe, die bewaffneten Aktionen von »Warlords«, die Versuche krimineller Organisationen, militärische Konflikte zu nützen und den global agierenden Terrorismus. Von wenigen, großen Schlachtfeldern hat sich der Krieg auf viele unübersichtliche Schauplätze verlagert. Manchmal sieht die Welt zu, meistens nimmt kaum jemand Notiz. Der Krieg tritt immer öfter »privatisiert« und in Gegenden, in denen es keine modernen Nationalstaaten gibt, auf. Gerade deshalb haben die Staaten und ihre Gemeinschaften so große Probleme, ihm wirksam zu begegnen. Wenn Flugzeugträger Kurs auf die Verstecke lose vernetzter Terroristen nehmen, spüren alle, wie hilflos Staaten sind, die ihre Sicherheitspolitik noch nicht auf die neuen Bedrohungen eingestellt haben.

Die klassische imperialistische Strategie ist von den USA modernisiert worden. Wie ihre Vorgängerinnen baut sie auf ein System von Statthaltern, Satelliten und Stützpunkten. Vielen der Verantwortlichen erscheint alles als eine Geschichte, in der ein Schritt zum nächsten zwingt. In Kongress, Senat und

Militär gibt es nur wenige, die einem Plan zur Weltherrschaft das Wort reden. Auch das ist nichts Neues. Reiche entstehen nicht nach dem Plan eines imperialen Gründers, sondern weil eine überlegene Macht Schritt für Schritt ihre Möglichkeiten nutzt.

Imperien wie das der USA bekämpfen nicht Armut, Korruption und Umweltzerstörung, sondern Feinde. Ihre Kriterien heißen nicht »Demokratie«, »Rechtsstaat« oder »nachhaltige Entwicklung«, sondern »gut« und »böse«. »Gut« steht für »Freund«, »böse« für »Feind«.

Natürlich weiß man auch in Washington, dass das Ersetzen von feindlichen Warlords durch freundliche Bandenführer an den Verhältnissen im Land selbst nichts ändert. Einem Kriegsherrn der Nordallianz liegt »Demokratie« und »Gleichberechtigung« im selben Maße am Herzen wie einem Führer der Taliban. Wenn aber die Installierung von »Freunden« das bestimmende Ziel imperialer »Realpolitik« ist, dann spielt das keine Rolle.

Viele der neuen Kriegsparteien sind für die Politik der USA uninteressant. Meist führen sie ihre Kriege weitab von den heißen Zonen der Geostrategie. Nur dort, wo sie sich direkt gegen die Ansprüche amerikanischer Vorherrschaft richten oder strategische Rohstoffvorkommen bedrohen, werden aus schießenden und bombenden Gruppen Feinde der USA. Nur sie werden mit allen Mitteln bekämpft.

Bosnische Muslime und Kurden teilen ein Schicksal: Sie waren uninteressante Opfer. Im ersten Golfkrieg war es der Präsident selbst, der Momente nach der irakischen Invasion Kuwaits den Angriffsbefehl gab. George Bush senior zögerte keine Minute. Es ging um die Unversehrtheit eines Staates. Als kurze Zeit später serbische Einheiten den Staat Bosnien und seine muslimische Bevölkerungsmehrheit angriffen, die Hauptstadt Sarajewo zerstörten und Massengräber mit muslimischen Männern füllten, zögerte Bush bis zu seiner Abwahl. Es stimmt, die EU hatte sich am Balkan als impotenter Friedensstifter in den Vordergrund gedrängt. Aber Bosnien war für die USA einfach weiter entfernt als Kuwait. In Bosnien ging es weder um strategische Ressourcen noch um militär-strategische Schlüsselpositionen. Die Bosnier hatten einfach Pech: Sie selbst waren eine Randgruppe, ihr Staat war ein Randstaat. Daher hatten die Bosnier wie vor ihnen die Kurden nur eine Chance: Öffentlichkeit. Nur wenn die Bilder vom bosnischen Massensterben die Welt erreichten, konnten USA und UNO zum Handeln gezwungen werden. Im August 1992 zeigte »Time Magazine« bis auf das Skelett abgemagerte Männer, die durch den Zaun eines serbischen Konzentrations-lagers blickten. »Must it go on?«, fragte »Time Magazine« ein State Department, das wider besseres Wissen weiter versuchte, den Völkermord zu leugnen.

Die USA sind in der Lage, zumindest zwei Kriege von der Dimension »Afghanistan« oder »Irak« gleichzeitig zu führen. Wie in jedem Staat kennt auch die militärische Strategie der USA zwingende Gründe, militärisch zu intervenieren. Was sind die Gründe, die die USA in einen Krieg führen?

Irak – der erste Grund sind die klassischen imperialen Interessen: Rohstoffe und Stützpunkte. Vieles deutet darauf hin, dass imperiale Motive auch für den Afghanistankrieg aus-schlaggebend waren. Aber nicht jeder amerikanische Krieg entspricht dem Muster der imperialen Strategie. Bosnien, Kosovo und Somalia passen nicht in diese Schablone. Als die USA mit der NATO begannen, ohne Mandat der UNO Ziele in Jugoslawien anzugreifen, wiesen Juristen zu Recht darauf hin, dass damit Völkerrecht gebrochen würde. Trotzdem ist bis heute kein Plan der USA zur politischen und militärischen Beherrschung des Balkan bekannt. In Jugoslawien gab es für die USA nichts zu gewinnen. Das Öl kommt dort nach wie vor von den Olivenbäumen, und strategisch hätten die USA den Balkan liebend gern ihren europäischen Satelliten zur Betreuung überlassen. Gegen den Widerstand der eigenen Militärs wurden die USA in die beiden letzten Balkankriege hineingezogen. Als die Fernsehberichte vom serbischen Mas-saker in Srebrenica in den amerikanischen Vorwahlkampf

einbrachen, ging es um das Bild der Supermacht, die dem
ersten Völkermord in Europa seit 1945 den Rücken zuwen-
det. Auch im Kosovo entschieden sich die USA erst nach dem
Massaker von Racak für die Intervention. In die Kriege um
Öl und Stützpunkte ziehen die USA von selbst. In die Kriege
gegen Völkermord und für das Überleben der Menschen
müssen sie hineingezogen werden.

Jugoslawien – der zweite Grund verbirgt sich hinter dem
humanitären Einsatz. Die Balkankriege stellten mit der NATO
dem wichtigsten amerikanischen Militärbündnis die Existenz-
frage. Die EU konnte diesmal noch scheitern, weil ihr ohnehin
auch in Europa noch nicht viel zugetraut wurde. Die NATO
durfte nicht scheitern.

Als die NATO ihre Bosnienintervention gerade militärisch
erfolgreich abgeschlossen hatte, besuchte ich auf Einladung
der US-Mission ihre beiden Hauptquartiere: das politische in
Brüssel und das militärische in Mons. Die Militärs erwiesen
sich als weit offener als die politischen Beamten. »Bis zum
Krieg haben wir nicht mehr gewusst, ob man uns überhaupt
noch braucht.« Zuerst in Paris und dann in Belgien hatte das
Bündnis seit seiner Gründung keinen einzigen Ernstfall
erlebt. Jahrzehntelang hatte man geplant und geübt – und sich
langsam daran gewöhnt, dass man nicht gebraucht wurde.
Hätte sich die NATO nicht mit ihren Einsätzen am Balkan als
einzige schlagkräftige Militärmacht präsentieren dürfen, wären
die internen Nachfragen nach ihrem Sinn inzwischen wohl
drängender geworden. Jugoslawien bot den USA die einmalige Chance, ihr Bündnis militärisch wieder über Europa zu
stülpen. »Während die Argumente für eine westliche Intervention in Bosnien und im Kosovo zum Großteil moralisch
waren, standen hinter ihnen Fragen der Macht«,[204] hält Robert D. Kaplan fest. »Im Gegensatz zum Kongo, zu Kashmir
oder anderen Gegenden in Afrika oder Asien hatte das vor-
malige Jugoslawien eine beträchtliche strategische Bedeutung
für die europäische Sicherheit und die Zukunft der NATO.«

»Als Antwort auf die strategischen Realitäten des 21. Jahrhunderts die US-Streitkräfte repositionieren, indem sie permanent in Südosteuropa und Südostasien stationiert werden«[205] – das hielten Dick Cheney, Donald Rumsfeld, Paul Wolfowitz und die anderen prominenten Autoren von »Rebuilding America's Defenses« kurz vor der Bush-Rumsfeld-Machtübernahme in ihrem strategischen Projekt fest. Nach Clinton bekamen auch die Balkankriege ihre strategische Dimension.

Neben der »vorbeugenden Verteidigung« ist ein zweites Kernstück der neuen Strategie weitgehend unbeachtet geblieben. »Es ist die Zeit gekommen, wieder die wesentliche Rolle amerikanischer Militärmacht zu betonen. Aufbau und Erhalt unseres Verteidigungssystems müssen den Herausforderungen voraus sein... Unsere Streitkräfte werden stark genug sein, potenzielle Gegner von ihren Aufrüstungsvorhaben abzubringen, die sie in der Hoffnung auf Überlegenheit oder Gleichstellung im Hinblick auf die Macht der Vereinigten Staaten betreiben.«[206] Niemand soll mehr versuchen, militärisch Konkurrent der USA zu werden. Der Präsident stellt klar: »Amerika hat eine militärische Stärke, die nicht herausgefordert werden kann und beabsichtigt, sie zu behalten – so macht sie die destabilisierenden Rüstungswettläufe früherer Zeiten sinnlos und begrenzt Rivalitäten auf Handel und andere friedliche Unternehmen.«[207]

Am 11. Dezember 2002 veröffentlichte das Pentagon den zweiten Teil der neuen Strategie: die Nationale Strategie zur Bekämpfung von Massenvernichtungswaffen.[208] Zum ersten Mal stellte die Regierung klar, dass ab sofort für nukleare, chemische und biologische Waffen neue Regeln gelten:

Regel 1: Es gibt gute und böse Massenvernichtungswaffen. Daher sollen nicht alle vernichtet werden. Überall, wo andere Staaten ein generelles Verbot mit Sanktionen fordern, beschränken sich die USA auf Kontrolle. Nur die bösen Massenvernichtungswaffen sollen bekämpft werden: »Weil alle diese Regime unterschiedlich sind, werden wir länderspezifische Strategien verfolgen, dank derer wir sowie unsere Freunde und Bündnispartner Bedrohungen durch Massenvernichtungswaffen und Flugkörper aus jedem dieser Länder am besten verhindern, abschrecken und abwehren können.«[209]

Regel 2: Wenn nötig, kommt der Gegenangriff vor dem Angriff. Dazu »müssen die Streitkräfte und Zivilbehörden der Vereinigten Staaten die Fähigkeiten zur Verteidigung gegen mit Massenvernichtungswaffen ausgerüstete Gegner haben, einschließlich der Möglichkeit, gegebenenfalls vorbeugende Maßnahmen zu ergreifen.«[210]

Regel 3: »Die Vereinigten Staaten werden weiterhin deutlich machen, dass sie das Recht haben, mit übermächtiger Gewalt auf den Einsatz von Massenvernichtungswaffen gegen die Vereinigten Staaten, ihrer im Ausland stationierten Streitkräfte sowie gegen Freunde und Bündnispartner zu reagieren – unter Anwendung aller zur Verfügung stehenden Mittel.«[211] Das ist der entscheidende Schritt weiter. Zum ersten Mal nehmen sich die USA das Recht, die eigenen Massenvernichtungswaffen einzusetzen. Wird etwa Pakistan mit Anthrax angegriffen und vermutet die CIA die Hintermänner in einem Bunkersystem im Iran, kann die Air Force dort Atomwaffen einsetzen. »Einige diplomatische Quellen in Washington fanden den Ton des Papiers beunruhigend, insbesondere in Verbindung mit den Vorhaben der Bush-Administration im nuklearen Bereich. Dazu gehören die mögliche Entwicklung einer bunkerbrechenden Atomwaffe und die Bemühungen, das nukleare Testgelände in Nevada für die kurzfristige Wiederaufnahme von Atomtests bereit zu machen«,[212] berichtet der Militärjournalist Andrew Koch aus Washington. Die Botschaft kommt in aller Welt an: Die USA bereiten den Einsatz von Massenvernichtungswaffen vor. Unter dem Titel »Kampf gegen Massenvernichtungswaffen« fallen damit die letzten Schwellen für ihren Einsatz.

»Im Zweiten Weltkrieg revolutionierte der deutsche Blitzkrieg die Kriegsführung. Er war das Werk eines deutschen Militärs, das in Wahrheit nur zu zehn oder fünfzehn Prozent umgestellt war. Die Deutschen sahen, dass die Zukunft nicht bei riesigen Armeen und endlosen Grabenkriegen lag, sondern viel mehr in den kleinen, hoch qualitativen und beweglichen Stoßtruppen, die von der Luftwaffe unterstützt wurden und mit ihr abgestimmt blitzartige Schläge gegen den Feind führen konnten. Sie entwickelten die tödliche Kombination aus schnellen Panzern, mobiler Infanterie und Artillerie, die von Sturzkampfbombern unterstützt wurde. Das alles wurde auf einen Teil der feindlichen Linien konzentriert. Die Wirkung auf ihren Gegner, auf seine Moral und, eine Zeit lang, auf die Sache der Freiheit in der Welt selbst war verheerend. Das Revolutionäre und völlig Neue am Blitzkrieg waren nicht die neuen Mittel, die die Deutschen einsetzten, sondern vielmehr die völlig neue und revolutionäre Art, in der sie Altes und Neues mischten.«[213] Als Donald Rumsfeld das am 31. Januar 2002 an der National Defense University in Fort McNair vortrug, wollte er eines besser als die Deutschen machen: Die Streitkräfte der USA sollten zu hundert Prozent umgestellt werden.

Die starren Fronten des Kalten Kriegs erlaubten den Militärs, sich hinter ihren Grenzen einzurichten. Drohpotenzial war wichtiger als Kampfpotenzial. Jetzt geht es wieder ums Kämpfen. Rumsfeld skizziert, wozu das neue amerikanische Militär gleichzeitig in der Lage sein soll: »Abschreckung in vier kritischen Regionen, gestützt durch die Fähigkeit, zwei Angreifer gleichzeitig zu besiegen und dabei immer noch die Möglichkeit für eine massive Gegenoffensive, bei der die Hauptstadt eines Aggressors besetzt und das Regime ersetzt wird, zu haben«.[214]

Hitler setzte bei seinem Blitzkrieg auf die Panzerwaffe. Die Blitzkriegswaffe des 21. Jahrhunderts ist die Luftwaffe. Im ersten Irakkrieg setzten die USA zum ersten Mal auf die neue Airpower – auf die Kombination von Luftüberlegenheit und präzisionsgesteuerter Munition. Bis dahin sahen die Militärs die Luftwaffe als Streitkraft, die die Armee unterstützen sollte. Einen Krieg, so waren die Militärs überzeugt, konnte letzten Endes nur die Armee gewinnen. Im Irak flog die Air Force mit Stealth-Bombern und präzisionsgesteuerter

Munition unter Ausschluss der Öffentlichkeit 43 Tage lang ihre Einsätze. Als die Armee zu ihrer kurzen Invasion aufbrach, war der Krieg längst entschieden. Nach dem Irak begann sich die Strategie auch im Pentagon zu ändern. Als Jugoslawien acht Jahre später 78 Tage lang bombardiert wurde, bauten die USA in einem heiklen Krieg gegen einen unberechenbaren Gegner zum ersten Mal allein auf die Luftwaffe.

Die neuen Waffen der Air Force haben aus Gegnern Ziele gemacht. Als der amerikanische Abgesandte Richard Holbrooke seinen Verhandlungspartner Slobodan Milosevic im Oktober 1998 beeindrucken wollte, nahm er den Air Force-Befehlshaber Lieutenant General Mike Short mit nach Belgrad. Short wandte sich an Milosevic: »Warum gehen Sie nicht hinaus und fahren noch einmal durch ihre Stadt und werfen einen letzten Blick auf sie, weil so werden Sie sie nie wieder sehen … Ich bin mir sicher, dass Sie mit den Irakern darüber gesprochen haben, was Sie da erwartet. Vergessen Sie, was Ihnen die Iraker gesagt haben. Was wir mit unserer Luftwaffe machen, ist viel mehr und viel tödlicher und viel genauer als damals. Irak war nur der Anfang.«[215] Seit damals haben die USA ihre Fähigkeit zum Blitzkrieg aus der Luft weiter ausgebaut.

Die Zukunft heißt nicht nur »Blitzkrieg«, sondern auch Eroberung und Besatzung. Dazu formuliert die neue Strategie das Ziel: Das Militär soll ein einziges Instrument werden, mit dem die USA jederzeit und überall zuschlagen, gewinnen und besetzen können. Dazu müssen die USA überall sein.

Die Amerikaner kommen als Befreier. Nach der Befreiung pflegen sie zu bleiben. Die neue Sicherheitsstrategie stellt klar: »Um die Gefahren für unsere Sicherheit unter Kontrolle zu halten, benötigen die Vereinigten Staaten Basen und Stützpunkte in Westeuropa, Nordostasien und darüber hinaus.«[216] »Uns« – das sind die USA und sonst niemand. Von Guantanamo bis Doha haben sie dazu ein globales Netz militärischer Stützpunkte aufgebaut. 65 große und Hunderte kleine Knoten halten das amerikanische Netz zusammen. Mehr als

300 000 amerikanische Soldaten stehen heute in Honduras, Panama, Kolumbien, Peru, Venezuela, Island, Großbritannien, den Niederlanden, Belgien, Spanien, Portugal, Italien, Deutschland, Ungarn, Griechenland, der Türkei, Ägypten, Saudi-Arabien, Kuwait, Bahrain, Katar, den Emiraten, Oman, Georgien, Usbekistan, Kirgistan, Tadschikistan, Afghanistan, Südkorea, Japan, Singapur, Indonesien, den Philippinen und Australien.[217] Puerto Rico, Virgin Islands und Antigua dienen ihnen in der Karibik, St. Helena im Atlantik, Diego Garcia im Indischen Ozean und Okinawa, Wake Island, Guam, das Johnston-Atoll, das Kwajalein-Atoll und Amerikanisch-Samoa im Pazifik als Knoten eines Netzes aus Inseln, von denen aus ihre Interventionsstreitkräfte jeden Punkt der Welt erreichen können. Mit Guantanamo besetzen sie im Süden Kubas sogar ein Stück »Feindesland«.

Am 14. August 1945 ist der Zweite Weltkrieg zu Ende gegangen. Die russischen Besatzungstruppen haben sich längst in ihre Heimat zurückziehen müssen. Nur die Truppen der USA stehen nach wie vor in Deutschland, Italien, Großbritannien, Norwegen, Dänemark, Belgien, den Niederlanden, Luxemburg, Spanien, Portugal und Griechenland.

Die US-Streitkräfte in Europa verteidigen die Freiheit – aber gegen wen? Europa wird militärisch nicht mehr bedroht. Der Kalte Krieg ist entschieden, der russische Bär tot. Im Juni 2001 hat das österreichische Heeresnachrichtenamt in seinem Bericht »Das eurostrategische Lagebild und die Bedrohung« ein klares Bild gezeichnet: »Die Streitkräfteentwicklung im Umfeld Österreichs spiegelt generelle bereits langfristig erkennbare Tendenzen in ganz Europa wider. Die Streitkräfte der Nachbarstaaten werden vor dem Hintergrund der geringen bis nicht mehr vorhandenen Bedrohung und den Kürzungen der Militärhaushalte weiter reduziert. Diese Kürzungen gehen zu Lasten der territorialen Verteidigungskräfte. Jene Staaten im Umfeld Österreichs, die noch nicht Mitglied der NATO/EU sind, sind nicht in der Lage, im operativen Rahmen offensiv zu werden ... Unter Berücksichtigung der sicher-

heitspolitischen Lage in Europa und des unmittelbaren Um-
feldes ist keine konventionelle militärische Bedrohung für
Österreich erkennbar und auch nicht prognostizierbar.«[218]
Was für die Ostgrenze der EU gilt, stimmt für ganz Europa.
Die Nachkriegszeit ist militärisch zu Ende. Es gibt keinen
Grund mehr, Europa mit amerikanischen Streitkräften zu
schützen. Trotzdem unterhält die NATO 26 größere Basen und
ist dabei, fünf weitere zu errichten.[219]

Die US-Truppen bleiben und sichern den freien Westen
gegen einen Feind, den es längst nicht mehr gibt. Das NATO-
Handbuch stellt fest: »SACEUR[220] ist der Oberbefehlshaber
des strategischen NATO-Kommandos in Europa. Er ist ein
Truppen- oder Generalstabsoffizier der USA.«[221] Bei der Auswahl des SACEUR haben die Partner der USA nicht einmal
ein Mitspracherecht. Der oberste Kommandierende der NATO
ist eine innere Angelegenheit der USA. Auf ihrem eigenen
Kontinent haben sich die europäischen Partner mit den niedrigeren Rängen zufriedenzugeben. Europa steht unter amerikanischem Kommando. Der militärisch mächtigste Mann
Europas ist nur dem amerikanischen Verteidigungsminister
und seinem Präsidenten verantwortlich.

Eine Stufe unter dem SACEUR rangieren die beiden regionalen Kommanden: AFNORTH[222] und AFSOUTH[223]. Der –
militärisch wichtigere – Süden untersteht einem Admiral der
US-Navy. Nur der Norden wird von einem britischen Armee-
general geführt. Die Luftwaffe des Südens führt ein Lieutenant General der U. S. Air Force. Natürlich handelt es sich um
keine Besatzung. Man hat Freunde zu Besuch. Und gute
Freunde bleiben, solange sie wollen.

Die US-Strategen stellen klar: »Amerikanische Streitkräfte
im Ausland und in unterschiedlichen Einsätzen überall in der
Welt müssen als die erste Linie der amerikanischen Verteidigung gesehen werden. Sie müssen Krisen früh erkennen und
stabilisierend eingreifen, um ihren Ausbruch zu verhindern.
Diese Kräfte müssen mit hoher Kampfkraft ständig einsatzbereit sein … aber sie müssen genauso hoch flexibel und

mobil mit vielen Einsatzmöglichkeiten sein; sie sind die Kavallerie an der amerikanischen Front.«[224] Egal, ob in Deutschland und in Saudi Arabien, in Usbekistan und in Griechenland – verteidigt werden immer nur die USA. Daher kommt auch ein Rückzug nicht in Frage.

Ein Stück hinter Europa ist es nicht anders. «Das zentralasiatische Kernland hat seit den Expeditionen von Alexander dem Großen nie mehr ein derartiges multinationales Truppenkontingent gesehen.«[225] Mikhail Khodarenok vom Center for Defense Information beschreibt den amerikanischen Aufmarsch im Gefolge des 11. September. USA und NATO-Alliierte haben Stützpunkte in Usbekistan, Kirgistan und Tadschikistan übernommen. In Manas (Bishkek), Karshi, Kulyab, Kokaidy und Termez stehen amerikanische Truppen.

Nach Afghanistan gilt Kasachstan, das Land, das sich wie ein riesiges Hufeisen über Zentralasien legt, als nächste Station. »Die Amerikaner werden wahrscheinlich für den Anfang die Kontrolle über die früheren sowjetischen Luftwaffenstützpunkte in Taldy-Kurgan, Zhangiz-Tobe, Semipalatinsk, Zhana-Semei und den Knotenpunkt Alma-Ata, also über die südöstliche Achse, übernehmen. Sie werden wahrscheinlich nach einem erprobten Zeitablauf vorgehen. Wenn nötig, werden US-Spezialisten den Pistenbelag erneuern und in der Folge Radar-Landeeinrichtungen und Leuchtfeuer auf NATO-Standards bringen. Dann werden die Flugplätze von NATO-Transportflugzeugen benützt, und später kommen dann die Militärflugzeuge selbst.«[226]

Nach Kasachstan wird der Terrorismus in Georgien bekämpft werden müssen. Die ehemalige Sowjetrepublik eröffnet eine Brücke zu den Rohstoffen und den Ölreserven Zentralasiens. Für diese streben die USA schon lange nach einem zweiten Transportweg. Die Eingliederung Georgiens macht ihn frei. Die ersten amerikanischen Militärberater sind schon seit mehr als einem Jahr im Land. »US Air Force und NATO-Stützpunkte werden kurz nach der Ankunft der ersten Hundertschaften amerikanischer Soldaten eingerichtet werden.

Wahrscheinlich werden sie sich auf früheren sowjetischen Flugplätzen, die der sowjetischen 34. Armee und den Luftverteidigungskräften der UdSSR gehört haben, befinden: Marneuli, Vaziani, Senaki (Mikha Tskhakaya) und Gudauta.«[227] Die Türkei hat schon Interesse an der Stationierung eigener Soldaten in Georgien angemeldet. Wenn die Zeit reif ist, kann vom Brückenkopf Georgien aus der »Terrorismus« im Iran angegriffen werden.

Mit Aserbeidschan ist dann die Kette der neuen Besatzungen geschlossen, der zweite Transportweg sicher und der Aufbau der Front gegen den Iran fertig. Die ehemals bedeutenden sowjetischen Luftwaffenstützpunkte in Kyurdamir und Nasosnaya können in kurzer Zeit instand gesetzt und modernisiert werden. Die neunzig bis hundert Kampfflugzeuge, die sie aufnehmen können, genügen für beschränkte Luftschläge gegen den Iran. Die internationale Flugplatz in Baku steht als Reserve bereit.

»Die Distanz zwischen den aserbeidschanischen Stützpunkten und Einrichtungen im Iran ist vernachlässigbar klein. Man sollte auch nicht vergessen, dass Piloten, deren Flugzeuge im Kampf getroffen worden sind, jede Möglichkeit zum sicheren Ausstieg über dem Kaspischen Meer haben. Search and Rescue-Teams können sie dort mit fast hundertprozentiger Sicherheit aus den internationalen Gewässern herausfischen, weil es hier keine feindselige und fanatische Bevölkerung gibt. Die USA halten das für einen besonders wichtigen Faktor«,[228] berichtet Khodarenok. Wenn das Risiko der amerikanischen Bomberpiloten auf ein kurzes Bad im Kaspischen Meer beschränkt werden kann, wird der Präsident nicht mehr viel einzuwenden haben.

Der Preis für die Stützpunkte steht längst fest. Wenn die USA Aserbeidschan bekommen, bekommt Aserbeidschan die armenische Enklave Berg Karabach. Die Armenier werden die Rechnung für den Kampf gegen den Iran zahlen.

Auch für die Beherrschung des Ölbogens durch Zentralasien war der 11. September nur der Anlass. Schon 1996 wurde mit CENTRASBAT der Grundstein gelegt. Zu »humanitären« Zwecken vereinbarten die USA mit Usbekistan, Kasachstan und Kirgistan militärische Zusammenarbeit.[229] Seit 1997 werden vor allem usbekische Soldaten in Fort Bragg trainiert. Seit dieser Zeit lassen die drei Staaten ihre Militärs gemeinsam mit den USA in der Region üben. Alles folgt dem bewährten Muster: zu humanitären Zielen so lange ausbilden und üben, bis der regionale Partner ein verlässlicher Satellit ist.

Die vorläufig letzte Station ist Ostafrika. Am 13. Dezember 2001 wandten sich elf kenianische Abgeordnete an ihre Regierung. »Die elf Abgeordneten aus dem Ausschuss für Verteidigung und Äußeres befürchteten, dass die Erlaubnis für die USA und Großbritannien, Militärbasen in Kenia zu errichten, das Land Vergeltungsschlägen durch Terroristen aussetzen würde.«[230] Kurz zuvor hatte der kenianische Präsident Arap Moi Geheimgespräche mit dem britischen Verteidigungsminister Geoffrey Hoon und dem amerikanischen Unterstaatssekretär für afrikanische Angelegenheiten, Walter Kansteiner, geführt. Auf den neuen Stützpunkten in Kenia sollten Militäraktionen in Somalia vorbereitet werden.

Ein knappes Jahr später fuhren drei Terroristen am 28. November 2002 mit einem Wagen voller Sprengstoff in ein Hotel in der kenianischen Küstenstadt Mombasa. Sie sprengten 13 Menschen und sich selbst in die Luft. Zur gleichen Zeit versuchten andere, ein mit israelischen Touristen besetztes Flugzeug abzuschießen. »Die USA wollen nun verstärkte Militärpräsenz in Ostafrika demonstrieren. Im Zwergstaat Djibuti am Horn von Afrika halten US-Spezialeinheiten zur Zeit Manöver ab, eine permanente Militärpräsenz ist geplant«,[231] berichtete der »Wiener Kurier« im Dezember 2002. Der »Kurier« irrte nur in einem: Wie bei den Anschlägen am 11. September waren die militärischen Pläne längst fertig, als die Bomben explodierten. Im Fall Kenias vermuten nicht nur die elf Abgeordneten in Nairobi, dass der Anschlag am 28. November die Antwort der Terroristen auf die beginnende US-Besatzung war.

Der amerikanische Aufmarsch begann in Djibuti. 3200 Marines, Air Force-Angehörige und Special Forces-Einheiten wurden in der Nähe des Hafens stationiert. »In der Zwischenzeit haben achthundert Special Forces-Angehörige, die geheime Kommandoaktionen ausführen sollen, Camp Lemonier, eine französische Basis nahe dem Flughafen von Djibuti, übernommen. US-Firmen bauen Duschen, Bäder und einen Swimming Pool, was darauf hinweist, dass die US-Streitkräfte eine Zeit lang bleiben wollen«,[232] berichtete die »Washington Post« eine Woche nach den Anschlägen in Kenia. Dreißig Meilen über das Meer beginnt der Jemen, fünfhundert Kilometer im Süden liegt Kenia.

Nach Djibuti und Kenia stehen die nächsten Stationen bereits fest: Somalia und der Sudan. Beide beherbergen Terroristen und sind Kandidaten für die Schurkenliste. Wenn der Terrorismus überwältigt ist, ist das Horn von Afrika fest in amerikanischer Hand. Wie in Palästina und Afghanistan steht dann nur eines fest: dass die, die sich mit Waffen gegen die amerikanische Besatzung wehren, als nächste Terroristengeneration bekämpft werden müssen.

Manche von ihnen versuchen ihr Glück auf dem offenen Meer. Auch dort warten die USA und ihre Verbündeten. »Wir fangen auf offener See ab, wir stoppen Schiffe, wenn wir Grund zur Annahme haben, dass sich darauf Passagiere befinden, die nicht entkommen sollen, oder Schmuggelware, die nicht wohin gelangen soll, wo man mit ihr Menschen töten kann. – Frage: »Soll der Bereich, in dem abgefangen wird, von der Gegend um Pakistan auf die ganze Welt ausgeweitet werden?« – Antwort: »Nein. Wir machen das derzeit in einem großen Bereich auch woanders als bei Pakistan. Wir machen es den ganzen Weg durch den Golf, um das Horn von Afrika und in anderen großen Gebieten, auch im Mittelmeer. Aber im Moment haben wir keine Pläne für die ganze Welt. Werden wir das auch im Polarmeer machen? Ich weiß es nicht. Aber wir suchen jetzt nach Informationen. Wenn wir zum Beispiel Hinweise erhalten, dass da jemand zum Beispiel von den

Philippinen nach Indonesien will, dann ist es sehr leicht möglich, dass wir eingreifen. Aber es gibt einen ziemlichen Haufen Meere da draußen.«[233] Als US-Verteidigungsminister Donald Rumsfeld im Pentagon im August 2002 die Fragen der Journalisten beantwortete, war er überzeugt, dass nur die große Zahl der Ozeane der totalen amerikanischen Kontrolle über die Weltmeere entgegenstünde.

Wer zwei bestimmte Karten der Welt übereinander legt, wird eine erstaunliche Übereinstimmung feststellen. Auf der einen Seite sind die Zentren der außeramerikanischen Erdölförderung verzeichnet. Die zweite Karte zeigt die militärischen Stützpunkte der USA. Der imperiale Bogen, der von Kasachstan über Arabien bis ans Horn von Afrika gezogen wird, sichert die Kontrolle über die Schlüsselressource von Bushs Block. Den Statthaltern kommt dabei vor allem eine Rolle zu: die Pipelines zu schützen und frei zu halten. Vor dem Krieg gegen den Terror saß das amerikanische Militär nur in der Türkei. Jetzt kontrolliert es den gesamten Bogen.

Die imperialen Arsenale

Wer die Welt beherrschen will, muss dazu auch militärisch in der Lage sein. Mit dem Jahr 2000 sind die Umstellungen auf Touren gekommen. Die USA wollen aus einem Militär des Kalten Kriegs, das jederzeit in der Lage sein sollte, den Konkurrenten einzuschüchtern und die eigene Einflusssphäre zu schützen, ein Instrument für die militärische Beherrschung der Welt formen. Aus mangelhaft abgestimmten Teilstreitkräften soll ein globales Militär geformt werden. In wenigen Jahren soll eine Umstellung, die mehr einer Revolution als einer Reform gleicht, abgeschlossen sein.

Seit dem 1. Oktober 2002 gilt der «Unified Command Plan». Er ordnet die Kommandostruktur der US-Streitkräfte neu. Jeder Punkt der Welt untersteht einem US-Kommando. Für die »Heimatverteidigung« am nordamerikanischen Kontinent ist USNORTHCOM zuständig. Mittel- und Lateinamerika unterstehen USSOUTHCOM. Europa, der Großteil Eurasiens und der überwiegende Teil Afrikas wird von USEUCOM kommandiert. USPACOM kontrolliert den Pazifik. Die Krisenregionen zwischen Pazifik und Europa kontrolliert mit USCENTCOM das sensibelste Kommando in dem Schlüsselbereich, in dem die USA derzeit um die Vorherrschaft kämpfen. Mit den meisten neuen Militärbasen haben die USA begonnen, sich in dem weiten Bogen von Afghanistan bis Kuwait festzusetzen. Die Grenze zum USEUCOM verläuft in Afrika östlich von Ägypten, Sudan und Kenia. USCENTCOM soll die gesamte arabische Halbinsel, Irak und Iran, die zentralasiatischen Republiken Usbekistan, Kirgistan, Aserbeidschan und Kasachstan bis zu Pakistan und Afghanistan kontrollieren.

Die drei strategischen Zentren liegen in USNORTHCOM: USSTRATCOM, dem Kommando für die US-Kernwaffen,

USSPACECOM, dem Kommando für weltraumgestützte Aufklärung, Spionage und Kriegsführung und die neuen Abteilungen für Computer Network Attacks (CNA), für Cyberwar. Die klassische militärische Macht konzentriert sich damit auf USNORTHCOM und USCENTCOM. Von hier aus werden die neuen Kriege kommandiert.

Dazu werden die Kräfte neu geordnet. »Millenium Challenge 2002 ist das größte gemeinsame Experiment in der Geschichte der USA. Mehr als 13 500 Militärs von allen Streitkräften nehmen daran teil.«[234] Das Ziel der Übung ist neu. Mit ihr sollen die traditionell getrennten vier Teilstreitkräfte – Army, Navy, Air Force und Marines – ein erstes Mal zusammengefasst und dann Stück für Stück verschmolzen werden. »Eines der schwierigsten Ziele, die wir vor uns haben, ist, dass wir diese Teilstreitkräfte haben, die eine wunderbare Geschichte und wunderbare Traditionen haben. Sie waren gewohnt, loszuziehen und zu kämpfen und die Sachen zu erledigen. Die Armee konnte kämpfen, und die Navy konnte irgendwo hinfahren und kämpfen, und die Air Force genauso. Diese Zeit ist vorbei. Dem Kommandanten im Einsatz ist nichts weniger wichtig, als von wo die Kräfte herkommen, von welcher Streitkraft etwas kommt, das er auf ein Ziel richtet. Es ist ihm egal, ob das Kampfflugzeug von der Army oder von der Navy oder von der Air Force kommt. Er will ein Ziel angreifen, und er will tödliche Zerstörung bringen, er will schlechte Menschen, die etwas tun wollen, stoppen.«[235] Donald Rumsfeld will als Verteidigungsminister mit dem gemeinsamen Kommando die Voraussetzung schaffen, dass alle Kräfte von einem Punkt aus dirigiert werden können. Dazu will er aus vier eins machen. »Es ist wie ein Fleischwolf, der versucht, alle zusammenzubringen, weil sie nicht schon auf einer niedrigeren Ebene zusammengekommen sind. Wir bringen das in Ordnung. Ich werde der Fleischwolf sein.«[236]

Die neuen Streitkräfte brauchen neue Waffen. Zwei Arten von Waffen dienen zwei Aufgaben. Die Verteidigung soll von der Abschreckung zur funktionierenden Abwehr hochgerüstet werden. In der Offensive soll alles sofort und punktgenau angegriffen und zerstört werden können. Das neue Militär profitiert dabei von den Durchbrüchen der Technik. Zum ersten Mal gibt es

■ Waffen und Waffenträger, die es erlauben, von den Heimatbasen in den USA entfernte Punkte in aller Welt anzugreifen;

■ Kommunikationssysteme, die Waffen, Kommanden und Aufklärung in Echtzeit miteinander verbinden;

■ Waffen und Systeme, die den Krieg in Millionenstädten, Bunkersystemen, Cyberspace und Weltraum ermöglichen.

Beim Aufbau einer lückenlosen Verteidigung waren die USA noch durch alte Verträge gebunden. Am 13. Dezember 2001 zog Präsident Bush einen Schlussstrich. »Heute habe ich Russland dem Vertrag entsprechend formell mitgeteilt, dass die USA sich aus diesem fast dreißig Jahre alten Vertrag zurückziehen.«[237] Der ABM-Vertrag[238] hatte jede landesweite Raketenabwehr verboten. USA und UdSSR vereinbarten, nur jeweils ein lokales System mit höchstens hundert Abschussrampen zuzulassen. Die Idee dahinter war einfach: Wenn ein Staat sich vor den Nuklearraketen aller anderen schützen kann, funktioniert die gegenseitige Abschreckung nicht mehr. Atomwaffen können dann wieder Instrumente offensiver Strategien werden.

Die Idee einer lückenlosen Raketenabwehr erhielt Anfang der achtziger Jahre unter Ronald Reagan den Namen SDI – »Strategic Defense Initiative«. Ein Schirm ohne jede Lücke sollte die USA unverwundbar machen. Als sich herausstellte, dass das Projekt weit jenseits der technischen und finanziellen Möglichkeiten der USA stand, wurde es auf Eis gelegt. Bill Clinton hat zugelassen, dass es wieder aufgetaut wurde. Unter George Bush rückte die Raketenabwehr zurück ins Zentrum der Strategie. Die »National Missile Defense« NMD, die Bush anpeilt, ist in ihrer geplanten ersten Ausbaustufe für die Abwehr eines großen atomaren Angriffs noch zu klein. Aber der Einstieg ist gemacht.

Entspannung und Abrüstung hatten in der langen Phase, in

der der Kalte Krieg in einen Kalten Frieden überging, eine Idee als Voraussetzung: Niemand glaubte, den anderen besiegen zu können. Beide Seiten waren zu einer Einsicht gekommen: Wenn man schon nebeneinander leben musste, konnte man das sicherer und billiger. Daher begannen die USA und die UdSSR, miteinander und mit anderen Verträge über Rüstungsbeschränkungen, Abrüstung und deren Kontrolle zu schließen. Nachdem die USA als einzige Supermacht übrig geblieben sind, sehen das viele der »Sieger« anders. An einen ehemaligen Feind, der am Boden liegt, bindet einen nichts mehr.

Die Rüstungsbeschränkungen und die Abrüstungsverträge, die in den letzten dreißig Jahren vereinbart wurden, bilden ein fragiles Gebäude. Fast jedes Element ist mit anderen verbunden. Bricht man ein Eckstück heraus, gerät das ganze System aus der Balance. Experten und Politiker der USA wissen das. Trotzdem reißen sie tragende Elemente aus dem System, das sie als Korsett empfinden.

Die Volksrepublik China besitzt derzeit zehn bis zwanzig Interkontinentalraketen, die atomare Sprengköpfe in die USA transportieren können. NMD wird in der ersten Ausbaustufe zwar nicht die mehr als 2000 russischen, aber mit Sicherheit die wenigen chinesischen Atomraketen abfangen können. Diese Bestände von zehn bis zwanzig nuklearen Langstreckenraketen sind damit entwertet. Die chinesische Abschreckung funktioniert nicht mehr. Der Volksrepublik China bleiben zwei Antworten: Verzicht auf Atomwaffen oder Aufrüstung auf etwa das Zehnfache der Bestände und Installierung von Mehrfachsprengköpfen. Am Weg zur Weltmacht spricht alles dafür, dass China so viele Atomwaffen herstellt, dass es am Tisch der Atommächte wieder Platz nehmen kann.

Am Ende des Jahres 2001 gingen die USA einen Schritt weiter. Mit der »Nuclear Posture Review« NPR schreibt der Kongress dem Präsidenten vor, regelmäßig den Kernwaffenbestand der USA zu bewerten und das Haus zu informieren. Im Januar 2002 kamen geheime Teile der NPR an die Öffentlichkeit.[239] Es stellte sich heraus, dass auch hier die Doktrin zu einer Wende geführt hatte. Unter George Bush und Donald Rumsfeld werden die amerikanischen Kriege wieder mit Atomwaffen geplant. Die NPR fordert einen »revitalisierten Nuklearwaffenkomplex, der – wenn es verlangt wird – in der Lage sein soll, im Falle eines neuen nationalen Erfordernisses neue Gefechtsköpfe zu entwerfen, zu entwickeln, zu produzieren; und die Bereitschaft, unterirdische Atomtests bei Bedarf wiederaufzunehmen.«[240]

Die neue amerikanische Nuklearstrategie hat einen Titel[241] und einen Autor: Keith B. Payne. Schon 1980 hatte Payne die Bereitschaft zum taktischen Atomkrieg gefordert: »Wenn die atomare Macht der USA dazu da sein soll, den außenpolitischen Zielen zu dienen, dann müssen die Vereinigten Staaten in der Lage sein, rational Atomkrieg zu führen.«[242]

Genau diesen Gedanken entwickelt die NPR zur Strategie. »Jahrzehntelang waren die Kernwaffen der USA als sogenannte ›Triade‹ von land-, luft- und seegestützten Systemen organisiert. Für das kommende Jahrzehnt wird der Dreiecksgedanke auf die gesamten Streitkräfte übertragen. Die neue Triade soll sich aus offensiven Streitkräften (nuklear und konventionell), defensiven Kapazitäten (wie etwa Luftverteidigung oder Zivilschutz) sowie einer technischen Infrastruktur zusammensetzen, mit der die offensiven und defensiven Streitkräfte erhalten und fortentwickelt werden können.«[243]

Verteidiger der amerikanischen Strategie weisen darauf hin, dass die USA und Russland am 24. Mai 2002 in Moskau vereinbart haben, den Bestand ihrer Atomwaffen auf etwa ein Drittel zu reduzieren. Natürlich wussten Bush und Putin, dass die zwei Drittel längst überflüssig waren. Das verbliebene Drittel sichert noch immer globalen Overkill. Dazu genügt es dem Abkommen, dass Sprengkopf und Trägerrakete voneinander getrennt – und nicht vernichtet – werden. Kündigung des ABM-Vertrags, NPR und atomare Scheinabrüstung passen in das Bild einer Supermacht, die niemandem mehr verantwortlich sein will.

Fast alle Staaten haben nach dem Zusammenbruch des Warschauer Paktes abgerüstet und ihre militärischen Ausgaben gekürzt. Der Rüstungsvorsprung der USA ist in der gleichen Zeit aber weiter gestiegen. 1999 gaben die EU-Staaten pro Einwohner 333 Dollar für Rüstung aus – ein Drittel der 1016 Dollar der USA.[244] Das war die Entwicklung bis 2000: Abrüstung bis 1986, leichte Aufrüstung bis 1999. Im Jahr 2000 begannen die USA plötzlich massiv wieder aufzurüsten. Die weltweiten Militärausgaben stiegen um drei Prozent. »Vorläufige Schätzungen weisen auf einen weiteren Anstieg um drei bis vier Prozent hin. Geht man von den für 2002 erwarteten Erhöhungen aus, kann eine Erhöhung um weitere vier bis fünf Prozent erwartet werden«,[245] errechnete das Internationale Konversionszentrum in Bonn.

Am 11. September war die neue Aufrüstungsrunde schon zwei Jahre alt. Schon 2001 wurde das US-Militärbudget um mehr als zehn Prozent auf 343 Milliarden Dollar erhöht. Die Militärs nützten die Chance des 11. September. »Für das Finanzjahr 2002 wurden dem Pentagon zehn Milliarden Dollar zusätzlich bewilligt mit der Aussicht auf weitere Mittel, sollten die Kosten des ›Kriegs gegen den Terror‹ dies erfordern. Für das folgende Haushaltsjahr 2003 beschloss die US-Regierung nochmals eine deutliche Zulage. Der US-amerikanische Verteidigungshaushalt soll auf 396 Milliarden Dollar gesteigert werden. In der gleichzeitig beschlossenen mittelfristigen Fünfjahresplanung 2003 bis 2007 sind Ausgaben von insgesamt 2,1 Billionen Dollar vorgesehen. Geplanter Endwert 2007: 469 Milliarden Dollar.«[246] In nur sechs Jahren haben die USA dann ihre Militärausgaben um mehr als die Hälfte gesteigert.

Schon vor dem Zusammenbruch der UdSSR endete in den achtziger Jahren der Rüstungswettlauf, der nach 1945 begonnen hatte. Seit 2000 wird wieder aufgerüstet. Aber diesmal rüsten die USA im Alleingang. Ein paar reiche Industriestaaten hoppeln mit regionalen Rüstungsprogrammen ziellos hinterher und beteuern, einen Anschluss nicht verpassen zu wollen. Das Rennen selbst ist längst entschieden. Das Ziel, auf das die USA hinrüsten, hat längst nichts mehr mit Konkurrenz zu tun. Es gibt kein Wettrüsten mehr. Das Argument, sich vor den neuen Waffen des jeweils anderen schützen zu müssen, hat ausgedient. Die USA rüsten allein und beschleunigen die Hochrüstung über das Tempo des Kalten Kriegs hinaus.

»Was immer es braucht, was immer es kostet, diese geduldige und entschlossene Nation wird den ersten Krieg des 21. Jahrhunderts gewinnen.«[247] Als Präsident Bush das im Januar 2002 vor der Reserve Officers Association erklärte, dürfte er nur ungefähre Vorstellungen von den Bestelllisten und ihren Kosten gehabt haben.

Das offensive militärische Ziel heißt unbeschränkte militärische Herrschaft – zu Lande, zu Wasser, in der Luft, im Weltraum und im Cyberspace. Das entsprechende Rüstungsziel hat den Namen »Full Spectrum Dominance«. Vom traditionellen Schlachtfeld bis zum Weltall soll jeder mögliche Kriegsschauplatz durch amerikanische Waffen dominiert werden.

Das neue US-Space-Command formuliert seine Aufgabe: »Im 21. Jahrhundert werden die Raumstreitkräfte militärische Operationen im All durchführen. Die sich herausbildende Weltraumüberlegenheit – ähnlich der zu Wasser, auf dem Land und in der Luft – wird uns in die Lage versetzen, eine umfassende Vorherrschaft zu erreichen.«[248] Die sechzig Milliarden Dollar, die schon unter Clinton für die Weltraumherrschaft vorgesehen waren, werden nicht mehr als der Einstiegspreis sein.

Im Zentrum steht aber der Airpower-Blitzkrieg. Dazu wird entwickelt, bestellt und gekauft:

■ 2852 Joint Strike Fighter für die Air Force. Mit rund zweihundert Milliarden Dollar wird die Beschaffung des neuen Kampfflugzeugs die größte Militärinvestition aller Zeiten.

■ 295 F-22 »Raptor«. Die Air Force will mit der neuen Generation der Stealth-Bomber um 63 Milliarden Dollar die Luft-

überlegenheit in der ersten Hälfte des 21. Jahrhunderts sichern
– »First see – first kill«.

■ 1292 Helicopter »Comanche«. Um 34 Milliarden Dollar
erhält das Militär den Kampfhubschrauber, den es für lokale
Kommandoaktionen und begrenzte Kriege der Dritten Welt
braucht.

■ 548 F/A-18. Die Kampfflugzeuge der Navy sollen für 47
Milliarden Dollar in der ganzen Welt ständig einsatzbereit
sein.

■ C-17 Transportflugzeug. Die Air Force will neben der C-5
ein kleines Transportflugzeug für flexiblere Einsätze haben.
Zahl und Kosten sind noch umstritten.[249]

Einige laufende Programme stehen dagegen noch im
Zeichen der alten Strategie. Die U-Boot-Atomrakete Trident
II D-5 und die Trident U-Boote sind zwischen Wirtschaft und
Vertretern der neuen Strategie ebenso umstritten wie der
DD-X-Zerstörer der Navy, die neuen Flugzeugträger und der
aufgerüstete Kampfpanzer M-1 Abrams.[250]

Die neuen Waffen machen den Blitzkrieg aus der Luft führ-
bar. Mit ihrer hohen Zielgenauigkeit können Tomahawk-
Marschflugkörper und Präzisionsbomben Ziele so angreifen,
dass eine Bombe dort genügt, wo im Zweiten Weltkrieg noch
rund 9000 abgeworfen werden mussten. Die JDAM's, die Joint
Direct Attack Munitions, die von den B-2 Stealth-Bombern
abgeworfen werden, finden unabhängig von Wetter und Tages-
zeit über GPS ihr Ziel mit einer Abweichung von ein bis zwei
Metern. Dadurch entsteht der Eindruck, dass es sich um »chirurgische« Kriege handle, bei denen das Böse mit der Präzi-
sion eines Skalpells aus Volkskörpern herausgeschnitten wird.
Der Irak und Jugoslawien haben etwas anderes gezeigt: Es
genügt nicht, militärische Schlüsseleinrichtungen zu zerstören. Wer die gegnerische Kommunikation und die Befehls-
zentralen lahmlegt, hat einige für die Kriegsführung wichtige
Einrichtungen ruiniert. Damit ist etliches zerstört, aber noch
wenig gewonnen. Um ausschließlich aus der Luft siegen zu
können, planen die US-Kommandos vor allem die Zerstörung

der zivilen Infrastruktur: Brücken, Kraftwerke, Tanklager, Fernsehstationen, Wasserversorgung. Erst dann rechnet man damit, dass die »Moral« der Bevölkerung gebrochen ist.

Die Auswirkungen der zerstörten Infrastruktur machen sich erst später bemerkbar. Wenn Trinkwasser und Strom fehlen, steigt die Gefahr von Krankheiten und Epidemien. Kaputte Brücken und zerbombte Fabriken werfen wirtschaftlich ohnehin schwache Staaten um viele Jahre auf ein weit tieferes Niveau zurück.

Mit den Blitzkriegwaffen ändert sich auch die Kultur des Krieges. Die Soldaten, die sich Hügel für Hügel und Dorf für Dorf vorkämpften und den Krieg entschieden, stehen heute am Rand. Die B-2 Stealth-Bomber starteten von ihren US-Basen, warfen ihre 16 Tausend-Kilo-Präzisionsbomben über Serbien ab und flogen wieder zurück. Die Crews übernachteten zu Hause. Jeden zweiten Tag flogen sie über den Atlantik kurz in den Krieg. »Die B-2-Bomberpiloten, die die Einsätze flogen, waren in Missouri stationiert. Die Frage, die sich für einige der Crews stellte, war, ob sie rechtzeitig zurück sein würden, um die Fußball- oder Baseballmatches ihrer Kinder zu sehen«, berichtet David Halberstam.[251]

Der nächste Schritt heißt UCAV – »Unmanned Combat Air Vehicle«. »Es scheint, dass die Passagiere in dem Fahrzeug keine Ahnung hatten, dass sie unter Beobachtung standen, als die Rakete einschlug«,[252] berichtet der Militärjournalist Nick Cook über die Hellfire-Rakete, die im Herbst 2001 ein Fahrzeug mit al-Qaida-Verdächtigen im Jemen zerstört hatte. Die Rakete war von einer RQ-1 Predator, einer unbemannten Drohne, abgefeuert worden. »Die Genehmigung zum Angriff bekamen die Predatorsteuerer von ihrem US-Kommando binnen Minuten«,[253] weiß Cook. Army, Air Force und Navy entwickeln für das Ende des Jahrzehnts weit größere Typen. Mit ihnen sollen vor allem Kommunikationseinrichtungen und Einsatzzentralen angegriffen und zerstört werden können.

Ein Problem des Militärs ist, dass man nie weiß, ob das, was man sich ausgedacht hat, auch funktioniert. In dieser Hinsicht war Afghanistan ein Erfolg. »Wenn es nach Michael Vickers, einem Militäranalytiker am Center for Strategic and Budgetary Assessments, geht, dann war der Krieg eine perfekte Versuchsstation«,[254] berichtet Vernon Loeb von der »Washington Post«. »Der ehemalige Armeeoffizier und CIA-Agent Vickers meinte, dass man den Erfolg dem Umstand verdankt, dass al-Qaida und die Talibanregierung, die ihr Schutz bot, mit überwältigenden Kräften angegriffen wurden. ›Wenn Großmächte kleinere Kriege führen ... kann man besser experimentieren, weil ohnehin feststeht, dass man gewinnt‹, sagte er.« Arsenale neuer Waffen werden in den nächsten Jahren zu ihren ersten Feldversuchen bereitstehen.

See and destroy

Der neue Feind ist fast unsichtbar. Anders als der russische Bär, der allein durch die Tundra trottet, versteckt sich der islamische Terrorist wie eine Ameise unter gleich Aussehenden, vor allem in den großen Städten. Zwischendurch zieht er sich in Höhlen zurück. Überall dort müssen er, seine Sympathisanten und seine Waffen aufgespürt und vernichtet werden. Man kann die Strategie auch anders lesen: Überall, wo die USA mit herkömmlichen militärischen Mitteln nicht gewinnen und herrschen können, wollen sie die neuen Einheiten, Waffen und Taktiken entwickeln. Nach den Ländern sollen Städte und Höhlen unter amerikanische Kontrolle.

»Das zwanzigste Jahrhundert war das letzte, in dem der Großteil der Menschheit auf dem Land lebte. Die Schlachtfelder der Zukunft werden hochkomplexe urbane Gebiete sein. Wenn unsere Soldaten nicht aus kurzer Distanz kämpfen und töten können, ist unser Rang als Supermacht in Frage gestellt.«[255] Der konservative Publizist Robert D. Kaplan ist sich sicher, dass die USA den Stadtkampf lernen müssen. Tom Johnston sieht das ähnlich: »Ich denke, wir haben absolut die Kapazität, die Stadt zu ›besitzen‹, in derselben Art, in der das US-Militär den Besitz des Himmels und den der Nacht beansprucht.«[256] Seit dem Herbst 2002 steht Navy-Captain Tom Johnston an der Spitze des »Joint Urban Operations Centre«. Die US-Militärs sind überzeugt, dass sie alle traditionellen Schlachtfelder unabhängig von Gelände, Klima, Wetter, Uhrzeit und Jahreszeit beherrschen. Mit der neuen Doktrin geht es aber um etwas anderes. Das Hauptaugenmerk gilt nicht mehr dem klassischen Feind. Wer auch immer sich den USA entgegenstellt, wird schnell und sicher »niedergekämpft«.

Wer sich selbst militärisch verteidigen will, rüstet für traditionelle Schlachtfelder. Wer Regime austauschen will, muss in die Städte. Es geht um Besatzung und Kontrolle. Damit rücken die Städte in den Mittelpunkt der Planungen. Bagdad, Teheran und Tripolis besetzen und so übernehmen, dass eine Statthalterregierung die Geschäfte übernehmen kann, steht als nächstes auf der Aufgabenliste.

Im »Warfighting Laboratory« in Quantico/Virginia lässt das Marinecorps die Kampftechniken der Zukunft entwickeln. Die wenigen Blocks, die hier zum Üben des Stadtkriegs aufgebaut wurden, reichen nicht. Die Soldaten haben sich die Örtlichkeiten nach wenigen Übungen eingeprägt. Jetzt soll im kalifornischen Twenty Nine Palms Combat Center eine Stadt gebaut werden, die groß genug ist, den totalen Stadtkrieg zu simulieren.[257] Nichts soll den amerikanischen Elitesoldaten in den Großstädten der Dritten Welt überraschen können. Alles muss so geübt werden, dass es blitzartig erkannt und zerstört werden kann. Aus »search and destroy« wird »see and destroy«. Dazu muss man allerdings alles sehen können.

180 Kilometer nordöstlich von Anchorage liegt Gokana. Seit sieben Jahren betreiben das Office for Naval Research und das Air Force Philips Laboratory hier und in der Zwillingsstation HIPAS westlich von Fairbanks das »High-Frequency Active Auroral Research Project« HAARP. Mit 72 Antennen, von denen jede 180 Fuß in die Luft ragt, heizt HAARP Punkte in der Ionosphäre so auf, dass sich linsenartige »Spiegel« bilden, die extrem lange Wellen auf die Erde werfen und sie durchdringen. HAARP soll »Anomalien« unter der Erde messen und melden. Niemand soll mehr unentdeckt einen Tunnel graben können. Keine Höhle soll mehr geheim bleiben. Unter der Erde soll es kein sicheres Versteck mehr geben. Wenn HAARP die unterirdischen Systeme ausmachen kann, können Satelliten oder Drohnen ihre Eingänge überwachen. Funk und Telefon können gezielt abgehört werden. Wann immer es notwendig scheint, können sie zerstört werden.

Wer die »Weapons of Mass Destruction« WMD – die Massenvernichtungswaffen – zerstören will, muss sich zwischen

zwei Wegen entscheiden. Der eine führt über globale Vereinbarungen, Verbote und deren Überprüfungen. Im Notfall können die Staaten, die sich auf Konventionen geeinigt haben,
auf das ganze Arsenal der UN-Sanktionen zurückgreifen. Der
zweite Weg ist unilateral und rein militärisch. Sein Grundsatz
lautet: »Für jedes Arsenal bauen wir eine Waffe, die es zerstören kann.« Der zweite Weg ist der Weg der USA.

Ein Ziel lautet »Massenlager unterschiedlicher Chemiewaffen in Bunkern oder mitten in zivilen Siedlungsgebieten«.
Die Antwort heißt »BLU-116 Gefechtskopf auf der GBU-24
lasergesteuerten Bombe«.[258] Die »thermobarische« Hitze-
druckbombe durchschlägt den Beton, und der Gefechtskopf
brennt so lange mit mehr als fünfhundert Grad und leichtem
Überdruck, bis alle chemischen und biologischen Substanzen
zerstört sind. Als Nebenprodukt treten noch »desinfizierende«
Chlor- und Fluorgase aus.

Die Planspiele der »Defense Threat Reduction Agency«
DTRA funktionieren immer. Überall, wo Schurken ihre chemischen und biologischen Waffen verstecken, schlägt aus
heiterem Himmel das Zweitonnengeschoss durch, verbrennt
alles zu harmlosen Resten und desinfiziert das Loch, das es
in die Nachbarschaft gerissen hat. Natürlich funktioniert die
Zielauswahl nicht immer. Dann folgt der Bombe die Ent-
schuldigung für den Kollateralschaden. Die Bunker-Buster
nehmen sich in der Zwischenzeit das nächste verdächtige
Objekt vor.

Die Superbomben stehen am Beginn einer Vision: Alles,
von dem eine Gefahr für die USA ausgeht, soll in kürzester
Zeit entdeckt und zerstört werden können. Nach den Superbomben kommen die Superdrohnen und die Superlaser. Vor
einem Pult mit vielen Knöpfen sitzen dann die Superpolitiker,
die sich das alles ausgedacht haben. Gegen sie gibt es noch
kein funktionierendes Abwehrsystem.

Der offensive Einsatz von Atomwaffen ist die erste nukleare
Neuerung der Regierung Bush. Die zweite Neuerung der
Nuklearwaffenstrategie fällt in den Bereich der Waffen selbst.

Neue Atomwaffen sollen neue Einsätze möglich machen. Die 146 Tonnen Kerosin, mit denen die beiden Flugzeuge, die in das World Trade Center einschlugen, betankt waren, entsprechen von ihrer Sprengkraft her in etwa der kleinsten Variante der neuen amerikanischen Atombombe B-61 mit 0,3 Kt.[259] »Gegenwärtig wird in den USA die Entwicklung noch ›kleinerer‹ Kernwaffen für taktische Missionen, insbesondere zur Zerstörung unterirdisch gehärteter Ziele diskutiert.«[260] Die Sprengkraft der »mini nukes« soll bei rund 0,05 Kt liegen.

Aus eigener Erfahrung nennt das US-Militär die herkömmlichen Atomwaffen »city buster«. Die »mini nukes« sind »bunker buster«. Mit ihnen sollen die Höhlen und Tunnel, die gegen jede herkömmliche Bombe gehärtet sind, zerstört werden. Radioaktivität wird dabei wieder zum Kollateralschaden. »Weil abgereichertes Uran dichter als Stahl ist, können Granaten, die es beinhalten, ein Loch durch die stärkste Panzerung bohren«,[261] beschreibt der ehemalige US-Diplomat William Blum die US-Munition. »Aber abgereichertes Uran hat eine Schattenseite: Es ist radioaktiv.« Im Irak und in Jugoslawien kam die Munition zum Einsatz. »Irakische Bürger, vor allem Kinder, leiden an den bösartigen Folgen der 350 Tonnen an Geschossen aus abgereichertem Uran, die während des Kriegs auf das Land abgeworfen wurden«,[262] berichtet der ehemalige Stellvertretende Generalsekretär der UNO, Denis J. Halliday. Der UN-Beamte arbeitete von 1997 bis 1998 als Koordinator für die UN-Irakhilfe. Halliday beschreibt die Wirkung der Granathülsen: »Abgereichertes Uran hat Titan als billiges Mantelmaterial für Projektile, die Panzerungen durchschlagen sollten, abgelöst. Es brennt beim Aufschlag und löst sich in feinen Staub auf, der von Menschen und Tieren eingeatmet wird. In den Nahrungskreislauf gelangt es über Wasser und Boden. Seine Radioaktivität sinkt nach 4500 Millionen Jahren. Bei Krebs, insbesondere Blutkrebs, Gehirntumoren und Gewebstumoren ist die Rate unter Irakern erstaunlich angestiegen, insbesondere unter Kindern.« Neben den Irakern trifft es amerikanische Golfkriegsveteranen – verstrahlte Kollateralschäden auf beiden Seiten. Das »Golf-kriegssyndrom«, bei dem körperliche Schwächung, Debilität, Todes- und Selbstmordfälle vermehrt unter Desert Storm-Veteranen auftraten, konnte mangels Kooperation der US-Behörden nie seriös untersucht werden. »Im August 1996«, berichtet Halliday, »erklärte die UN-Unterkomission für Menschenrechte abgereichertes Uran zur Massenvernichtungs-waffe.«[263] Aber niemand denkt daran, den USA ein entsprechendes Ultimatum zu stellen.

Löcher in die Ionosphäre, Atomwaffen gegen Bunker – niemand weiß, wie hoch in Zukunft die technischen Kollateralschäden sein werden. Jenseits jeder zivilen Kontrolle hat das amerikanische Militär freie Hand, alles im globalen Feldversuch auszuprobieren. Als Peter Sellers als verrückter General im Film auf der Bombe ritt, ahnte niemand, dass seinesgleichen ein paar Jahrzehnte später die militärische Zukunft der USA anführen würden.

Harte Zivilisten, zarte Militärs

Ein Klischee lebt: Die Militärs wollen Krieg, die Zivilisten stemmen sich nach Kräften dagegen. Uniformen machen aus den Männern Krieger, die im Anzug Ausbünde ziviler Zurückhaltung wären. Zumindest was die USA und die EU betrifft, ist dieses Klischee grundfalsch.

»Ein Stabsoffizier, der unter beiden Administrationen arbeitete und dort hohe Beamte briefte, schildert, wie sich die eine Administration duckte, wenn die Generäle nüchtern die Gefahren eines militärischen Engagements in einem Land wie dem Irak schilderten, und sich die andere Administration davon nicht beeindrucken ließ. ›Wenn es darum ging, eine wichtige Entscheidung wie eine Invasion des Irak zu besprechen‹, schildert ein pensionierter Offizier, ›musstest du (einem zivilen Beamten im Pentagon) nur ins Auge schauen und sagen: Sir, wissen Sie, dass Sie nicht kontrollieren können, was da herauskommt? Wenn er mit dem Kopf auf und ab nickt, dann kannst du die zweite Frage stellen. Unter Clinton sahen sie dich so kuhäugig an. Und dann ging das Kopfnicken los‹, erzählte der pensionierte Offizier. ›Aber diese Leute jetzt tun so, als ob es das Problem gar nicht gäbe. Sie scheinen zu glauben, dass sie jede Entwicklung unter Kontrolle haben. Jeder Mann in Uniform weiß, dass das nicht stimmt.«[264]

Das US-Militär war nicht immer so. »In den alten Tagen, glaubte Eagleburger,[265] hatte das Pentagon, wenn es um militärisches Eingreifen ging, so etwas wie eine Hau-drauf-Mentalität und glaubte, alles tun zu können, während der Staat zur Vorsicht neigte. Vietnam hatte das geändert – die Armee war da hineingegangen und hatte einen hohen Preis gezahlt. Jetzt waren die Rollen verkehrt.«[266] Auch nach dem »leichten« ersten Golfkrieg blieben die Spitzen des US-Militärs vorsichtig. Colin Powell erzählt immer wieder, wie er als Chef des Generalstabs auf die Fragen der Politiker nach der Zahl der Soldaten, die für eine Intervention in Bosnien benötigt würden, nie weniger als »200 000« antwortete – und so jahrelang alle abschreckte.

Egal ob erster Golfkrieg, Bosnien und Kosovo, Bombenangriff auf Khartum oder schnelle Invasion Afghanistans – die führenden Militärs der USA rieten ab. Zu Beginn des neuen Jahrtausends hat die imperiale Wende nicht im Militär, sondern in der Politik stattgefunden. Zum ersten Mal seit Vietnam ist die amerikanische Politik auch gegen die Warnungen der Militärs bereit, höchstes Risiko einzugehen. Besser als Politiker, die bunte Stecknadeln in ferne Länder spießen, wissen erfahrene Militärs, wie schnell sich ein Reich überdehnen und isolieren kann. In der Administration Bush bremst Colin Powell aber nicht, weil er politisch ein anderes Konzept vertritt, sondern weil er die traditionelle Haltung amerikanischer Militärs ins State Department mitgenommen hat. Wie jeder Apparat ist das Militär nicht friedlich, sondern konservativ. Beamte in Uniform verfolgen vor allem ein Ziel: dass alles so bleibt, wie es ist. Ob Beschaffungsprogramme, Teilstreitkräfte oder Doktrinen – wer bewährte Geleise verlassen will, riskiert nach Meinung der Militärs, dass der ganze schwer bewaffnete Zug entgleist.

Die Militärs der überlegenen Militärmacht USA haben immer wieder die Erfahrung gemacht, dass die USA militärisch schnell gewinnen und politisch danach alles verlieren können. »Ich glaube, in Vietnam haben wir keine einzige Schlacht verloren«, stellte der frühere CENTCOM-Chef General Anthony Zinni fest.[267] »Wir haben keine Schlacht in Somalia verloren. Nachdem wir uns auf Korea eingelassen hatten, haben wir auch dort keine Schlacht verloren. Aber es ist uns nicht gelungen, politische Lösungen zu finden, so wie wir es in all diesen Fällen wollten. Daher ist militärischer Erfolg an sich nie die ganze Antwort. Erfolg kann nicht militärisch, sondern nur politisch gemessen werden: an dem, was am Ende herauskommt. Daran wird man uns messen – was am Ende herauskommt.«

Grundsätzlich hängt die politische Rolle des Militärs vor allem von der äußeren und inneren Stabilität einer Demokratie ab. Je fragiler die Demokratie ist, desto leichter nimmt das Militär Zügel in die Hand. In ihren Grundstrukturen und in ihren abgesicherten inneren Machtverhältnissen ist die amerikanische Demokratie so stabil, dass lateinamerikanische Gedanken dem Militär fremd sind. Die Politik muss daher mit keinem organisierten Widerstand rechnen, wenn sie zentrale militärische Strukturen auf den Kopf stellt.

Die strategischen Differenzen zwischen imperialen Republikanern und Militärs reichen tief. Donald Rumsfeld will das Problem lösen. Von der Bewaffnung bis zum gemeinsamen Kommando soll das US-Militär so revolutioniert werden, dass es in die imperiale Strategie passt. Wenn sich die Militärs nicht ändern, dann wird das Militär geändert. In einer Demokratie ist das das Recht der Politik. Es ist klar, wer wen führen darf. »Wenn aber die Zivilisten selbst verbohrte Ideologen sind, dann geht viel vom Vorteil einer starken zivilen Kontrolle verloren. Dann führen die Blinden die Blinden.«[268] Genau das geschieht.

Solange das Militär eine klassische Angelegenheit des Staates ist, geht es nur um die Vorherrschaft der Politik über das Militärische. Die Entwicklung ist aber längst weiter. Was haben südafrikanische »Executive Outcomes«[269] in Sierra Leone, arabische Mudschaheddin in Afghanistan, die amerikanischen Ausbilder der kroatischen Armee und irakische MIG-Piloten im Sudan gemeinsam? Sie alle sind Söldner. Die südafrikanischen EO's haben in die beiden afrikanischen Bürgerkriege in Sierra Leone und in Angola entscheidend eingegriffen. Die US-Ausbilder sind verantwortlich, dass kroatische Milizen, die der regulären jugoslawischen Armee zu Beginn hoffnungslos unterlegen waren, diese angreifen und aus dem Osten Kroatiens vertreiben konnten. »Privatisierung des Kriegs« heißt nur auf der einen Seite Warlords und

Banden, die in zerfallenden Staaten um Einflusssphären kämpfen. Längst gibt es einen funktionierenden privaten Militärmarkt, auf dem Firmen ihre Dienste anbieten.

»Mit dem Vorschlag, privaten Militärunternehmen (PMC's)[270] Lizenzen zu erteilen, folgt Großbritannien seit dem Beginn des Jahres 2002 dem US-Beispiel, das im Stillen zu unterstützen, was viele Militärexperten für die logischste Lösung halten«, berichtete »Jane's International Defense Review«.[271] Die »logischste Lösung« in regionalen Kriegen sind für viele die neuen Söldnerfirmen.

»Manche haben sogar vorgeschlagen, dass private Sicherheitsfirmen wie die eine, die vor kurzem geholfen hat, den gewählten Präsidenten von Sierra Leone wieder ins Amt zu bringen, bei den schnellen Eingreiftruppen, wie sie die UNO benötigen, eine Rolle spielen könnten. Als wir ausgebildete Soldaten brauchten, um 1994 Kämpfer im Flüchtlingslager Goma in Ruanda voneinander zu trennen, überlegte ich mir, eine private Firma anzuheuern. Aber die Welt war damals möglicherweise noch nicht so weit, um den Frieden zu privatisieren«, bedauerte UN-Generalsekretär Kofi Annan bei einem Vortrag.[272]

Die Privatisierung der Sicherheit hat mit den neuen PMC's jetzt auch den Bereich des Militärs erreicht. Was in Firmen, in U-Bahnen und auf Flughäfen längst üblich ist, macht sich jetzt im Militärischen breit. Die beiden Hauptargumente heißen auch hier »billig« und »leicht einsetzbar«.

Auch im Bereich der militärischen Sicherheit gehören die USA zu den politischen Hauptunterstützern der Privatisierung. Die Perspektive scheint klar: Die USA kontrollieren die Welt und konzentrieren sich militärisch dabei auf den imperialen Bogen. Regionale Verbündete assistieren politisch und militärisch. Für die kleineren Konflikte kauft man Söldner – und erspart sich öffentliche Debatten über Gefallene aus den eigenen Streitkräften.

Würstchen in Umlaufbahn

In ihrem Bau ähnelt die Sicherheitsdoktrin dem Plan eines Hauses. Die Beletage ist vom Hauseigentümer, den USA, belegt. Den Stock darunter teilen sich vier unterschiedliche Mieter: die EU, Russland, China und Indien. Im Erdgeschoss drängen sich Freunde aller Art, und im Keller warten die Schurken darauf, dass sie an die Reihe kommen.

Das amerikanisch-russische Verhältnis scheint am einfachsten. Der Patient bekommt das Nötigste und unterschreibt im Gegenzug alles, was ihm vorgelegt wird. »Die große Schwäche Russlands beschränkt die Möglichkeiten der Zusammenarbeit.«[273] Indien genießt mehr Respekt. Wenn es auf Atomwaffen und Raketen verzichtet und den Washington-Consensus übernimmt, steht einer Duldung als regionaler Großmacht nichts im Wege. Die Liste der unerledigten Hausaufgaben ist im Fall »China« am längsten. Die USA setzen auf Chinas Beitritt zur WTO. »Die Macht der Marktprinzipien und die WTO-Verpflichtungen zu Transparenz und Verlässlichkeit werden zu mehr Offenheit und zur Herrschaft des Gesetzes führen und damit grundlegende Sicherheit für Handel und Bürger schaffen.«[274] Weil der freie Markt das alles schafft, scheint es auch nicht notwendig, demokratische Alternativen zur Herrschaft der Kommunistischen Partei zu fördern. Die Abrechnung mit den Muslimen im Westen des Landes bleibt unerwähnt. Europa schließlich genießt uneingeschränktes Wohlwollen. Als »Partner bei der Öffnung des Welthandels« und in der NATO gilt die EU als Satellit mit der Marotte, eine engere Umlaufbahn zu wünschen.

»Bedient man sich einer Terminologie, die eher an das brutalere Zeitalter der alten Weltreiche gemahnt, so lauten die drei großen Imperative imperialer Geostrategie: Absprachen zwischen den Vasallen zu verhindern und ihre Abhängigkeit in Fragen der Sicherheit zu bewahren, die tributpflichtigen Staaten fügsam zu halten und zu schützen und dafür zu sorgen, dass die ›Barbaren‹völker sich nicht zusammenschließen.«[275] Schon 1997 hatte Zbigniew Brzezinski keinen Grund, auf die Gefühle von Freunden und Partnern Rücksicht zu nehmen. Der ehemalige Sicherheitsberater des amerikanischen Präsidenten wusste, dass er ihnen einiges zumuten konnte.

Wenn sich in einer Metzgerei ein Metzger und zwanzig Würstchen gemeinsam aufhalten, beschreibt das kaum jemand als eine Partnerschaft. Von der NATO bis zum Internationalen Währungsfonds haben sich die Würstchen längst angewöhnt, das anders zu sehen. Gut sichtbar in der Vitrine tragen alle Würstchen vor ihrem Namen einen Titel: »gleichberechtigter Partner«. Am Tag nach dem 11. September mussten sich Tony Blair, Gerhard Schröder und die anderen Verbündeten nicht absprechen, um dasselbe zu beteuern: »bedingungslose Solidarität«. Solidarität mit den Opfern und gegen die Verbrecher war wohl selbstverständlich. Aber warum mussten Blair und Schröder erklären, dass sie dabei auf alle Bedingungen verzichten würden?

Als klar wurde, dass die USA auf einem militärischen Gegenschlag bestehen würden, standen ihre Partner in der NATO vor zwei Alternativen. Die Aktion konnte nach Kapitel VII der UN-Charta von den Vereinten Nationen selbst geführt werden. Die UNO hatte aber noch eine zweite Möglichkeit: Nach dem Artikel 51 ihrer Satzung konnte sie den USA das Recht auf »Selbstverteidigung« bescheinigen – und damit einen Persilschein für den Krieg in Afghanistan ausstellen. »Wer nicht mit uns ist, ist gegen uns.« Die Partner der USA verstanden den Auftrag des Präsidenten. Sie verzichteten auf die Führung durch die UNO und unterstellten sich dem Kommando der USA. Sie verzichteten auf die Vorlage der Beweise gegen Osama bin Laden und bescheinigten seine Schuld ohne jedes ordentliche Verfahren.

»Wann immer unsere Interessen bedroht werden, muss die Allianz handlungsbereit sein.«[276] »Unsere« – das sind auch hier die USA. Wahrscheinlich ist den Autoren der neuen US-Sicherheitsdoktrin gar nicht aufgefallen, dass die Allianz nicht dann handelt, wenn ihre eigenen, sondern wenn die Interessen der USA in Gefahr sind. Von der Auswahl der Bombenziele in Jugoslawien bis zum Sanktionsregime im Irak entscheiden die USA. Manchmal erlauben sich ihre Verbündeten eine kritische Frage. Das bleibt meist ohne Folgen. Wer die ganze Macht hat, muss nicht immer genau hinhören.

Was passiert, wenn man den großen Bruder ärgert, erlebte Gerhard Schröder im deutschen Wahlkampf. »Wenn Deutschland die USA beleidigt, die Haltung der Vereinten Nationen ablehnt und ohne Rücksprache mit den anderen europäischen Staaten im Namen eines ›deutschen Wegs‹ handelt, drohen ihm Isolation und eine Rückkehr zu den europäischen Verhältnissen vor dem Ersten Weltkrieg.«[277] Henry Kissinger hielt es nicht für notwendig, sich den Schaum vom Mund zu wischen. »Wer nicht für uns ist, ist gegen uns« – und bekommt beim ersten Mal eine öffentliche Abreibung. Beim zweiten Mal droht die Verleihung des Schurkenstatus. Anfang Februar 2003 war es für die BRD soweit. Deutschland wollte nicht blind in den Irakkrieg mitmarschieren – und wurde von Verteidigungsminister Donald Rumsfeld prompt auf eine Stufe mit Libyen und Kuba gestellt.

»Ich bin hier, um zu lernen. Ich bin hier um sicherzustellen, dass Norwegen in Zukunft ein noch besseres und wichtigeres NATO-Mitglied wird und dass wir ins System passen und in künftigen Einsätzen in der NATO unseren Job gemeinsam mit den USA erledigen können.«[278] Die norwegische Verteidigungsministerin Kristin Krohn Devold stand am 29. Juli 2002 im Pentagon neben Donald Rumsfeld vor der Presse und zeigte, wie man sich neben dem großen Bruder klein macht.

Die USA gaben Europa dazu am 24. September 2002 beim NATO-Treffen in Warschau eine Chance. »Die USA stellen sich vor, dass die neue Eingreiftruppe in der Stärke von

21 000 Mann bis zum 1. Oktober 2004 aufgestellt werden soll, um von da an Manöver abzuhalten und 2006 voll einsatzbereit zu sein«, berichtet Erich Reiter aus dem österreichischen Verteidigungsministerium über die neuen europäischen Hausaufgaben.[279] In fünf Tagen sollten die Europäer 5000 und innerhalb von dreißig Tagen die restlichen 16 000 Soldaten losschicken können. »Mit diesem Vorschlag geben die USA den Europäern in der NATO eine Chance, der NATO ihre ehemalige Bedeutung ... wieder zu geben.«[280] Inzwischen haben Deutschland, die Niederlande, Italien, Spanien, die Türkei und Großbritannien dem SACEUR schnelle Eingreiftruppen unterstellt.[281] Die Hilfstruppen aus Europa durften sich noch einmal bewähren.

Das militärische Hauptquartier der NATO steht im belgischen Mons. Südlich von Brüssel, ganz in der Nähe der Autobahn, fällt ein Komplex langer, flacher Bauten nicht sonderlich auf. Der größte Eindruck, den das militärische Zentrum des nordatlantischen Blocks hinterlässt, ist »klein«. Man muss nicht lange dort sein, um die unsichtbaren Ebenen und Strukturen wahrzunehmen. Die Baracken in Mons sind nicht mehr als eine regionale Kommandozentrale, in der die Alliierten ihren amerikanischen Vorgesetzten Vorschläge machen und ihnen ab und zu über die Schulter schauen dürfen. Der SACEUR bestimmt – und hat dabei, wie General Wesley Clark während des Bosnienkriegs, mehr auf die verschiedenen Fraktionen in Washington als auf die einzelnen Verbündeten Rücksicht zu nehmen.

Neben der NATO leisten sich die USA mit der UNO eine zweite Stütze. Am 6. Januar 1999 stand UN-Generalsekretär Kofi Annan vor einer unangenehme Aufgabe. Sein Büro gab bekannt, dass Mitarbeiter von UNSCOM im Irak hinter dem Rücken der UNO als Spione der USA gearbeitet hatten. »Die UN-Inspektoren hatten sich von Wachhunden zu Schoßhunden gewandelt«,[282] kommentierte der Journalist Christopher Hitchens. Die Spitze von UNSCOM hatte aber noch viel mehr getan. »Vom Irak wurde verlangt, den UN-Inspektoren zu sagen, welche Firmen die Bestandteile für die tödlichen Chemikalien lieferten«, berichtet der britische Journalist Gwynne Roberts für Channel 4.[283] Roberts fuhr nach Halabja und New York und fand die Geschichte einer Vertuschung. »Die UN stellte eine detaillierte Liste der Unternehmen, die an die irakische Regierung geliefert hatten, zusammen, die viele europäische Firmen umfasst. Aber die UNO hat sich in einer außergewöhnlichen Entscheidung entschlossen, die Liste geheim zu halten. UNSCOM hatte Inspektoren in den Anlagen. Sie wissen alles genau. Aber sie legen es nicht offen, weil sie offensichtlich eine Vereinbarung mit dem Irak haben, nichts zu veröffentlichen.«

Nach seiner Erkundung in Halabja traf Roberts den damaligen Chefinspektor von UNSCOM, Rolf Ekeus, in New York. Es gelang ihm, eine Passage aus dem UNSCOM-Bericht abzufilmen: »Die Informationen werden vertraulich behandelt und nicht veröffentlicht.« Ekeus versuchte eine Rechtfertigung: »Ich glaube, die Entscheidung, die ich gemeinsam mit der IAEO[284] getroffen habe, für die Zeit der Untersuchung die Namen geheim zu halten, um mehr Informationen zu bekommen, war richtig.« Roberts fragte nach: »Aber es wurde auch später nichts veröffentlicht?« Ekeus antwortete: »Das hat nichts mit dem Irak zu tun, sondern mit den wichtigeren Staaten, die zugleich Lieferländer waren. Wenn wir über die bedeutende Firma X in Westeuropa berichtet hätten, können Sie sicher sein, dass uns die Regierung dort das nie verziehen hätte. Was würde geschehen? Die Firma würde genannt, es würde zu einseitigen Sanktionen kommen, nationale wirtschaftliche Interessen würden verletzt und sie würden uns dann von jeder Information abschneiden.« Niemand verlangt, dass die deutschen, englischen und österreichischen Firmen, die Saddams Giftgasproduktion wissentlich beliefert haben, zerstört werden. Aber warum werden sie nicht verfolgt? Warum werden sie von ihren Regierungen und von der UNO geschützt?

Als Saddam seine Rüstungsindustrie aufbaute und mit Bestelllisten von Geschützen bis Chemikalien in Westeuropa und den USA einkaufte, geschah das mit Wissen und Billigung der USA. Wer verhindert bis heute, dass sich die Firmen, die Saddam die Bausteine für seine Massenvernichtungswaffen geliefert haben, öffentlich verantworten müssen? Wer schützt die Firmen vor dem Wissen von UNSCOM?

Diese Frage kann nur der Generalsekretär der UNO beantworten. Aber Kofi Annan hat anderes zu tun. Am 13. November 2002 saß er neben George Bush im Oval Office. Bush hatte das Ultimatum des Sicherheitsrats in der Tasche und verschärfte die Bedingungen. Wenn der Irak nicht bis zum 8. Dezember den Besitz von Massenvernichtungswaffen zugeben würde, bedeute das Krieg. Jeder konnte mit ansehen, wie ein schwacher Generalsekretär versuchte, neben dem Präsidenten das Gesicht zu wahren.

Die Schwäche der UNO liegt in ihrer Nachgiebigkeit. Es gibt kaum ein amerikanisches Ultimatum, dem sie nicht nachgekommen und kaum einen US-Befehl, den sie nicht ausgeführt hätten. Ab und zu leistet sich die Generalversammlung andere Töne. Aber im Sicherheitsrat bestimmen die USA. Und hier wird entschieden.

Als die UNO den Irak zwang, einen Bericht über seine Waffenarsenale vorzulegen, lieferte Saddam Hussein Tausende Seiten. Am 9. Dezember 2002 ließen sich die USA von Kofi Annan den kompletten Bericht des Irak übergeben. Die USA erklärten sich bereit, für die vier anderen ständigen Mitglieder des Sicherheitsrates Kopien herzustellen. Alle anderen Mitglieder würden später gesäuberte Versionen erhalten. Spätestens hier konnte jeder sehen: Unter Kofi Annan ist die UNO der Dienstbotenflügel des Weißen Hauses. »Dösend wie ein Hund vor dem Kamin lagen die Vereinten Nationen da, zufrieden, dass sie Saddam ignorieren konnten, bis sie ein amerikanischer Präsident am Nacken packte und zum Bellen zwang.«[285] So sieht nicht nur der Harvardprofessor Michael Ignatieff die UNO in Zeiten des Kriegs.

In die Liste hatten die irakischen Behörden einen Bumerang verpackt: eine Aufstellung aller Firmen, die am Aufbau der irakischen Rüstungsproduktion beteiligt waren. Die »taz« veröffentlichte die Namen. Die USA lagen hinter Deutschland mit 24 Firmen mit an der Spitze. An der dritten Stelle folgte Großbritannien mit 17 Betrieben. Frankreich mit acht und Russland mit sechs Firmen waren weit abgeschlagen. Die beiden Spitzen der Militärintervention stellten sich als Hauptlieferanten für die Rüstungsanlagen vor, die sie jetzt zerstören wollten.

Die »taz« berichtete weiter: »Die umfangreichen Informationen über die Zulieferungen und die Unterstützung ausländischer Firmen, Laboratorien und Regierungen für die Aufrüstung Iraks seit Mitte der siebziger Jahre in dem Bericht Bagdads an den UNO-Sicherheitsrat sollen nach dem Willen seiner fünf ständigen Mitglieder unter Verschluss bleiben. Selbst den zehn nichtständigen Mitgliedern des Rates – zu denen ab 1. Januar auch Deutschland gehören wird – wurden die beschaffungsrelevanten Teile des Berichts vorenthalten. Mit dieser Entscheidung wollen die USA, Russland, China, Frankreich und Großbritannien ihre maßgebliche, zum Teil bis heute fortdauernde Verantwortung für die Aufrüstung Iraks weiterhin geheim halten.«[286] Der Bericht belegt eines: Alle ständigen Mitglieder des Sicherheitsrates haben Saddam Husseins Regime mit Rüstungsgütern beliefert. Ihre gemeinsamen Resolutionen haben mehr als einen doppelten Boden.

Die USA brauchen die UNO. Solange der Sicherheitsrat wie ein Basar dazu dient, mit den Partnern den Preis für ihre Gefolgschaft auszuhandeln, gibt es kein besseres multilaterales Verkleidungsstück als die UNO. Damit das so bleibt, werden die Vereinten Nationen über den Geldhahn reguliert. Während von Europa bis Asien pünktlich gezahlt wird, drehen die USA den Vereinten Nationen regelmäßig das Geld ab. Im Dezember 2000 mussten europäische Regierungen gemeinsam mit dem US-Milliardär Ted Turner einspringen, um die UNO bei einem US-Schuldenstand von 1,65 Milliarden Dollar vor dem Kollabieren zu retten. Im Gegensatz zum einfachen Leben heißt es auf der höchsten Bühne der Politik: »Wer nicht zahlt, schafft an.«

Der Washington-Consensus

»Die Staatsidee der USA ist die Freiheit, die der allermeisten europäischen Staaten hingegen bis zum heutigen Tag die Sicherheit.«[287] So zeichnet der deutsche Außenminister Joschka Fischer den Unterschied im Wertefundament der beiden Kulturen. Als sich die Pilgerväter zur Überfahrt in die Neue Welt einschifften, hatten sie weder Beamte noch hohe Geistliche an Bord. Die Freiheit in Neuengland war aber von Anfang an die Freiheit einer Elite. Egal ob als verarmter irischer Auswanderer oder als importierter afrikanischer Sklave, wer nachher kam, musste sich seine Rechte von neuem erkämpfen. Die amerikanische Freiheit war von Anfang an die Freiheit der Stärkeren.

Das amerikanische Misstrauen gegen alles, was diese Freiheit beschränken könnte, sitzt tief. Die Sekten, die das Netz der tief religiösen Nation bilden, scheinen lächerlich. Letztlich sind sie Ergebnis der Verweigerung zentraler Glaubensbürokratien und Staatskirchen. In den USA hatten Kirchen nie die Macht, Frauen zu verbrennen.

Pistolen und Revolver gelten einem großen Teil der Amerikaner als Zeichen der Freiheit. Der greise Schauspieler Charlton Heston lässt jeden spüren, dass seine »National Rifle Association« der größte Verein der USA ist.

Wenn ein Amerikaner heute etwas über seine Verwaltung erfahren will, beruft er sich auf den *Freedom of Information Act*. Bis hin zu jüngeren Dokumenten des Nationalen Sicherheitsrats ist alles einsehbar. In Wien ist es viel einfacher, globale amerikanische Militärstrategien als lokale Wiener Bauverfahren über das Netz einzusehen. Für Europäer mit ihren amtsverschwiegenen Apparaten ist kaum vorstellbar, wie transparent die US-Bürokratie ist.

Als erstem großem Staat gelang es den USA in der Mitte des 20. Jahrhunderts, glaubhaft zwei Versprechen zu geben: das Versprechen, alle Menschen am Wohlstand zu beteiligen, und das Versprechen, Freiheit für alle zu garantieren. Nie zuvor konnten so viele Menschen ihr Leben so frei gestalten. Jeder konnte alles werden, und mit der Zeit verklärte sich das Bild so weit, dass für die beruflichen Anfänge späterer Generaldirektoren und Präsidenten nur noch zwei Möglichkeiten in Betracht kamen: Schuhputzer und Tellerwäscher. Natürlich konnten nicht alle Direktor oder Präsident werden. Mit der neoliberalen Revolution hat sich allerdings eines geändert: Tellerwäscher bleiben Tellerwäscher, und es gibt immer mehr, die unter der Armutsgrenze Teller waschen – in aller Freiheit.

Was schützen die USA an jedem Ort der Welt? Die amerikanische Antwort kommt wie aus der Pistole geschossen: die Freiheit. Über die Freiheit gibt es einen Konsens. Er ist nach der Hauptstadt der USA benannt.

John Williamson ist gekränkt. »Vor zehn Jahren habe ich den Begriff ›Washington Consensus‹ erfunden … Punkt für Punkt habe ich erkannt, dass der Begriff eine Bedeutung erhalten hat, die sich deutlich von dem unterscheidet, was ich beabsichtigt habe… Naiverweise habe ich angenommen, dass mir der Umstand, dass ich den Begriff erfunden habe, ein Recht gäbe, seinen Inhalt zu bestimmen.«[288] Der Ökonom der Weltbank hatte 1990 zehn Vorschläge für wirtschaftliche Reformen in Lateinamerika verfasst. Bis heute beteuert er seinen Kollegen, dass er mit dem fundamentalistischen Wirtschaftsbekenntnis, das IMF, WTO, US-Finanzministerium und Wall Street unter seinem Titel verbreitet habe, nichts zu tun hat. John Williamson wird sich weiter kränken. Ob er will oder nicht – »Washington Consensus« steht heute für das große neoliberale Glaubensbekenntnis.

Die vier Gebote lauten: Freihandel – freier Kapitalfluss – Abbau der öffentlichen Einrichtungen – Privatisierung. Wer sie befolgt, so lautet die Botschaft, wächst und gedeiht. Politiker und Journalisten in Amerika und Europa beten das Bekenntnis nach wie vor in Massen nach. Wer die Andacht stört, hat die Folgen selbst zu tragen.

Die Geschichte der Missionierungen zeigt, dass sie von zwei Motiven getragen werden können: vom tiefen Glauben an die eigene Botschaft und vom Interesse, an der Mission gut zu verdienen. Von den Kreuzzügen der Ritter bis zu den Interventionen der Fonds waren beide Motive meist gut gemischt. Im Zentrum jeder Mission stehen Leute, die sich auf das Geschäft mit dem Glauben verstehen. Die Missionierung selbst ist Sache gläubiger Funktionäre und Aktivisten.

Rund um die vier Gebote liefert »Neoliberalismus« die ideologische Begründung für ein Bündel einseitiger staatlicher Maßnahmen: Privatisierung, Deregulierung, Kürzung der Sozialausgaben, Privatisierung der Lebensrisiken, Kürzung der Ausgaben für öffentliche Güter, Erhöhung der fiskalischen Disziplin, freier Kapitalfluss, strikte Kontrolle der Gewerkschaften, Arbeitszwang, Steuersenkungen und ungehinderte Währungsbewegungen.

»Neoliberalismus« war von Anfang an ein politisches Konzept, das sich seine Rechtfertigung in der Ökonomie besorgte. »Die Schlacht zwischen Keynesianern und Neoliberalen war weder eine rein fachliche Auseinandersetzung zwischen professionellen Ökonomen noch ein Versuch, mit neuen, beunruhigenden wirtschaftlichen Problemen umzugehen … Es war ein Krieg zweier unvereinbarer Ideologien.«[289]

Nach dem Fall der Berliner Mauer setzte sich der Neoliberalismus von den beiden ideologischen Inseln USA und Großbritannien aus als neues globales Dogma durch. »Alles Markt« – in der Kürze der neuen Heilsbotschaft lag auch ihre Stärke. Die sichtbaren Hände des Staates sollten die wirtschaftlichen und sozialen Geschicke der Menschen der unsichtbaren Hand des Marktes überlassen. Alle, fast ohne Ausnahme, würden profitieren, das Gute würde sich wie von selbst einstellen. Die Welt würde friedlicher, sauberer, sicherer und reicher werden.

Die neoliberale Weltverschwörung, die manche Linke bis heute vermuten, hat es dabei nie gegeben. Staat für Staat hat die Wirtschaft den sozialstaatlichen Konsens aus zwei einfachen Gründen aufgekündigt: Seit dem Ende der langen Nachkriegskonjunktur ist die Verteilungsmasse in wenigen Sprüngen geschrumpft. Seit mit den Einbrüchen 1973 und 1975 eine lange Welle der Konjunktur zu Ende gegangen ist, musste der Verteilungskampf zwischen Kapital und Arbeit neu ausbrechen. Der Neoliberalismus hat sich als Ideologie der Stärkeren im neuen Verteilungskampf durchgesetzt. Gemeinsam mit der »Arbeit« ist die traditionelle Linke so in die Defensive geraten, dass die Gewinne trotz geringerer Verteilungsmasse höher als in den partnerschaftlichen Vorperioden steigen konnten.

Der Neoliberalismus stellt sich als alternativlos dar. Sein Hauptargument hat die politischen Parteien bis weit in Sozialdemokratie und Grüne hinein überzeugt: Die neoliberale Globalisierung findet statt, egal, ob sie gewollt wird oder nicht. Wie eine Flutwelle bahnt sie sich ihren Weg, und, so meint man, wer sich in diesen stellt, wird einfach weggespült. Wer im globalen Spiel der neuen Märkte nicht alle Regeln beachtet, wird auf der Stelle mit Kapitalflucht und wirtschaftspolitischer Ächtung bedroht. So lautet der Glaube in die Natur einer scheinbar unausweichlichen Entwicklung.

Die Sachzwänge scheinen regierenden Politikern dabei die Sicht zu verstellen. »Globalisierung ist zweifellos unumkehrbar und in bestimmter Hinsicht vom Handeln der Regierungen unabhängig. Nicht aber so die auf ihr basierende Ideologie des Neoliberalismus und des freien Marktes«,[290] stellt der Historiker Eric Hobsbawm fest. Natürlich sind Alternativen denk- und machbar. »Dabei ist bemerkenswert, dass diese ideologischen Verstrickungen nicht zum Wesen der Globalisierung, die unter ganz anderen Auspizien als dem Neoliberalismus entstanden ist und woanders hin gelenkt werden könnte, gehören.«[291] Längst haben neoliberale Dogmen Konkurrenz von »Global Governance«, »grünem Keynesianismus« und neuen Versuchen autonomer geschützter Entwicklung erhalten. Aber die offizielle Politik nimmt davon noch wenig Notiz.

Regierende Sozialdemokraten und mitregierende Grüne haben die neoliberalen Dogmen selten selbst forciert. Sie beugen sich, weil sie die Entwicklung für unausweichlich und die Gegenseite für übermächtig halten. Joschka Fischer begründet, warum Widerstand zwecklos ist: »Insgesamt also ist die Politik eines schuldenfinanzierten Staatsinterventionismus zur Wiedergewinnung von Vollbeschäftigung angesichts der radikal anderen Verhältnisse heute in den westlichen Demokratien eine sichere politische Verliererstrategie, die entweder zu gebrochenen Wahlversprechen führen oder am Widerstand der Finanzmärkte scheitern wird. Und dies würde noch um ein Vielfaches mehr für dieselbe Politik gelten, die statt der Schuldenfinanzierung von Beschäftigungsprogrammen diese durch eine Wiederbelebung des Umverteilungsmechanismus durch eine wesentlich höhere Besteuerung (und wesentlich höher müsste diese Besteuerung schon sein, wenn sie genügend Finanzmasse aufbringen sollte) zu Lasten von Kapitalerträgen und Vermögen finanzieren wollte. Einer Reminiszenz linker Politik der siebziger Jahre wäre durch die Reaktion der Finanzmärkte, durch den sicheren Absturz des Wechselkurses der Währung und durch eine abzusehende scharfe innenpolitische Gegenreaktion, die den sicheren Mehrheits- und damit Machtverlust nach sich ziehen würde, ein schnelles Ende beschieden.«[292] Joschka Fischer konnte selbst aus großer Nähe beobachten, wie der deutsche Finanzminister Oskar Lafontaine nach seinen »linken« Vorschlägen zur Finanz- und Verteilungspolitik zuerst zum finanzpolitischen Outlaw gebrandmarkt und dann aus der Regierung gedrängt wurde.

Zwei Freiheiten haben sich durchgesetzt: die Freiheit des Kapitalverkehrs und die Freiheit der Notenbanken. Die erste ermächtigt Spekulanten, auf Kosten aller anderen die technischen Möglichkeiten der Telekommunikation ohne jedes politisches Hindernis über alle Grenzen hinweg auszunützen. Die zweite überlässt den Zentralbanken die gesamte Zins- und Währungspolitik. Zehn Jahre, nachdem liberale Wirtschaftsdogmatiker diese Freiheiten auf Kosten aller anderen weltweit durchgesetzt haben, werden sie wie Naturgesetze befolgt. Politiker, die neue Rahmenbedingungen für Kapitalmärkte und Notenbanken fordern, gelten als weltfremd. Vieles erinnert an die Anfänge der Ökologiebewegung: Die ersten ernten Kopfschütteln, Jahre später werden ihre Ideen Regierungsprogramme, dann kann Stück für Stück die Umsetzung beginnen. Alles ist eine Frage der Schäden. Die Umkehr beginnt auch in der Wirtschaftspolitik erst da, wo der Schaden für zu viele zu groß wird.

Wer die Wirkung des Washington-Consensus beurteilen will, hat es doppelt leicht: Er kann zwei exemplarische Fälle vergleichen, und er kann eine einfache Frage stellen.

Ostasien und Lateinamerika haben zur gleichen Zeit von USA und IMF[293] guten Rat erhalten. Punkt für Punkt sollten sie den Washington-Consensus befolgen. Brasilien, Argentinien und Mexiko haben das Programm umgesetzt. Der Erfolg war schlagend: Armut und Arbeitslosigkeit, Kapitalflucht, Rezession. Am Ende der neoliberalen Kur war eine kleine Gruppe reich wie nie zuvor. Die Staaten selbst waren wirtschaftlich ruiniert. Einst reiche Länder wie Brasilien und Argentinien haben sich dem wirtschaftlichen Niveau Albaniens bedenklich genähert. Die Menschen hungern wieder.

Japan, Korea und Taiwan haben den Consensus verweigert. Die Rahmenbedingungen ihres wirtschaftlichen Erfolgs heißen Preiskontrolle, staatliche Investitionen, Schutz der eigenen Wirtschaft und Abschottung des Kapitalmarkts.

Aber, so lautet ein Einwand, liegt das nicht daran, dass die Ostasiaten einfach fleißig und gut organisiert und die Lateinamerikaner das Gegenteil von ihnen sind? Zur Antwort lohnt sich ein Blick nach Neuseeland. Bis 1984 galt die Doppelinsel als Schweden des Pazifik. Kaum jemand war wirklich reich, aber allen ging es ganz gut. Einzig die Auslandsverschuldung war hoch. Ohne Druck von USA oder IMF entschloss sich die neu gewählte Labour-Regierung zu radikalen Reformen. Innerhalb kurzer Zeit wurden der Spitzensteuersatz halbiert, Preiskontrollen und Kapitalverkehrskontrollen gestrichen, die Zentralbank unabhängig gemacht. 1990 setzte eine konservative Regierung diese Politik fort. Arbeitslosengeld und Sozialleistungen wurden radikal gekürzt, die Tarifverträge überhaupt aufgehoben. Neuseeland war der Musterschüler des Consensus. Ein paar Jahre später war Neuseeland wirtschaftlich am Ende.[294] Wirtschaftskrise, Arbeitslosigkeit, erstmals Obdachlosigkeit und Straßenkriminalität – auch in Neuseeland ist das neoliberale Experiment gescheitert. Und auch hier gibt es Gewinner. Die untere Hälfte hat an Einkommen verloren, den oberen zwanzig Prozent geht es besser.

Die Erfahrungen mit den neoliberalen Kuren scheinen eindeutig: Die Folgsamen werden krank, die Unfolgsamen haben alle Aussichten auf Gesundheit. Der ehemalige Weltbank-Chefökonom Joseph Stiglitz vergleicht Staaten mit Booten. »Kleine Entwicklungsländer sind wie kleine Boote. Eine schnelle Liberalisierung des Kapitalmarkts, wie sie der IMF durchdrückte, zwangen sie auf hohe See, bevor die Löcher im Rumpf abgedichtet waren, bevor der Kapitän ausgebildet war, bevor Schwimmwesten an Bord waren. Auch unter den besten Bedingungen war es wahrscheinlich, dass der erste starke Brecher sie zum Kentern bringen würde.«[295]

Die einfache Frage bleibt: Warum halten Institutionen an einer Politik, die von Korea bis Russland gescheitert ist, fest? Warum werden Medikamente, die an verschiedenen Patienten zu immer denselben lebensgefährlichen Schwächungen geführt haben, immer weiter verschrieben? Warum verhalten sich erfahrene Ökonomen wie Spieler, die verbissen an ihrer Strategie festhalten, weil sich das Blatt ja einmal wenden muss? Warum, mit einem Wort, verhalten sich alle Beteiligten unvernünftig?

Ein paar Beteiligte profitieren. Die – geschützte – amerikanische und europäische Agrarindustrie setzt sich nur durch neoliberale Interventionen gegen ihre ungeschützten Konkurrenten in der Dritten Welt durch. Der freie Einbahnhandel von Norden nach Süden sichert offene Märkte im Süden und billige Rohstoffe für den Norden. Veredelungsverbote – höhere Steuern für verarbeitete Produkte – verhindern, dass der Süden seine Rohstoffe selbst verarbeitet. Die Konzerne, die sich durch globale Investitionsfreiheit und den Zwang zur Privatisierung Schlüsselsektoren im Ausland sichern können, haben oft ihren Hauptsitz in den USA.

Die Hauptgewinner produzieren allerdings gar nichts. Sie spekulieren. »1971 hatten neunzig Prozent der internationalen Finanztransaktionen mit der Realwirtschaft – Handel oder langfristige Investitionen – zu tun. Zehn Prozent waren spekulativ. 1990 hatten sich die Verhältnisse umgekehrt, und 1995 waren 95 Prozent der – weit größeren – Summen spekulativ, mit täglichen Bewegungen, die mit mehr als einer Trillion Dollar in der Regel die gesamten Währungsreserven der sieben größten Industriemächte überstiegen und das mit kurzen Fristen: mehr als achtzig Prozent für eine Woche oder weniger.«[296] Das Zentrum der Spekulation befindet sich nach wie vor an der Wall Street in New York. Wer in den USA an die Macht will, muss sich die Unterstützung der teuersten Straße der Welt sichern. Wer Präsident wird, weiß: Nach dem Wahltag kommt in der Wall Street der Zahltag.

Für ein einziges Land hat der Washington-Consensus nie gegolten: für die USA. Als wirtschaftspolitischer Berater von Präsident Clinton erlebte Joseph Stiglitz das Schicksal des Washington-Consensus für die USA selbst mit. »Das US Finanzministerium zwang anderen Ländern eine Politik auf, die, hätte es sie für die USA vorgeschlagen, innerhalb der Regierung entschlossen bekämpft und mit größter Wahrscheinlichkeit abgelehnt worden wäre.«[297] Als ein Senator versuchte, die »Fed« über ihre Charta ausschließlich auf Inflationsbekämpfung zu verpflichten, kam es zu einem kurzen Konflikt. »Der Präsident machte klar, dass er das auskämpfen würde, und sobald das klar war, zogen sie ihren Vorschlag zurück.«[298]

Der amerikanische Protektionismus hat Schutzzölle und verbotene Subventionen zu »Sicherungen« umgetauft und damit sogar den Einzug in die nationale Sicherheitsdoktrin geschafft. »Diese Sicherungen führen dazu, dass die Gewinne des freien Marktes nicht auf Kosten der amerikanischen Arbeiter gehen.«[299] Für Landwirtschaft und Stahlindustrie der USA gibt es »Handelsanpassungshilfen«. Hilft ein anderer Staat der Anpassung seines Handels, hat er mit Sanktionen von IMF, WTO und USA zu rechnen.

»Die wachstumsorientierte Praxis der Zinspolitik in den USA wurde in hohem Maß dadurch ermöglicht, dass die »Fed« Ende der achtziger Jahre das monetaristische Konzept einer Geldmengensteuerung aufgegeben hatte: Der Zusammenhang zwischen dem Wachstum der Geldmenge im eigentlichen Sinn und der Inflation hatte sich als zu instabil erwiesen«,[300] stellt der Wiener Ökonom Stefan Schulmeister fest. Während die amerikanische Zentralbank längst auf Wachstum setzte, hielten die europäischen Notenbanken die Bremse angezogen. Die Zinsen blieben hoch, und die Wiederbelebung der Konjunktur nach 1993 wurde abgewürgt. »Hätte die Bundesbank eine ähnlich wachstumsorientierte Politik wie der Fed verfolgt, so wäre der Geldmarktzins zwischen 1994 und 1996 um etwa drei Prozentpunkte niedriger gewesen als tatsächlich.«[301] 1999 zeigte die EZB, dass sie nichts gelernt hatte: Die Konjunktur zog endlich wieder an, und die Bank sah nichts als Inflationsgefahr. Die Zinsen wurden erhöht, das Wachstum gebremst.

Die amerikanische Wirtschaftspolitik unter Clinton und Greenspan war erfolgreich, weil sie alle Regeln der Chicago Boys gebrochen hat. »Die Wirtschaftspolitik der USA folgte in den neunziger Jahren in hohem Maß Grundsätzen des (Lehrbuch-) Keynesianismus und weist deshalb in vielen Punkten Ähnlichkeiten mit jenen Konzepten auf, welche die europäische Wirtschaftspolitik bis in die siebziger Jahre prägten.«[302] Bis heute warten die geistigen Väter der Clinton-Wirtschaft auf ihre späte Würdigung: Bruno Kreisky, Olof Palme und Willy Brandt.

Aber, lautet ein Einwand, man schneide sich ja ins eigene Fleisch. Wenn man die Wirtschaft der Dritten Welt bewusst benachteilige, dann bringe man sich ja selbst um dringend benötigte Märkte und Konsumenten. Daher habe der Norden selbst ein großes Interesse an der Entwicklung des Südens. Dieser Gedanke verrät Weitsicht. Die beteiligten Unternehmen sind allerdings notorisch kurzsichtig. Die schnelle Plünderung schönt die nächste Bilanz, der langsamere Weg nachhaltiger Entwicklung schlägt erst später zu Buche. Es ist wie im Regenwald – wer zuerst plündert, kassiert zuerst.

Die erste Globalisierung:
Die amerikanische Welt

Wer heute »Globalisierung« predigt oder gegen sie auf den Straßen mobilmacht, meint in der Regel etwas anderes: ihr amerikanisches Modell. Die Globalisierung selbst ist nichts Neues. Seit es Fernhandel gibt, wird »globalisiert«. Schon vor mehr als hundert Jahren hat die Dichte der grenzüberschreitenden Handelsbeziehungen den Begriff »globale Wirtschaft« durchaus gerechtfertigt. Dabei wird ein irreführendes Bild gezeichnet: Vom Beginn des 19. Jahrhunderts habe die Wirtschaft der Welt von Freihandel und der Öffnung der einzelnen Volkswirtschaften profitiert. Nur dann, wenn sich die Kräfte des Protektionismus durchgesetzt hätten, sei das System in Krisen geraten. Freier Handel schafft Wohlstand für alle. Das ist das Glaubensbekenntnis der Globalisierung. Mit der realen Entwicklung der Weltwirtschaft hat das wenig zu tun.

Paul Bairoch hat die wichtigsten und haltbarsten Mythen der Wirtschaftsgeschichte untersucht. Sein Befund ist klar und durch Fakten gut gestützt. Vor der Weltwirtschaftskrise 1929 hatten die wichtigsten Staaten begonnen, ihre Zölle zu senken und den Freihandel zu stärken. Protektionismus war mit Sicherheit nicht der Auslöser der großen Depression. »Die Welt befand sich in der Depression, und die protektionistischen Maßnahmen waren eine Folge der Depression und nicht umgekehrt, wie es so oft behauptet wird.«[303] Bairoch geht weiter. »Die wirtschaftliche Expansion Europas, die von der Industriellen Revolution ausging, hatte für die Handelspolitik des Rests der Welt äußerst unterschiedliche Auswirkungen. Vereinfacht kann das auf zwei Bereiche aufgeteilt werden. In den Teilen der Welt, die Schritt für Schritt Teil der entwickelten Welt wurden, dominierte der Protektionismus die Wirtschaftspolitik. Das war insbesondere in den Vereinigten Staaten so, die – weit entfernt von dem liberalen Land, wie das viele glauben – durchaus als ›Mutterland und Bastion des modernen Protektionismus‹ bezeichnet werden können. Im zweiten Bereich, der künftigen Dritten Welt (und insbesondere in den Kolonien) herrschte Liberalismus, aber kein freiwilliger; er wurde durch liberale Wirtschaftspolitik erzwungen.«[304] Für die erfolgreichen Volkswirtschaften Europas, Nordamerikas und später Ostasiens gilt daher: »Historisch ist Freihandel die Ausnahme und Protektionismus die Regel.«[305] Deutschland, Großbritannien und vor allem die USA stehen für erfolgreiche protektionistische Projekte – ein Weg, den sie den schwächeren Wirtschaften des Südens immer verwehrt haben.

Das Neue an der laufenden Globalisierung liegt genau in diesem Punkt: Wie früher nur die Kolonien und die wenig entwickelten Länder werden Stück für Stück auch die reicheren und mächtigeren gezwungen, ihre Grenzen aufzugeben. Nur drei große Grenzen bleiben aufrecht: die Grenzen, mit denen China seine Entwicklung schützt; die Grenzen, mit denen die USA die schwächeren Teile ihrer Wirtschaft abschotten; und die einseitige Grenze, die der reiche Norden gegen die Güter des ärmeren Südens weiter verteidigt.

Die erste »Globalisierung« erscheint als ein Prozess, in dem neue Regeln für Weltwirtschaft und Weltpolitik geschrieben wurden. Die Autoren des Regelwerks treten selten an die Öffentlichkeit. Man muss hinter die Kulissen blicken können, um die feinen Runden kennen zu lernen, die mit den Regeln vor allem eines festschreiben: den Vorrang ihrer eigenen Interessen.

Die erste Globalisierung verteilt Ressourcen, Rechte und Macht. Mit dem Motto »freier Handel über alles« garantiert sie dem Stärkeren sein Recht. Mit der Abwertung staatlicher Politik schwächt sie die Orte demokratischer Mitbestimmung und öffentlicher Gegenwehr. Und mit der Vorherrschaft der USA bestimmt sie den Ort, von dem aus das System gesteuert und kontrolliert wird.

Mit dem Bild der alles beherrschenden transnationalen Unternehmen zeichnen manche eine Welt, in der die Nationalstaaten überwunden seien. Ein Unternehmen mit Niederlassungen in fünfzig Staaten der Welt entscheide nicht nach Standort und Nation, sondern nach Kosten und Gewinn. Das stimmt, wenn man nicht mehr als das tägliche Geschäft beschreiben will. Unternehmen kaufen, verkaufen, gründen und sperren zu. Je größer sie sind, desto seltener nehmen sie dabei auf ihre Umgebung Rücksicht. Ihre Größe verleiht ihnen die Macht, sich über die meisten der nationalen Interessen und über fast alle Grenzen hinwegzusetzen.

Die Wirtschaft der USA ist nicht größer als die Europas oder dynamischer als die Ostasiens. Trotzdem dominieren amerikanische Unternehmen die Welt. Wie wenige profitieren sie von der politischen Macht, die hinter ihrer wirtschaftlichen Größe steht. Warum ist die amerikanische Wirtschaft so stark? Eine erste Antwort klingt einfach: weil sie auch nach einem Jahrhundert an der Spitze der Weltwirtschaft voll auf private Initiative und Wettbewerb setzt. Investitionen in die New Economy, flexible Arbeitsmärkte, ein offener Kapitalmarkt und weniger Staat – damit hält sich die Wirtschaft der USA nach wie vor gegenüber Europa und Ostasien konkurrenzfähig. Das ist die gängige Erklärung. Aber amerikanische Unternehmen sind längst nicht mehr automatisch besser als ihre Konkurrenten in Europa und Ostasien. Und die drei wesentlichen Befunde stimmen nicht. Zwischen 1990 und 2000 war die Wirtschaft der USA deutlich erfolgreicher als die Europas, obwohl:

■ die Arbeitsmärkte in dieser Zeit zwar in Europa, nicht aber in den USA flexibler wurden;

■ der Staat in den USA seine wirtschaftlichen Aktivitäten ausdehnte und sie in Europa einschränkte;

■ die Arbeitsproduktivität in Europa in dieser Zeit viel stärker gestiegen ist als in den USA.[306]

Nach den Grundsätzen der herrschenden neoliberalen Schule hätte der wirtschaftliche Gewinner der neunziger Jahre

Europa heißen müssen. Aber die USA verfügen über andere Vorteile, die wenig mit klassischen wirtschaftlichen Tugenden zu tun haben. Einer davon heißt »Dollar«.

Mit dem Dollar als globaler Leitwährung verfügen die USA über ein Instrument, das zu viel mehr als zu bloßer Währungspolitik taugt. Die USA sind der einzige Staat, der sich zur Gänze in seiner eigenen Währung verschulden kann. In den letzten zwei Jahrzehnten haben sie davon umfassend Gebrauch gemacht. Jahr für Jahr kommen zu den Finanzschulden im Durchschnitt 150 Milliarden Dollar dazu. Zur Jahrhundertwende war ein Schuldenberg von 1500 Milliarden Dollar aufgehäuft. »Da die jährliche Kreditaufnahme der USA weit höher ist als ihre Zinszahlungen für die bestehende Schuld, zahlen sich die Gläubigerländer (insbesondere die EU und Japan) die Zinsen gewissermaßen selbst.«[307] Die USA können sich leichter als jeder andere verschulden. Sie nehmen ihre Kredite in Dollar auf. Solange der Dollar unbestrittene Leitwährung bleibt, ist das Haushaltsdefizit der USA finanzierbar. »Insofern nehmen die USA ohne Zweifel bisher eine Ausnahmestellung innerhalb der Weltwirtschaft ein: Sie können sich ohne die skizzierten Gefahren im Ausland verschulden und ihre Schulden durch Abwertung entwerten, ohne dass eine außenwirtschaftliche Zahlungsunfähigkeit entsteht.«[308] So finanziert die restliche Welt die Staatsausgaben und damit die Aufrüstung der USA mit. Bekommt der Dollar durch Euro oder Yen Konkurrenz oder entsteht nach dem Vorbild des Euro eine Weltwährung, müssen die USA ihren Schuldenberg selbst finanzieren.

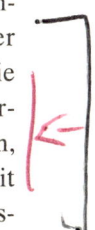

Nach dem Zusammenbruch des Systems von Bretton Woods wurde der US-Dollar Leitwährung. Seitdem führt er eine Doppelexistenz: als nationale Währung und als Leitwährung der Welt. Mehr als ein Jahrzehnt lang haben Vertreter der USA die Schuld an wirtschaftlichen Schäden anderer in die Schuhe geschoben. Das Meisterstück ist ihnen dabei mit den »Ölpreisschocks« gelungen. Zu Beginn der siebziger Jahre brachte die Doppelfunktion des Dollars die Weltwirtschaft zum ersten Mal in ernsthafte Schwierigkeiten. Zwischen 1971 und 1973 wertete der Dollar radikal ab. Die Ankerwährung der Welt sollte einseitig die stockenden Exporte der USA ankurbeln. »Die zwei ausgeprägten Abwertungen des Dollar 1971/73 und 1977/78 entwerteten die Exporterlöse der Erdöl produzierenden Länder und wurden damit indirekt zu einer wesentlichen Ursache für die beiden Ölpreisverteuerungen 1973 und 1979, die nachfolgenden Rezessionen und die ausgeprägte Abschwächung des Welthandelswachstums.«[309] Die USA haben es erfolgreicher Propaganda zu verdanken, dass die Schuld an beiden Rezessionen vom Dollar auf die Scheichs geschoben worden ist.

Neben dem Dollar als Leitwährung stützen sich die USA auf drei weltweite Organisationen: den Währungsfonds, die Weltbank und die WTO. Kurz nach dem Ende des Zweiten Weltkriegs sind internationale Organisationen von der UNO bis zum Internationalen Währungsfonds IMF mit einem einzigen Ziel gegründet worden: rechtzeitig gemeinsam gegen politische und wirtschaftliche Instabilitäten vorgehen zu können. Weder UNO noch Weltbank oder IMF sollten als »Weltsysteme« globales Regieren ermöglichen. Der Anspruch war bescheidener. Große Krisen, so viel hatte man aus der Zwischenkriegszeit gelernt, bedürften globaler Sicherungen.

Als John Maynard Keynes den IMF mitbegründete, war der Auftrag an den Fonds ganz in seinem Sinn. Überall, wo nationale Regierungen in einer Rezession nicht in der Lage wären, selbst wirtschaftliche Nachfrage zu erzeugen, sollte der IMF mit seinen Mitteln einspringen. Die Spirale »Rezession – Investitionsrückgang –Nachfragerückgang – weiterer Abschwung« sollte bereits dann unterbrochen werden, wenn sie sich zu drehen begann.

Zwei Jahrzehnte nach ihrer Gründung begannen sich die internationalen Organisationen zu wandeln. Aus Systemen gemeinsamer wirtschaftlicher und politischer Sicherheit wurden Stück für Stück amerikanische Interventionsinstrumente. Unter George Bush findet der Prozess seinen vorläufigen Abschluss.

Auf Seite 17 der im Jahr 2000 formulierten »National Security Strategy« nimmt die neue Sicherheitsdoktrin der USA eine überraschende Wende. »Eine starke Weltwirtschaft stärkt unsere nationale Sicherheit.«[310] Wie beim Militärischen stellt die Doktrin auch beim Wirtschaftlichen unmissverständlich klar, welche Regeln weltweit zu gelten haben. »Die Verbesserung der Stabilität in aufstrebenden Märkten ist für das globale Wachstum mit entscheidend. Der internationale Kapitalverkehr ist notwendig, damit das produktive Potenzial dieser Volkswirtschaften ausgeweitet werden kann.«[311] Daher gilt:»Wir werden weiter mit dem IMF daran arbeiten, dass die Bedingungen an die Politik für seine Kredite gestrafft werden und dass sich die Strategie seiner Kreditvergabe darauf konzentriert, durch gesunde Haushalts- und Geldpolitik, Wechselkurspolitik und Finanzmarktpolitik Wachstum zu erreichen.«[312] Zum ersten Mal ist die neoliberale Doktrin Teil der Sicherheitsdoktrin einer Supermacht.

Afghanistan hat 1454 Stimmen.[313] Das klingt viel. China verfügt über 63 942 Stimmen. Das ist noch viel mehr. Italien hat 70 805 Stimmen. Italien ist schließlich größer als China. Die USA kontrollieren 371 743 Stimmen. Mit 17 Prozent der Stimmen beherrschen sie den Internationalen Währungsfonds. Gegen die 45 Prozent, die sie gemeinsam mit ihren Verbündeten aus den G 7 kontrollieren, ist Widerstand zwecklos. Zwei Jahrzehnte lang haben die USA den IMF benutzt, um Entwicklungsländern neoliberale Regeln aufzuzwingen. Mit der neuen Sicherheitsstrategie bekommen IMF und WTO neue Rollen.

Militärische Vorherrschaft, Dollar als Leitwährung und Kontrolle über die internationalen Organisationen von NATO und UNO bis WTO und IMF – auf diesen drei Säulen steht das amerikanische Reich. Mit der neuen Sicherheitsdoktrin sind zum ersten Mal alle drei Elemente zu einer Strategie zusammengefasst worden.

Der innere Feind

»Viele Leute fragen sich, warum die Terroristen die Ideen, die Amerika rund um die Welt verficht, so hassen ... Es ist unvermeidlich, dass sich die Leute überlegen, ob es geistige Verbindungen mit anderen, die mit Gewalt das internationale Finanzsystem, die Globalisierung und die USA angreifen, gibt.«[314] Der US-Handelsbeauftragte Robert B. Zoellick ist nicht der einzige, der in den Straßen von Seattle bis Genua ein weites Umfeld des Terrors sieht. Der Streit, wo das Umfeld beginnt, geht um einen zentralen Punkt. Sein Ausgang entscheidet darüber, wo das politische Verbrechen beginnt und damit verfolgt werden darf. Seit dem 11. September 2001 bekämpft die US-Regierung nicht nur »Terroristen«. Mit im Visier ist auch der zweite, der innere Feind.

Im *First Amendment* schützt die amerikanische Verfassung die wichtigsten Freiheiten: die Redefreiheit, die Versammlungsfreiheit und die Pressefreiheit. Wie kaum ein anderes Staatsgrundgesetz stellt die *Bill of Rights* mit ihren zehn Verfassungszusätzen, den *amendments*, einen umfassenden Katalog der Freiheiten in das Zentrum ihrer Verfassung. In Zeiten des Friedens haben Höchstgerichte verlässlich dafür gesorgt, dass die Freiheiten nicht eingeschränkt werden konnten. In Kriegszeiten sieht das anders aus. Immer wenn sie Krieg führen, fühlen sich amerikanische Regierungen vom Ausmaß der Freiheiten gestört.

Das amerikanische Problem ist »das Böse«. Mehr als hundert Jahre prägt die Angst vor ihm Politik und Justiz der USA. Im berühmten Fall »Schenck«[315] beschwor Richter Oliver Wendell Holmes schon 1917 das »substantiell Böse«. Nach Meinung des Gerichts durfte die Meinungsfreiheit den Sieg im Ersten Weltkrieg nicht gefährden. »Vieles, was in Friedenszeiten gesagt werden darf, ist in Kriegszeiten ein derartiges Hindernis für alle Anstrengungen, dass es, solange Männer kämpfen, nicht geduldet werden darf.«[316] Am Ende des Zweiten Weltkriegs und zu Beginn des Kalten Kriegs hieß der Höchstrichter Frederick Vinson. Die elf Angeklagten bekannten sich zur Kommunistischen Partei. Vinson fragte sich und seine Kollegen, »ob die Schwere des Bösen, abgeschwächt durch seine Unwahrscheinlichkeit, einen solchen Angriff auf die Redefreiheit rechtfertigt, um die Gefahr zu vermeiden«.[317] Neun Monate wurde verhandelt. Am Ende wurden alle Angeklagten verurteilt. Im Kalten Krieg galt die *Bill of Rights* nur noch für die Guten.

Wenn das Böse stark ist, droht die Gefahr von allen Seiten: von außen, dem Hauptsitz des Bösen, und von innen, von den »Fünften Kolonnen«. In den fünfziger Jahren des vorigen Jahrhunderts hat die amerikanische Politik für die roten Sympathisanten einen Namen gefunden: »fellow traveller«. Das Problem ist immer dasselbe: Der »fellow traveller« nützt Meinungsfreiheit, Rechtsstaat und Demokratie, um das System von innen her anzugreifen. Von Joseph McCarthy bis John Ashford haben alle Hochsicherheitspolitker dieselbe Antwort gefunden: Meinungsfreiheit, Rechtsstaat und Demokratie müssen eingeschränkt werden.

George Bushs Justizminister heißt John Ashcroft und gehört der fundamentalistischen Sekte der Pfingstler an. Wie ihre Geistesverwandten in islamischen Ländern verdammen sie Tanz, Alkohol und andere weltliche Vergnügen. Ashcroft bekämpft das Böse. Dazu lasst er alle Grundrechte einschränken, die seiner Ansicht nach Terroristen begünstigen. Von McCarthy's Kommunistenhatz bis zur Verfolgung der schwarzen Bürgerrechtler ist Amerikas anfällige Demokratie immer wieder in einen bigotten Autoritarismus abgeglitten. Seit der Machtübernahme durch Bush und Ashcroft ist es wieder einmal soweit. Das Pfingstler-Amerika macht mobil.

Zwei Tage nach den Anschlägen auf das World Trade Center machte der republikanische Senator Orrin Hatch dem

Justizausschuss einen Vorschlag: In einem Zusatz zu einem Haushaltsgesetz sollte der Regierung eine Vollmacht zur Überwachung von Telefon und Internet gegeben werden. Der demokratische Vorsitzende des Komitees mahnte vor einer überhasteten Anlassgesetzgebung. Die Republikaner wurden ungeduldig. »Unsere Wähler halten das für einen Krieg gegen den Terror. In einem Krieg kämpft man nicht nach den Regeln des Marquis von Queensberry.«[318] Von da an verhielt sich der Senat, wie die Bürgerrechtsorganisation ACLU beschreibt, wie eine Herde in einer Stampede. Alle rannten in eine Richtung. Alles, was sich ihnen in den Weg stellte, wurde niedergetrampelt.

In den USA ist der Streit vorläufig entschieden. Im »PATRIOT-Act« haben sich Regierung, Kongress und Senat auf die breitestmögliche Definition geeinigt. »Diese Definition wirft gewalttätigen Terrorismus mit vielen Formen zivilen Ungehorsams einschließlich solcher, wie sie von friedlichen Gruppen wie Operation Rescue oder Greenpeace gepflogen werden, in einen Topf«,[319] kritisiert ACLU.

«Uniting and Strengthening America by Providing Appropriate Tools Required to Intercept and Obstruct Terrorism Act«. Immer wenn amerikanische Politiker nach Schlagwörtern für ihre prominentesten Gesetze suchen, konstruieren sie dafür passende Wortschlangen. 15 Wörter brauchte der US-Justizminister, um damit »PATRIOT« buchstabieren zu können. »Ashcroft verlangte, dass sein Vorschlag binnen drei Tagen Gesetz werden müsste, und als diese Zeit verstrichen war, machte er öffentlich die Mitglieder des Kongresses für alle terroristischen Angriffe, die während der Behandlung des Gesetzes stattfänden, verantwortlich.«[320]

Die Komitees in Kongress und Senat wurden überrannt. Der Senat verzichtete auf die Ausschussbehandlung. Der einzige Senator, der Änderungen vorschlug, wurde niedergestimmt. Als sich Widerstand im Justizausschuss des Kongresses regte, intervenierte das Justizministerium. Beamte und Fraktionsführer verhandelten das Gesetz hinter verschlossenen Türen. Ein großer Teil der Abgeordneten hatte noch keine Möglichkeit gefunden, das 342 Seiten starke Gesetz zu studieren. Trotzdem wurde abgestimmt. Am 26. Oktober 2001 konnte der Präsident unterschreiben. Die Exekutive hatte freie Bahn. Wesentliche Bürgerrechte waren außer Kraft gesetzt. Seitdem darf:

▪ Telefon und Internet fast uneingeschränkt überwacht werden;

▪ gegen Personen auch ohne konkreten Verdacht ermittelt werden;

▪ die CIA wieder amerikanische Staatsbürger im Land selbst überwachen;

▪ das FBI und andere Behörden auf alle persönlichen Daten von Krankenhäusern und Ärzten, Psychiatern, Finanzämtern und Universitäten zugreifen;

▪ das Justizministerium Ausländer in den USA bis zu sechs Monaten ohne Verfahren einsperren;

Gleich nach dem 11. September ordnete das Justizministerium Massenverhaftungen an. Bis Anfang November wurden 1147 Personen aus einem einzigen Grund festgenommen: Sie stammten aus arabischen oder südasiatische Staaten. Ab November weigerte sich der Justizminister, die Zahl der Inhaftierten bekannt zu geben.[321]

Am 9. November startete Justizminister Ashcroft die nächste Aktion. 8000 junge Männer, die in den letzten Jahren aus bestimmten Ländern eingereist waren, wurden verhört – ohne konkreten Verdacht, allein aufgrund ihres ethnischen Profils. Die Fragen, die ihnen lokale Polizeibeamte zu stellen hatten, reichten von ihren finanziellen Verhältnissen bis zu ihrer Sympathie gegenüber Terroristen. Bis heute ist kein Fall bekannt, in dem sich ein junger Araber dem fragenden Sheriff als Gefolgsmann von al-Qaida offenbart hat.

Am 2. Januar 2002 wollte John Conyers zuhören, wie ein Bürger seines Wahlkreises von der Einwanderungsbehörde befragt wurde. Die Behörde schloss Conyers vom Verfahren aus. Conyers wandte sich an ein Gericht und bekam Recht. Unter Ashcroft muss sich ein demokratischer Kongressabgeordneter, der Mitglied des Justizausschusses ist, an ein Gericht wenden, um ein Verfahren beobachten zu können.

Die nächsten Verschärfungen galten der Justiz. Am 31. Oktober verfügte Justizminister Ashcroft, dass ab sofort Gespräche zwischen Inhaftierten und ihren Verteidigern ohne richterlichen Befehl abgehört werden dürften. Seither muss jeder, der sich seinem Verteidiger anvertraut, damit rechnen, dass die Anklage mithört.

Am 13. November 2001 unterzeichnete Präsident Bush als militärischer Oberbefehlshaber eine Anordnung. Terrorismusverdächtige seien von nun an nicht mehr von zivilen Gerichten, sondern von Militärtribunalen zu verfolgen. Amerikanische Militärgerichte unterscheiden sich in wesentlichen Punkten von ihren zivilen Pendants: Offiziere sind zugleich Richter und Geschworene; Zweidrittelmehrheiten reichen für Verurteilungen; Beweismaterial darf dem Verteidiger willkürlich vorenthalten werden; kein nationales oder internationales Höchstgericht darf den Prozess kontrollieren. Vor allem sind die militärischen Verfahren aber eines: geheim. Wer hier zu Unrecht verurteilt wird, hat keine Chance, dass er öffentliche Unterstützung erhält.

Wer den inneren Feind finden will, muss zuvor alles über ihn wissen. John Ashcroft glaubt an Amerikas Arbeiter. Eine Million von ihnen sollen in zehn Städten zeigen, dass sie eine Nase für Terroristen haben. Als *Attorney General,* wie der Justizminister in den USA heißt, hat Ashcroft die »Operation TIPS« gestartet: »ein nationales System, mit dem besorgte Arbeiter verdächtige Aktivitäten melden können.«[322] In einer ersten Ausbaustufe sollten eine Million Briefträger, Gasableser, Kabel-TV-Servicemänner, Installateure und Schaffner dem FBI alles melden, was ihnen verdächtig vorkam.

Im Januar 2002 ließ Ashcrofts Ministerium einen »Citizen Preparedness Guide« in großer Auflage verteilen. Im Vorwort wandte sich Ashcroft selbst an seine »Fellow Americans«, um sie als freiwillige Spitzel zu gewinnen. Die Bürger erhielten detaillierte Anweisungen, wie sie Nachbarn und Kollegen überwachen und denunzieren sollten.[323] »Du hast etwas Wichtiges, das du verwenden kannst, wenn du entscheidest, was verdächtig ist: deine Erfahrung. Du weißt, was in deiner Nachbarschaft, an deinem Arbeitsplatz und in deinem alltäglichen Leben normal ist. Wenn ein Verhalten oder ein Vorfall nicht normal oder erschreckend ist, lasse es die Polizei wissen. Denk daran, es ist dein Job aufzupassen und zu melden.« Jeder kann online denunzieren: Für anonyme Tipps steht https://tips.fbi.gov Tag und Nacht offen.

Die politische Führung der DDR wollte nichts anderes als John Ashcroft: Sicherheit vor politischer Subversion. Dazu hielt sie sich die Stasi. Die Basis der Stasi bildeten die Informellen Mitarbeiter, die »IM«. Teils aus Überzeugung, teils aus Opportunismus und teils, weil das eine Gelegenheit gab, private Rechnungen zu begleichen, lieferten die IM Unmengen von Informationen. Vieles, was heute in Stasiakten gefunden wird, klingt lächerlich. Vor dem Fall der Mauer reichte das Lächerliche, um berufliche Karrieren und persönliche Chancen zu zerstören.

Ashrofts »Citizens« sind die Stasi der USA. Barry Reingold, ein sechzigjähriger Pensionist, hatte sich in seinem lokalen Gym öffentlich beschwert: »In diesem Krieg geht es nicht nur um Terroristen, es geht auch um Geld und Ölprofite.« Kurz danach erhielt er am 23. Oktober 2001 Besuch vom FBI. Die Beamten »befragten ihn zu seinen politischen Ansichten«.[324] Drei Tage später erhielt A. J. Brown, eine junge Studentin in North Carolina, FBI-Besuch. In ihrer Wohnung hing ein Poster, auf dem George Bush wegen seines leichtfertigen Umgangs mit Todesurteilen in Texas kritisiert wurde.[325] Eine öffentliche Äußerung, ein Poster, das genügt, um im Netz der US-Stasi hängen zu bleiben.

Mit TIPS – dem »Terrorism Information and Prevention System« – ging John Ashcroft einen Schritt weiter. »Operation TIPS ist nichts anderes als eine Möglichkeit für das FBI, ohne Durchsuchungsbefehl in Privatwohnungen hineinzukommen.«[326] Auf normalem Weg braucht das FBI einen richterlichen Befehl und dafür einen konkreten Verdacht. »Aber den Mann vom Kabel-TV lässt man freiwillig ins Haus. Und wenn man das tut, gibt man den Schutz seiner Privatsphäre auf.«[327] Anders als die Stasi verzichtete TIPS auf Führungsoffiziere. »Wenn sie etwas Verdächtiges wahrnehmen, sollen die TIPS-Freiwilligen einen Bericht an eine Regierungswebsite schreiben oder eine Gratishotline anrufen.«[328] Niemand sollte in Zukunft wissen, ob der Gasableser, der Installateur oder der Briefträger ein IM von TIPS ist.

Eines stand von Anfang an fest: Operation TIPS ist als Werkzeug zur Terrorismusbekämpfung unbrauchbar. »Eine Million Informanten können jede Woche einige Millionen Hinweise liefern. Jedem von ihnen muss nachgegangen werden. Eine der Lehren vom 11. September ist, dass es nicht ein Mangel an Informationen war, der das FBI gehindert hat, die Pläne der Terroristen zu entdecken.«[329] Es gab Berge von Daten. Aber niemand wusste mit ihnen etwas anzufangen.

Eine Frage beschäftigte auch den Kongress: Warum veröffentlichte das Justizministerium nicht einfach eine Telefonnummer, an die sich jeder, der etwas Verdächtiges beobachtete, wenden konnte? Warum wollte der Justizminister ein System von Blockwarten errichten?

Die Aufforderung zur Denunziation hat gewirkt. Blockwarte aller Art haben begonnen, die Sache selbst in die Hände zu nehmen. Daniel Pipes hat eine Website eingerichtet. Auf www.campuswatch.org werden »vermeintliche Verharmloser des Islam mit Namen und ihren akademischen Adressen aufgeführt«.[330] Pipes begründet seine Initiative mit dem generellen Zustand der Akademiker: »Akademiker scheinen im Allgemeinen ihr Land nicht zu mögen, und noch weniger mögen sie die amerikanischen Verbündeten im Ausland. Sie stellen die US-Politik unfreundlich dar und machen die Verbündeten verächtlich.« Snipes ist zuversichtlich. »Campus Watch wird daher Professoren, die die Flamme der Desinformation und der Ignoranz anheizen, überwachen. Campus Watch wird diese Spezialisten kritisieren und alles über sie über das Internet und die Medien veröffentlichen.«[331] Im Klima des Terrorkriegs finden sich genügend Studenten, die die Flamme der Desinformation mitsamt ihren Lehrern auslöschen wollen. Von Yale bis Harvard stehen bereits unamerikanische Forscher von 28 Universitäten im Internet am Pranger.

Terroristen haben von Blockwarten wenig zu befürchten. Blockwarte entdecken keine Sprengstofflager und enttarnen keine verschwörerischen Ringe. Blockwarte beherrschen etwas anderes: das Aufspüren und Melden von allem, was von der Norm abweicht. Amerikanische Blockwarte können einen Koran von einer Bibel und einen Tschador von einem Stetson unterscheiden. Sie können nur melden, was sie unterscheiden können. Daher liefern sie Informationen über das »andere«, das »Unamerikanische«. Je dichter das Netz ist, desto genauer wird das Bild.

Aber was nützen Hinweise auf das »andere« in einer Gesellschaft, die in vielen Gegenden weit multikultureller ist als irgendeine andere auf der Welt? Die Berichte über Kleidungsstücke mögen unbrauchbar sein. Die Berichte über Meinungen sind es nicht. Überall in den USA wurde nach dem 11. September diskutiert. Wahrscheinlich haben nur wenige Verständnis für die Motive derer, die in Palästina, Ägypten oder Pakistan den Terroristen zugejubelt haben, gezeigt. Nur das Justizministerium weiß, wie viele dieser wenigen gemeldet worden sind. John Ashcroft und seine Beamten mussten sich jedenfalls überlegen, wie man mit schlechten Amerikanern umgeht.

Das *First Amendment,* der erste Zusatz zur amerikanischen Verfassung, wird zu Recht als der bedeutendste gesehen. Er schützt seit mehr als zweihundert Jahren die Freiheit der Rede. Als Zeuge vor dem Justizausschuss des Kongresses machte John Ashcroft am 6. Dezember 2001 klar, dass das *First Amendment* neue Grenzen hat: »Meine Botschaft an die, die friedensliebende Menschen mit Phantomen wie verlorener Freiheit ängstigen, lautet: Eure Taktik nützt nur den Terroristen, weil sie die nationale Einheit untergräbt und unsere Entschlossenheit verringert. Sie liefern den Feinden Amerikas Munition.«[332]

Am 18. Juni 2002 ließ George Bush dem Kongress einen Vorschlag zukommen: Rund hundert Bundesbehörden und Einheiten sollten zum »Homeland Security Department« zusammengefasst werden. Mit 170 000 Beschäftigten und einem Budget von 37 Milliarden Dollar sollte Amerika gegen den inneren Feind geschützt werden. Ein Satz machte Bürgerrechtler stutzig: »Informationen über Verwundbarkeiten der Infrastruktur oder andere Gefährdungen durch Terrorismus, die freiwillig von Nichtregierungsbehörden oder Einzelpersonen geliefert werden und sich im Besitz des Departments befinden, unterliegen nicht Abschnitt 552 des Paragrafen 5 des United States Code.«[333] *Homeland Security* ist damit vom *Freedom of Information Act* ausgenommen. Die öffentliche Kontrolle der Überwachung ist außer Kraft gesetzt.

Daneben erreicht Bush ein zweites Ziel. Mit dem *Homeland Security Act* können Unternehmen in Zukunft selbst bestimmen, welche ihrer Daten vom *Freedom of Information Act* ausgenommen werden. Unter dem Vorwand des Kriegs gegen den Terrorismus genießen Unternehmen in Zukunft »Immunität gegen die Folgen von Verletzungen der gesetzlichen Bestimmungen über Sicherheit, Steuern, Bürgerrechte, Umwelt, Arbeit, Konsumentenschutz und Gesundheit«, kommentiert die Bürgerrechtsgruppe »omb.watch« das Gesetz. »Das ist ein Rezept für mehr und größere ›Enrons‹ in der Zukunft«.[334]

Wie das Pentagon erhält auch *Homeland Security* ein Forschungszentrum. In SARPA, der »Security Advanced Research Project Agency«, sollen die Überwachungstechniken und Antiterrorwaffen der Zukunft entwickelt werden. Als Senator Joseph McCarthy mit seinem Ausschuss Kommunisten und andere Unamerikaner jagte, musste er sich auf die klassische

Quelle politischer Überwachung verlassen: auf Denunzianten. Einer belastete den anderen – so funktionierten im Kalten Krieg die Schauprozesse von der DDR bis zu den USA. Die Überwachung hatte enge technische Grenzen. So hatte man eine gute Chance, unentdeckt zu bleiben. Hätte Joseph McCarthy die Telekom-Überwachungssoftware Carnivore des FBI gekannt, hätte er nicht gezögert. Fünfzig Jahre später liefern biometrische Verfahren, flächendeckende Überwachungsinstallationen und Programme zur Überwachung von E-Mail und Internet alles, wovon McCarthy nur träumen konnte.

An die Stelle des Informanten tritt der Rechner, an die Stelle der einzelnen harten die massenhafte weiche Information. Daten aus dem täglichen Leben werden so verknüpft, dass das Auffällige und Abweichende vom Normalen getrennt wird. Der Raster wird dem jeweiligen Verdacht angepasst. Verknüpfungen aus Steuererklärung, Meldedaten, den Bewegungs- und Sozialprofilen aus der Handyüberwachung, Kreditkartentransaktionen, Reisedaten und Daten über das Lese-verhalten ergeben Profile. Informationen über Rasse, Religion, politische Ansichten, gewerkschaftliches Engagement und sexuelle Neigung geben Orientierungskerne. Wer das alles weiß, kann versuchen, Datenschleppnetze durch die Unmengen an Informationen zu ziehen.

Mit dem Übergang vom Informanten zum Rechner machen die Sicherheitsberufe den Sprung vom Handwerk zur Industrie. Neben dem Netzwerkspezialisten mit seinen Zugriffen sieht der Kriminalpolizist mit seinen Aufgriffen alt aus. Aber der Schein trügt. Die Erfahrung des letzten Jahrzehnts zeigt eines: Mit weichen Informationen findet man weiche Gruppen – Kritiker der Regierung, der Globalisierung oder der Umweltzerstörung. In den Schleppnetzen bleiben so viele »Harmlose« hängen, dass man die wenigen »Gefährlichen« kaum unter ihnen findet. Eine der Lehren aus dem 11. September klang paradox: Die Täter konnten auch deshalb nicht an den Anschlägen gehindert werden, weil die Arbeit der wenigen Ermittler in diesem Bereich vernachlässigt worden

war. Während die amerikanische Sicherheitspolitik auf ihre
Großrechner starrte, lernten die Terroristen das Fliegen.

John Ashcroft ist das wahrscheinlich egal. Er will auch das
kennen, was als »Umfeld« in die Nähe des politischen Verbrechens gerückt wird: diejenigen, die über eine vage Unzu-
friedenheit hinaus Widerstand leisten oder Alternativen entwickeln. Die technischen Grenzen, die bis vor kurzem die
Totalüberwachung zur Utopie machten, sind gefallen. Die
Sicherheitspolitiker, die alles wissen wollen, sind an der Macht.

John Poindexter weiß, was Sicherheit ist. Nach langen
Jahren bei der Navy stieg er 1985 zum Nationalen Sicher
heitsberater des Präsidenten auf. Heute leitet Poindexter
das »Information Awareness Office« IAO.[335] Sein Hauptpro-
jekt heißt »Total Information Awareness«. TIA hat ein Ziel:
alle Netze überwachen, alle Informationen verknüpfen, alle
Personen verfolgen zu können. »Es werden Computer entwickelt, um wie mit einem Schleppnetz in den gewaltigen
Datenmengen, die amerikanische Bürger in ihrem täglichen
Leben erzeugen, zu fischen.«[336] Die Methode heißt »Data-
mining«. Damit werden aus Netzen und Banken die Daten
abgesaugt, mit denen man Persönlichkeitsprofile erstellen
kann. Alles wird ausgewertet – von Kreditkartentransaktionen bis zu E-Mails, von Versicherungen und Bankkonten bis
zu Reservierungen in Reisebüros, von Bibliotheksentleihun-
gen bis zu Buchbestellungen, von Handy-Verbindungsdaten
bis zu Arztbesuchen. Fingerabdrücke, Gesichtserkennung und
Iriserkennung werden als biometrische Kontrolldaten gespei-
chert und mit einem Netz von Überwachungskameras abge-
glichen. Wenn TIA funktioniert, soll weltweit abweichendes
und damit verdächtiges Verhalten erkannt und die Person
durchleuchtet werden können. »Total Information Awareness
verlangt die genaue Verfolgung von Individuen und das Wissen, wie sie in Modelle passen.«[337] Das IAO arbeitet mit TIA
weltweit. Nationaler Datenschutz spielt hier dieselbe Rolle
wie bei »Echelon«: Was die Betroffenen nicht verhindern können, wird gemacht.

Das Kernstück von TIA heißt »Evidence Extraction and Link Discovery (EELD)«. 2003 soll EELD bereits funktionieren. TIA legt die Pläne auf der Homepage offen: »EELD wird 1) seine Kapazitäten so ausweiten, dass Daten aus verschiedenen Quellen (z. B. Textbotschaften, Webseiten) gesammelt werden können; 2) die Fähigkeit entwickeln, Beispiele von Mustern mehrfacher Verbindungen (z. B. finanzielle Transaktionen, Kommunikation, Reisen etc.) zu finden; 3) die Fähigkeit entwickeln, Muster, die aus verschiedenen Arten von Einheiten (z. B. Personen, Organisationen etc.) bestehen, zu erkennen.«[338]

Der Statistiker Robert Gladd stellte dazu eine Rechnung an. Er ging davon aus, dass »TIA 99,9 Prozent der Unschuldigen, die es sieht, korrekt als unschuldig erkennen kann – ein außerordentlich hoher Anteil, der möglicherweise nicht erreichbar ist. Dann bleiben immer noch 240 000 zu Unrecht beschuldigte Amerikaner übrig… Wenn man den Prozentsatz auf achtzig senkt – das ist eher realistisch, aber wahrscheinlich immer noch zu hoch – steigt die Zahl der Falschmeldungen auf 48 Millionen«.[339] 48 Millionen Verdächtige oder 240 000 – letztlich ist es egal. Auch wenn alle ihre Daten einspeisen und wenn alle Personen über eine einzige Kennzahl identifizierbar werden – die Regel gilt weiter: Mit »Data Mining« fängt man Außenseiter, mit klassischer polizeilicher und geheimdienstlicher Recherche und Analyse Kriminelle und Terroristen. Jeder Dollar, der in TIA investiert wird, fehlt bei der Bekämpfung des Terrorismus. Wer aber wissen will, welcher Umweltaktivist zu wem in der Verwaltung regelmäßige Kontakte hat, der wird mit TIA gut bedient.

Mit TIA startet nach »Echelon« der weit größere Versuch, ein lückenloses globales Überwachungssystem zu schaffen. Wie ein riesiges Netz soll es jederzeit in der Lage sein, die jeweils Richtigen aus der Bevölkerung herauszufischen. Was vor einem Jahrzehnt noch technisch unmöglich und politisch als Verfolgungswahn abgetan wurde, entsteht heute in den USA: der Überwachungsstaat. John Poindexter ist dafür jedenfalls der richtige Mann. Als 1990 die Iran-Contra-Affäre verhandelt wurde, sprach ein Gericht Poindexter schuldig: Verschwörung und Behinderung der Justiz. Die »Washington Times« berichtet, dass Poindexter in Würdigung seiner Verdienste neben dem IAO auch die SARPA unterstellt werden soll.[340]

Das System beginnt zu funktionieren. »Der Computer hat sie ausgespuckt. Ich weiß nicht warum, und ich habe keine Zeit mit Ihnen darüber zu reden.«[341] Die Flugbegleiterin holte die Airport Security, als beim Boarding Barbara Olshankys Name auf einer Liste aufschien. Im Herbst 2002 war das Fliegen für Olshansky plötzlich zum Problem geworden. Wie hier in Newark wurde sie immer wieder peinlich genau untersucht. Olshansky arbeitet für das »Center for Constitutional Rights«. Bei jedem Flugversuch erlebt sie, wie sehr diese Rechte in Bedrängnis geraten sind. David Steigman von der »Transport Security Administration« bestätigte in einem Interview: »Wir haben eine Liste von ungefähr tausend Leuten. Diese Liste besteht aus Namen, die wir von verschiedenen Regierungsbehörden wie FBI, CIA und INS bekommen. Wir fragen nicht, warum sie jemanden auf die Liste setzen.«[342] Die tausend Personen auf der ersten Liste haben Flugverbot. Aber Barbara Olshansky steht wie der Kunsthändler Doug Stuber auf Liste zwei.

Stuber hatte die Präsidentschaftskampagne des Grünen Ralph Nader unterstützt und in der Warteschlange am Raleigh-Durham-Airport Präsident Bush als »strohdumm« bezeichnet. Zwei FBI-Beamte verhörten ihn, nahmen seine Fingerabdrücke und machten eine Aufnahme seiner Iris. Stuber sah, dass sie beim Verhör nach einem Handbuch vorgingen, in dem die Grünen, Greenpeace und Amnesty International aufgelistet waren. Stuber wurde abgewiesen und versuchte es vergeblich an anderen Flughäfen.

Wenn sie überhaupt mitfliegen dürfen, wird Reisenden wie Olshansky und Stuber ein großes »S« auf jedes Gepäckstück geklebt. »S« heißt »search« und garantiert bei jeder Station eine genaue Durchsuchung. Die Personen auf der Liste sind vor allem »Priester, ältere Nonnen, grüne Wahlhelfer, linke Journalisten, rechte Aktivisten und Leute mit Verbindungen zu arabischen oder arabisch-amerikanischen Gruppen«.[343] Seit 2002 ist es in den USA wieder einmal so weit. Wer links, grün oder einfach nur auffällig ist, landet auf Listen. Wenn diese nicht nur Fluglinien, sondern auch anderen Unternehmen und allen Behörden gegeben werden, wird aus dem »S« auf den Flughäfen sehr schnell das alte »PU« – »politisch unzuverlässig«.

Nicht alle haben vor der paranoiden Stimmung nach dem 11. September kapituliert. Von konservativen Journalisten bis zu Bürgerrechtsorganisationen wächst der Widerstand gegen die autoritäre Wende. Als der US-Kongress das *Homeland Security*-Gesetz beschloss, nahm er kommentarlos eine Klausel zum Verbot von TIPS auf. Der Druck der Bürgerrechtsorganisationen hatte genützt. Das Spitzelsystem muss seit dem November 2002 unter anderem Namen aufgebaut werden.

Der 11. September wirkte wie ein plötzlicher Fieberschub in einer langen, sich schleichend ausbreitenden Erkrankung. Schon Jahre vor den Anschlägen hatte in den USA eine systematische Aushöhlung von Bürgerrechten begonnen. Jahrelang war Telekommunikation über das weltweite System Echelon illegal abgehört worden. Das FBI hatte mit Carnivore gezeigt, wie man mit einem Spürprogramm private E-Mails rastert und Firmen zwingt, FBI-Rechner zu installieren. Überall, wo neue Überwachungstechniken hinter dem Rücken der Bürger ausprobiert und eingesetzt werden sollten, waren die USA an der Spitze dabei. Am 11. September ist ein Damm gebrochen, hinter dem sich schon vieles angesammelt hatte.

Die falsche Grundfrage lautet auch in den Ashcroft-USA »Sicherheit oder Freiheit«. Man könne, so wird behauptet, von dem einen nur dann mehr haben, wenn man das andere einschränke. Im klassischen Rechtsstaat dienen Justiz und Polizei einem Ziel: die Menschen, ihre Rechte und ihre Freiheiten zu schützen. Das Ziel ist nie die Sicherheit, sie ist bloß eine wichtige Voraussetzung für ein höheres Gut. Im modernen Überwachungsstaat geht dieser Unterschied verloren.

Was treibt die Überwachungspolitiker? Vier Antworten kommen gemeinsam der Wahrheit nahe. Zum ersten bieten die neuen Informationstechnologien den Eintritt in eine neue technische Welt. Seit weiche Daten zu harten Profilen verknüpft werden können, rastern Staatspolizisten und Nachrichtendienste alles Zugängliche aus Meldedaten, Finanz, Telefon, Kreditkarten, Maut, Bildung, Gesundheit, politischem Umfeld und sexuellen Vorlieben. Mit Iriserkennung und Straßenscreening des persönlichen Gangs weiß man bald, wer wo ist und was gerade mit wem tut. Vordergründig geht es immer um Drogenhändler und Terroristen. Stück für Stück entsteht dahinter aber ein soziales und politisches Wärmebild des Landes. Wenn man weiß, wo sich wer bewegt, ist politische Früherkennung möglich.

Zweitens haben die militärischen Dienste 1989 mit der UdSSR den einzigen lohnenden äußeren Feind verloren. Gemeinsam mit einer boomenden Sicherheitsindustrie suchen sie ihn jetzt im Bereich der Inneren Sicherheit. Gleich nach 1989 leitete das Militär die Neuorientierung ein. Die neuen Feinde wurden benannt: Waffenschieber, Nuklearverbrecher, Drogenhändler, Extremisten. Das Geschäft floriert.

Drittens denken Sicherheitspolitiker oft nach einem einfachen Grundsatz: Vertrauen ist gut, Überwachung ist besser. Wer nichts zu befürchten hat, habe auch nichts zu verbergen.

Viertens verlangen Hochrisikotechnologien nach Hochsicherheit. Atomkraftwerke führten zu neuen Formen von Überwachung und polizeilichem Einsatz. Biotechnologien scheinen die nächsten Aufmarschgebiete zu werden. Wer gentechnisch manipulierte Lebewesen freisetzt, setzt auch Widerstand frei.

Wie im Bereich der Rüstung haben die USA auch im Bereich der Überwachungstechniken die Führung übernommen. Amerikanische Firmen beherrschen gemeinsam mit einigen europäischen und israelischen Unternehmen die neuen Märkte. Erstmals in ihrer Geschichte wird die Sicherheit industrialisiert. Niemand war überrascht, als in der Branche nach dem 11. September ein Boom ausbrach. John Ashcroft ist gut für das Geschäft.

Meinung und Stimmung

»Frage: Werden Sie das Amt schließen? – Rumsfeld: Ich war – ich habe mich heute morgen mit Unterstaatssekretär Doug Feith getroffen, und er wies mich darauf hin, dass er beschlossen hat, das Büro für Strategische Beeinflussung zu schließen ... Es gibt da eine Menge Dinge, die wir tun müssen, und wir werden sie tun. Wir machen sie jetzt eben in einem anderen Büro. (kichert)«[344]

Das »Amt« war das »Office for Strategic Influence«. Rumsfeld hatte es im November 2001 gegründet. »Ein Teil seiner Aufgaben war Desinformation und Propaganda, die den USA helfen sollten, islamische Terroristen zu bekämpfen und den Krieg gegen den Terrorismus zu führen. Das offizielle Ziel des Amtes waren ausländische Medien, insbesondere im Nahen Osten und in Asien. Kritiker stellten schon bald fest, dass es im Zeitalter globaler Kommunikation unmöglich war, im Ausland Propaganda zu betreiben, ohne dass sie sich auch an der Heimatfront ausbreitete.«[345] Kurz nachdem die »New York Times« berichtet hatte, dass das Amt Falschmeldungen für internationale Medien produzierte, wurde es geschlossen. Seitdem wird die Falschinformation an anderen Stellen produziert. »Als er von einem Reporter gefragt wurde, ob das Verteidigungsministerium Desinformation betreibe, antwortete Rumsfeld: ›Ganz sicher nicht.‹«[346] Auch das war Desinformation.

Am 1. Oktober 2002 übernahm das U.S. Strategic Command den Bereich »globale Informationsangriffe«. Die 8th Air Force gab alle Kampfflugzeuge ab und wurde ausschließlich diesem Zweck unterstellt. Die Navy richtete ein »Naval Network Warfare Command« ein. Der *Strategic Capabilities Plan* fasst für das gesamte Militär der USA die Direktiven zur

Kriegsführung zusammen. Neben den herkömmlichen Waffen stellt er »strategische Täuschungen« und »Einflussoperationen« als entscheidende Instrumente künftiger Kriege vor. Die Air Force führt den Informationskrieg unter »D5E«: *destruction, degradation, denial, disruption, deceit and exploitation –* Zerstören, Erniedrigen, Leugnen, Spalten, Täuschen und Ausnützen.[347]

Feinde sind Sender wie die arabische Station al-Jazeera. Der in Katar beheimatete Sender berichtet nicht auf US-Linie. Admiral John Cryer III war während der Afghanistanintervention in Saudi-Arabien für den Informationskrieg zuständig. »Als wir al-Jazeera sahen, hatten wir den Eindruck, dass wir den Informationskrieg schon früh verlieren«, berichtet Cryer. »Wir schafften es dann doch, aber es dauerte um einiges länger als es sollte.«[348]

Michael Young beschreibt in »reason online« die Arbeit des Senders: »Al-Jazeera ist der freizügigste und offenste arabische Nachrichtendienst … In einer Region, in der Fernsehen, Radio und Zeitungen normalerweise dem Staat gehören und erdrückend öde sind, wirkt al-Jazeera wie ein frischer Wind. Die meisten arabischen Regimes lehnen die Station ab, weil sie die jeweilige Opposition zu Interviews einlädt. Ihre Spitzenleute sehen sich als Journalisten und nicht als Regierungsfunktionäre.«[349]

Die medialen Regierungsfunktionäre sitzen nicht in Katar. »In einem bizarren Akt ohne Vorbild haben die fünf größten Netzwerke – CNN, NBC, ABC, CBS und Fox News Channel – die Seiten gewechselt und auf das Verlangen von Sicherheitsberaterin Condoleezza Rice auf Zensur eingewilligt … ›Wir werden alles tun, was unsere patriotische Pflicht ist‹, erklärte der in Australien geborene US-Bürger Rupert Murdoch, der Besitzer von Fox News und News International.«[350] Die großen Fünf setzten Beiträge von al-Jazeera auf eine schwarze Liste.

Die *Reporters Sans Frontiers,* die weltweit für Meinungsfreiheit und die Rechte der Journalisten kämpfen, stellten am

15. Oktober 2001 eine Chronik des amerikanischen Informationskriegs vor: »An der ungeschicktesten [Aktion] war der US-Außenminister Colin Powell beteiligt, der vom Emir von Katar, Scheich Hamad bin Khalifa el-Thani verlangte, al-Jazeera zu disziplinieren und das ›Schüren von antiamerikanischen Gefühlen‹ zu stoppen. Der Emir als größter Anteilseigner der Station in Katar lehnte ab … Das US-Außenministerium, das einen Sitz im kongressfinanzierten ›Voice of America‹ hat, versuchte ein Interview mit dem geistlichen Führer der Taliban, Mullah Mohammed Omar, verbieten zu lassen … Bisher sind zwei Journalisten, die herabsetzende Kommentare über das Verhalten von George Bush nach dem 11. September verfasst hatten, gefeuert worden.«[351]

Die Versuche, al-Jazeera zu schließen, scheiterten. Das arabische Emirat Katar verteidigte die Pressefreiheit gegen die USA mit Erfolg. 35 Millionen arabische TV-Konsumenten können weiter zwischen amerikanischen und einem nichtamerikanischen globalen Sender wählen.

Die Ämter können sich auf die Kooperation der wichtigsten US-Medien verlassen. Wenn Amerika Krieg führt, kämpfen seine Sender und Zeitungen mit. Der frühere amerikanische Justizminister Ramsey Clark bemerkt, »dass zwischen der US-Regierung und den amerikanischen Massenmedien in den Handlungen fast völlige Übereinstimmung herrscht«.[352] Er fasst seine Erfahrungen zusammen: »Oft war ich der einzige oder gehörte zur einzigen Gruppe, die in solchen Fällen ermittelte und berichtete. Viele Male haben amerikanische Auslandskorrespondenten und Journalisten in den USA ihre Kameras abgeschaltet oder die Kugelschreiber aus der Hand gelegt und ganz klar erklärt, ihr Sender oder ihre Zeitung werde die Geschichte nicht verwerten. Und noch öfter haben sie zugegeben, sie seien nicht zu Interviews oder Pressekonferenzen gegangen, welche die Handlungen und Politik der USA kritisieren. Manche Journalisten sagten sogar, man werde sie entlassen, wenn sie auf der Grundlage solch kritischer Berichte einen Artikel einreichten.«[353]

Von Grenada bis zum Irak funktioniert immer dasselbe:
Die USA zeichnen ein Bild vom jeweiligen Feind, und die
Medien füllen die Schablone mit Farbe und vielen Details. Im
medialen Vorkrieg wurde Maurice Bishops gewählte linke
Regie-rung in Grenada zur kommunistischen Bande mit einem
»karibischen Idi Amin« an der Spitze. Aus dem regional be-
drohlichen Diktator Saddam Hussein entstand ein zweiter
Adolf Hitler.

Für den Krieg selbst hat das amerikanische Militär neue
Regeln entwickelt. Seit Grenada sind die Schlachtfelder für
die Medien gesperrt. Auf Proteste der Medien eröffnete
das Pentagon einen speziell kontrollierten Zugang. »Das
Heilmittel sollte der ›National Media Pool‹ sein, eine aus
Zeitungs-, Magazin-, TV- und Radioredaktionen ausgewählte
Gruppe von erfahrenen Pentagonkorrespondenten, die nach
einem Rotationsprinzip in ständiger Alarmbereitschaft stehen sollten. Das Verteidigungsministerium verpflichtete sich,
die Pooljournalisten bei allen militärischen Einsätzen, auch
bei Überraschungsangriffen, an den Schauplatz der Kampf-
handlungen zu bringen.«[354] Seitdem werden die Pools von
Panama bis in den Irak spazieren geführt. Immer weit hinter
den Truppen, bleibt ihnen nichts übrig, als die Propaganda
ihrer militärischen Aufpasser als Fakten in die Hei-mat zu
berichten.

Die Airpower-Blitzkriege haben die Regeln verändert. Wenn
Stealth-Bomber in der Nacht ihre lasergesteuerten Bomben
auf Bagdad abwerfen, ist außer dem Feuerwerk der Treffer
nichts zu sehen. »Das Aufkommen der 24-Stunden-News-
kanäle und die Möglichkeit, Pentagonfilme mit amerikanischen Bomben und Raketen, die irakische Ziele trafen, zu
sehen, ließ das ganze wie ein großes nationales Videogame
aussehen«, beschreibt David Halberstam die neue Bildwelt
der Luftkriege.[355]

Aber – lautet der Einwand, im Herbst 2002 wandten sich
Zeitungen wie die »New York Times« und die »Washington
Post« immer deutlicher gegen die amerikanischen Kriegspläne.

Das stimmt und bedarf dreier Ergänzungen. Erstens bewegt sich der amerikanische Informationsfluss als Mainstream, der nur am Rande in einigen Wirbeln wie »New York Times«, »Washington Post«, »New Yorker«, »Vanity Fair«, »Wired« oder »salon.com« Gegenströmungen zulässt. Viele in Europa verwechseln die großen Zeitungen der Ostküste mit Amerika. Der normale Haushalt bezieht seine Bilder aus Kabeln, zwischen denen man stundenlang hin- und herschalten und immer dasselbe erfahren kann. Zweitens gilt für Fragen des Kriegs eine Regel: Bis zur Entscheidung sind die Medien Partei. Nach der Entscheidung gibt es dann nur noch eine Partei: Amerika. Wenn die Armee marschiert und die Luftwaffe ihre ersten Einsätze fliegt, dann erfüllen die großen Medien an der Heimatfront ihre Pflicht. Der Mainstream fließt dann im Kanal. Zum dritten werden die wichtigsten Aufgaben der Propaganda auch im Vorkrieg erfüllt. Saddam Hussein kann als neuer Hitler nur überzeugen, wenn alle dasselbe Zerrbild von ihm zeichnen. Der Informationskrieg bereitet den echten Krieg vor. Auch im Informationskrieg können sich die USA auf ihre Truppen verlassen.

Überdehnt sich das Reich?

»Bestimmt von seinem Temperament und von seiner Lage war es ihm ein Leichtes festzustellen, dass Rom in seiner gegenwärtigen herausragenden Situation von den Waffen viel weniger zu erhoffen als zu befürchten hatte; und dass die Fortführung entlegener Kriege das Unternehmen ständig schwieriger, die Vorfälle immer zweifelhafter und die Besitzungen immer unsicherer und weniger nützlich machten.«[356] Hätte der britische Historiker und Politiker Edward Gibbon 1776 George Bush gekannt, hätte er ihn wohl kaum mit dem römischen Kaiser Augustus, sondern eher mit seinem »einfacheren« Nachfolger Claudius verglichen. Kurz vor seinem Tod sah Augustus, dass sich das römische Imperium überdehnt hatte. In seinem Testament, das er dem Senat öffentlich vorlesen ließ, riet er, das Reich auf seine »natürlichen« Grenzen zu beschränken: »im Westen der Atlantische Ozean; der Rhein und die Donau im Norden; der Euphrat im Osten; und nach Süden, die sandigen Wüsten von Arabien und Afrika«.[357]

Langfristig und in der Regel sind die wirtschaftlich Stärksten auch die, die über die größte politische und militärische Macht verfügen. Die Sowjetunion hat versucht, die größte Ausnahme von der Regel zu werden. Mit einem BIP, das in etwa dem der Schweiz entsprach,[358] unternahm sie alles, um trotz ihrer wirtschaftlichen Schwäche in der obersten politischen Etage zu bleiben. Als die Schere zwischen militärischer Macht und wirtschaftlicher Ohnmacht zu weit auseinander klaffte, brach das sowjetische Reich zusammen.

Am Ende des Zweiten Weltkriegs gab es mit Japan und Deutschland zwei Verlierer, aber nur einen wirklichen Sieger. Die USA waren übermächtig wie noch niemand zuvor. Nur Nordamerika war reich, stark und sicher. Die Hälfte des globalen Reichtums war amerikanisch. In Hiroshima und Nagasaki hatten die USA klar gemacht, dass sie zur Durchsetzung ihrer Interessen alle Mittel einsetzen würden. Wirtschaftlich gab es keinen, militärisch mit der weit schwächeren UdSSR einen einzigen Konkurrenten. Fünfzig Jahre später hat sich das Bild geändert.

Militärisch sind die USA erstmals ohne Konkurrenz. Aber wirtschaftlich haben sie die Übermacht verloren. Der Dollar ist nicht mehr unbestrittene Leitwährung. »Die hegemoniale Position der USA ist nicht zuletzt durch die Einführung des Euro brüchig geworden«,[359] stellen die Ökonomen Trevor Evans, Michael Heine und Hansjörg Herr fest. »Grundsätzlich existiert mit dem Euro, der in einem Wirtschaftsraum von etwa der Größe der USA gilt, eine echte Alternative zum Dollar.«

Das Zahlungsbilanzdefizit sinkt kaum noch unter vier Prozent des BIP. Aus dem Haushaltsüberschuss der Clinton-Jahre ist längst wieder ein Defizit geworden. Aber vor allem: Das explosive Wachstum der Militärausgaben ist kaum mehr zu finanzieren. 396 Milliarden Dollar sollen 2003 für die militärische Beherrschung der Welt ausgegeben werden.[360] Die USA geben damit gleich viel aus wie Russland, China, Japan, Großbritannien, Saudi-Arabien, Frankreich, Deutschland, Brasilien, Indien, Italien, Südkorea, Iran, Israel, Taiwan, Kanada, Spanien, Australien, Niederlande, Türkei, Singapur, Schweden, Arabische Emirate, Polen, Griechenland, Argentinien, Pakistan und Norwegen gemeinsam. Das Bruttoinlandsprodukt der USA beträgt mit 9837 Milliarden Dollar aber nur 58 Prozent des gemeinsamen BIP dieser Staaten – die es in der Summe auf 17 091 Milliarden Dollar bringen. Auf Dauer können die USA das nur auf zwei Wegen finanzieren: durch Beiträge anderer Staaten oder auf Kosten ihrer Budgets für Bildung und Soziales.

Während Staaten von Norwegen bis Australien in soziale Netze und in Forschung und Entwicklung investieren können, geraten die USA in die Rüstungsfalle. Als einzige führende

Industrienation setzen die USA auf eine permanente Kriegswirtschaft. 2002 wurden dem Kongress mehrjährige Militärausgaben in der Höhe von 2,1 Billionen Dollar zur Genehmigung vorgelegt. Damit bleibt das Militär der wichtigste Impulsgeber für die Wirtschaft der USA. Gleichzeitig saugt es aus der zivilen Entwicklung ständig mehr Ressourcen ab.

Imperiale Strategien stehen immer vor derselben Frage: Wie soll die Erweiterung des Reichs finanziert werden? Eroberungen sind teuer, und die Kontrolle des Eroberten kostet noch mehr. Experten schätzen die Kosten eines Irakkriegs auf mindestens 100 Milliarden Dollar.[361] Ende 2002 waren die Schätzungen bereits bei 250 Milliarden angelangt. Allein die Kosten der militärischen Besatzung werden für das erste Jahr mit 16 Milliarden Dollar angenommen.[362] Aus eigenem ist das ebenso wenig finanzierbar wie die ständige Erhöhung des Rüstungshaushalts. Ein neues finanzielles Gleichgewicht kann nur dann erreicht werden, wenn sich die Eroberungen und Besetzungen selbst finanzieren. Die Kontrolle über die globale Ölförderung ist für das amerikanische Reich die Überlebensfrage. Nach Saudi-Arabien werden im Irak mit 112 Milliarden Barrel die größten Ölreserven vermutet. Saddam muss weg, weil er den unbeschränkten Zugang zu den Ölfeldern um Kirkuk versperrt.

Das U.S. Army Command and General Staff College gibt zur Einschulung der Offiziere in Fort Leavenworth die »Fundamentals of Operational Warfighting«[363] heraus. Die regionalen Interessen im Nahen Osten werden in zehn Punkte gegliedert. Auf dem ersten Platz steht »Sicherung des freien weltweiten Zugangs zum südwestasiatischen Öl«. Erst auf Platz sieben rangiert die »Verhinderung der Verbreitung von Massenvernichtungswaffen«. Auf dem vorletzten Platz liegt die »Verminderung der terroristischen Bedrohung«. Die militärischen Verfasser sind Realisten.

Mit jedem neuen Stützpunkt, jeder neuen Waffe und jedem weiteren Krieg steigen die Kosten. Das Reich braucht Soldaten. Mit den 1,4 Millionen Aktiven finden die USA schon seit Bosnien kein Auslangen mehr. Nach dem 11. September 2001 wurde über 40 000 Soldaten, die vor ihrer Pensionierung standen, eine »Stop Loss«-Order verhängt. »Im Juli [2002] vergab die Armee einen 205-Millionen-Dollar-Auftrag an ITT-Federal Services, um ›rent-a-cop‹-Sicherheitskräfte für US-Stützpunkte in Bosnien zu bekommen.«[364] Planer wie der Army-Colonel Scott Feil rechnen mit einer jahrelangen Besetzung des Irak – und wissen nur eines: Sie brauchen dazu 75 000 Soldaten.[365] Mit Reserven und Ergänzungen ergibt das einen Bedarf von rund 300 000 Militärs, mehr als ein Fünftel der US-Soldaten.

Desert Storm, der erste Irak-Krieg, kostete 61 Milliarden Dollar. Trotzdem ging er für die USA billig aus. »Auf Grund der Zuwendungen, die sie von Japan, Saudi-Arabien und anderen Staaten der Allianz erhielten, fanden sich die USA in der bequemen aber beunruhigenden Position wieder, dass fast alle Kosten wieder hereingekommen waren.«[366] Die Beunruhigung ist begründet. Krieg für Krieg wird es schwieriger, zahlungskräftige Alliierte zu finden. Die Kriege ohne Mitzahler werden teuer. Langfristig müssen die USA davon ausgehen, dass sie die Kosten ihres Reiches selbst zahlen müssen. Die USA wissen, dass sie den zweiten Krieg gegen den Irak zwar gewinnen, aber kaum finanzieren können. Für die mehr als 250 Milliarden Dollar stehen keine ausländischen Finanziers bereit.

Donald Kagan hat die neue Sicherheitsdoktrin mit entworfen und weiß, wofür sie gebraucht wird. »Amerikanische Truppen werden auch die Ölfelder um Basra im südöstlichen Irak besetzen und das Öl verkaufen, um die Opposition im Süden und die Kurden im Norden zu finanzieren.«[367] Die »New York Times«-Journalistin Elaine Sciolino berichtet über die Pläne, Teile der Intervention gleich vor Ort zu finanzieren.[368] Die Zeitschrift »Oil and Gas International« berichtet Details: »Die Bush-Administration will eine Arbeitsgruppe von zwölf bis zwanzig Leuten, die sich auf das irakische Öl und Gas konzentrieren und in der Lage sind, eine Interimsregierung so zu beraten, dass sie den Erdölsektor nach einem militärischen Angriff wieder aufbaut, damit die Exporte erhöht werden können, um einen Teil der amerikanischen Besatzungskosten zu bezahlen.«[369]

Gore Vidal vergleicht den amerikanischen Versuch der Weltherrschaft mit dem lang zurückliegenden Großbritanniens. Das britische Reich war überzeugt, dass nur seine Flotte die Herrschaft sichern konnte. Jetzt versuche, so Vidal, Amerika dasselbe. »Wir müssen eine große Flotte bauen, damit wir Besitzungen in Übersee sichern können. Weil große Flotten teuer sind, muss der Reichtum der neuen Kolonien für ihre Finanzierung verwendet werden. Je mehr Kolonien, desto mehr Schiffe; je mehr Schiffe, desto mehr Reich.«[370] In einem Punkt lässt sich Englands Lage nicht mit der Amerikas vergleichen: Die Kolonien, die England ausbeutete, waren reich. Mit Ausnahme der Erdölstaaten ist die Dritte Welt, die von den USA besetzt wird, arm. Aus Afghanistan und Somalia ist kein Reich zu finanzieren.

In Vietnam ist die imperiale Strategie der USA zum ersten Mal militärisch gescheitert. Nach außen isoliert und im Inneren mit einer immer stärkeren außerparlamentarischen Opposition konfrontiert, mussten sich die USA aus Indochina zurückziehen. Es dauerte bis zur Präsidentschaft Ronald Reagans, dass die Überzeugung, die USA müssten die Welt führen, wieder an die Macht kam.

In Zukunft geht es um keinen einzelnen Krieg an der »roten« Front. Der Krieg gegen Terrorismus, Drogen und Schurken wird schon bald als das gelten, was er vor allem ist: die modernste Form des Kolonialkriegs. Die Budgetplanungen der USA zeigen, dass man damit rechnet, dass die Kosten dafür die des Kalten Krieges übersteigen werden. Das Reich ist bis an seine Grenzen gespannt. Niemand weiß, wann es zu reißen beginnt.

Die amerikanische Zivilisation

Leben

Über den Geschmack von Charles Tuttle lässt sich streiten. »Four fried eggs sunny side up, four sausage patties, one chicken fried steak patty, one bowl of white country gravy, five pieces of white toast, five tacos with meat and cheese only, four Dr. Peppers with ice on the side & five mint sticks.« Auf der Website des »Texas Department of Criminal Justice« kann man unter »Final Meal Requests« nachlesen, dass Charles Tuttle dieses Frühstück am 1. Juli 1999 erhalten hat. Danach wurde er hingerichtet.[371] Tuttle war in der Rubrik »Execution« die Nummer 179. Drei Wochen vor ihm wurde Joseph Faulder exekutiert. Er verzichtete auf das Frühstück, das ihm der Gouverneur von Texas zugestanden hatte. Zwischen dem 12. Mai 1982 und dem 1. Oktober 2002 wurden 285 Menschen nach ihrem letzten Frühstückswunsch gefragt.

Wie Dutzende andere hat George Bush als Gouverneur auch diese beiden Todesurteile unterzeichnet. Bush findet nichts dabei, alle Details über die Hinrichtungen ins Internet stellen zu lassen. Was in Europa längst selbstverständlich ist, vertritt in den USA nach wie vor nur eine humane Minderheit: dass das Verbot zu töten auch für den Staat gilt. Der amerikanische Journalist Michael Moore stellt fest: »Die Vereinigten Staaten sind dazu noch das einzige Land neben Somalia, das die UN-Konvention über die Rechte der Kinder nicht unterzeichnet hat. Warum? Weil sie eine Bestimmung enthält, die die Hinrichtung von Kindern unter 18 Jahren verbietet, und wir wollen die Freiheit, unsere Kinder zu exekutieren, erhalten. Kein anderer Industriestaat exekutiert seine Kinder.«[372] Was die Achtung des menschlichen Lebens anbelangt, steht die amerikanische Kultur nicht weit genug über der Chinas, Nordkoreas, Somalias und des Irak.

Exekutionen zu Hause, menschliche »Kollateralschäden« in der Dritten Welt – die Opfer sind arm, schwarz, unamerikanisch oder nicht amerikanisch. Die Täter kontrollieren die USA. Die Anmaßung, nach eigenem Gutdünken Menschen umbringen zu dürfen, ist der erste Grund, die globale Vorherrschaft der USA zu beenden.

Umwelt

Der schäbige Tanker »Prestige«, der im November 2002 vor der galizischen Küste zerbrach, steht für die Erdölwirtschaft. Ein gebrochenes Schiff zerstört ganze Regionen. Die Verantwortlichen für den zähen Ölschleim, der einmal in Alaska und einmal in Spanien die Küsten und Vögel überzieht, sitzen im Weißen Haus und im Washingtoner Kongress und achten, dass die Freiheit der verrosteten Tanker, überall und jederzeit zerbrechen zu dürfen, unangetastet bleibt. Von der Zerstörung der Ozonschicht bis zur Aufheizung des Weltklimas steht jeder Akt globaler Umweltzerstörung unter dem politischen Schutz der USA. Das Organisierte Umweltverbrechen hat seinen Hauptsitz in den USA. Die ökologische Rettung der Welt ist der zweite Hauptgrund, die Herrschaft der USA zu beenden.

Armut

Vier Prozent der Weltbevölkerung nehmen sich 25 Prozent des Reichtums. Das ist das amerikanische Kuchenstück. Fünf Prozent der Amerikaner nehmen sich 21 Prozent dieses Stücks.[373] Damit sichern sich zwei Tausendstel der Weltbevölkerung fünf Prozent des gesamten Kuchens. Sie sind bereit, das mit allen verfügbaren Messern, Gabeln und Raketen zu verteidigen.

0,2 Prozent der Weltbevölkerung sind nicht ein Vielfaches begabter, fleißiger und tüchtiger als der große Rest. Sie sind nur mächtiger. Wenn jeden Tag 24 000 und jedes Jahr acht Millionen Menschen verhungern, nehmen sie das in Kauf.

Auf ihre Art sind die USA selbst Vorbild für das System globaler Ungleichheit. Einerseits verfügen die reichsten 25 Millionen Amerikaner gemeinsam über dasselbe Einkommen wie die zwei Milliarden, die außerhalb der USA am unteren Ende der Reichtumsskala leben.[374] Andererseits müssen 13,6 Prozent der amerikanischen Bevölkerung mit weniger als elf Dollar pro Tag auskommen. Trotzdem investieren Demokraten und Republikaner in Rüstung statt in Armutsbekämpfung. 20,7 Prozent der Amerikaner zwischen 16 und 65 Jahren haben Probleme mit dem Lesen und Schreiben.[375] Trotzdem wird ein desolates Schulsystem sich selbst überlassen. »Zu Amerikas Ethik gehört es, auf Menschen einzuschlagen, die am Boden liegen«, stellt der amerikanische Journalist Michael Moore fest.[376] »Wenn du krank bist, sagt dir die Gesellschaft: Fuck you. Wenn du arm bist: Fuck you. Ich nenne das vom Staat gesponserten Terrorismus gegen die Armen.«

Die neoliberale Wende hat sich gelohnt. Zwischen 1979 und 1997 wuchs das BIP pro amerikanischem Kopf um 38 Prozent. Das Wachstum der durchschnittlichen Familieneinkommen blieb mit neun Prozent weit zurück. Nur das reichste Prozent der Amerikaner durfte sich über einen Rekord freuen: Ihre Einkommen stiegen um 140 Prozent.[377] Jack Welch traf es noch besser. In seinem letzten Jahr an der Spitze von General Electric verdiente er 123 Millionen Dollar.[378]

Die Gier ihrer wirtschaftlichen und politischen Eliten ist der dritte Hauptgrund, die amerikanische Herrschaft zu beenden.

Verfassung

Im Inneren gekaufte und verkaufte Wahlen, zwei Parteien, die an denselben Spendentröpfen hängen, eine Gesellschaft ohne Opposition und Alternative, nach außen verlässliche Stütze befreundeter Diktatoren und Terroristen – die USA sind politisch längst in einer Verfassung, die kaum etwas mit der eigenen geschriebenen Verfassung zu tun hat. Überall, wo neues globales Recht und damit neue Gleichheit vor diesem Recht entsteht, treten die USA verlässlich an der Seite Nordkoreas, Israels und des Irak dagegen auf. Der Zustand von Demokratie und Rechtsstaat nach amerikanischer Art ist der vierte Hauptgrund, die Herrschaft der USA zu beenden.

Sendung

Das Leben, so haben wir gelernt, ist streng hierarchisch organisiert. Ganz unten tummeln sich Einzeller, von denen es ein weiter Weg zum Schimpansen ist. Dann kommt der Mensch – und eine Stufe über ihm der Amerikaner. Er muss in die Welt, weil das seine Sendung ist. Gott hat ihm einen Auftrag gegeben, also ist er im Auftrag des Herrn unterwegs. Er ist überzeugt, dass die Welt nach seinem Muster eingerichtet werden muss. Ein sachliches Argument spricht allerdings dagegen: Die Welt hält das nicht aus.

»Amerika ist vielmehr das republikanische, das demokratische, vor allem aber das pluralistisch verfasste Imperium der Zukunft«,[379] irrt Dan Diner. Die Zukunft ist keine Sackgasse. Amerika ist ein Imperium, hinter dem globale Alternativen sichtbar werden. Ökologisch, sozial und militärisch kann die Welt sich die USA längst nicht mehr leisten. Es ist Zeit für Alternativen.

Der letzte Einwand

Aber, lautet ein letzter Einwand, die Administration Bush sei nur ein vorübergehender Zustand. »Es ist«, behauptet Erward Said von der New Yorker Columbia Universität, »das Zusammentreffen von christlicher Rechter und den so genannten Neokonservativen, das die Bewegung in Richtung Unilateralismus, Einschüchterung und eines Gefühls der göttlichen Sendung treibt.«[380] Schon bald, hoffen viele, würde das Pendel in die Gegenrichtung ausschlagen. Dann würden liberale

Demokraten die USA mit der Welt versöhnen. Das stimmt dann, wenn die Demokraten das radikale Gegenstück zu den herrschenden Republikanern sind. Michael Moore zieht die Bilanz einer Administration:

»Er hat ein Gesetz unterzeichnet, das Bundesmittel für »glaubensstarke« Wohltätigkeitsorganisationen bereitstellt.

Er hat die Zahl der Verbrechen, für die die Todesstrafe droht, auf sechzig erhöht.

Er hat ein Gesetz, das schwule Hochzeiten verbietet, unterzeichnet.

In nur kurzer Zeit hat er zehn Millionen Menschen die Sozialhilfe genommen – zehn von insgesamt 14 Millionen Empfängern.

Er hat einen Plan eingeführt, der jugendlichen Eltern jede Unterstützung verwehrt, wenn sie aus der Schule fliegen oder das Haus ihrer Eltern verlassen.

Obwohl er darauf achtet, dass es nicht auffällt, unterstützt er viele der alten Vorschläge von Newt Gingrich's ›Vertrag mit Amerika‹ einschließlich der Senkung der Kapitalsteuern.

Trotz der Aufforderung von Seiten republikanischer Gouverneure wie George Ryan aus Illinois, ein Memorandum über die Todesstrafe zu unterstützen, hat er alle Versuche, die Zahl der Exekutionen einzudämmen, zurückgewiesen, sogar als bekannt wurde, dass Dutzende Unschuldige auf den Todeslisten warteten.

Er hat Gesetze unterstützt, die Menschen lebenslänglich ins Gefängnis bringen, wenn sie drei Verbrechen begangen haben – auch wenn das nur Ladendiebstahl oder Nichtbezahlen für eine Pizza war.

Mehr Leute als vor seinem Amtsantritt stehen ohne Krankenversicherung da.

Er hat jede Art von Krankenversicherung für arme Menschen, die sich illegal in den USA aufhalten, verboten.

Er hat einen Erlass unterschrieben, der verbietet, dass US-Gelder im Ausland verwendet werden dürfen, um Frauen das Recht auf Abtreibung zu sichern.

Er hat die Unterschrift unter den Vertrag zum Verbot von Landminen verweigert, der schon von 137 Nationen unterzeichnet war – aber nicht vom Irak, Libyen, Nordkorea oder den Vereinigten Staaten.

Er hat das Kyoto-Protokoll ruiniert, indem er Ackerland und Wälder zum US-Anteil der Emissionsreduktionen dazuzählte und damit den gesamten Vertrag (der dazu dienen sollte, den CO_2-Ausstoß von Autos und Fabriken zu senken) lächerlich machte.

Er hat in einem Tempo, das das aus der Reagan-Zeit erreicht und manchmal übertrifft, das Bohren nach Gas und Öl auf öffentlichen Gründen beschleunigt.

Er hat als größte Privatisierung in der amerikanischen Geschichte den Verkauf eines kalifornischen Ölfelds genehmigt, und er hat die nationalen Ölreserven in Alaska geöffnet (etwas, was nicht einmal Reagan erreicht hat).

Und er wurde der erste Präsident seit Richard Nixon, der die Autohersteller nicht gezwungen hat, ihre Kilometerleistung pro Liter Benzin zu verbessern – was Millionen Fässer Öl pro Tag gespart hätte.

Ja, man muss zustimmen, wenn man all das in Betracht zieht, dass Bill Clinton einer der besten republikanischen Präsidenten aller Zeiten war.«[381]

Auch wenn die feinen Unterschiede zwischen den beiden amerikanischen Kastenparteien plötzlich zu Gegensätzen anwachsen sollten, bleibt eine Frage: Warum soll das Schicksal der Welt davon abhängig gemacht werden, welcher amerikanischen Partei gerade die Macht zuerkannt wird?

DREI ALTERNATIVEN

In einer langen Welle hat die erste Globalisierung aus einem großen Teil der Welt einen einzigen Wirtschafts- und Informationsraum gemacht. Während Wirtschaftsräume über Grenzen hinwegwachsen, verkümmern Armutsbekämpfung, soziale und ökologische Nachhaltigkeit und Menschenrechte auf den schrumpfenden politischen Territorien der Nationalstaaten. Die erste Globalisierung ist bestenfalls die halbe.

Kaum jemand will die erste Globalisierung rückgängig machen. Wer sich heute in Berlin an seinen Laptop setzt und seinen Attac-Freunden in Indien ein Mail schickt, bewegt sich mitten im globalisierten Teil der Welt. Die »Globalisierungsgegner«, wie sie in Unkenntnis ihrer Ziele von ihren Gegnern getauft wurden, sind alles andere als das. Fast alle von ihnen verlangen, dass das, was nicht auf der Agenda von WTO, GATS und IMF steht, ganz oben auf die Liste kommt: Menschenrechte, soziale Mindeststandards, ökologische Nachhaltigkeit, Abrüstung und das Recht auf eigene Entwicklung. Sie fordern eine zweite, politische Globalisierung.

Die Zweite Globalisierung hat drei große Themen: Energiewende, Entwicklungsautonomie und Globalisierung von Recht und Demokratie. Die Energiewende entzieht dem imperialen Block seine Basis. Wenn die Wirtschaft der großen Industriestaaten nicht mehr von Erdöl, Petrochemie und Verbrennungsmotoren beherrscht wird, werden mit dem Block auch seine Machtmittel überflüssig: die Besatzungstruppen, die die regionalen Statthalter bei der Stange halten, die Überwachungssysteme, die Widerstand lokalisieren, und die Propaganda, die das System rechtfertigt. »Entwicklungsautonomie« beschreibt zweierlei: den Schutz regionaler Wirtschaft vor schnellem spekulativem Kapital; und die Unter-

stützung nachhaltiger kulturell angepasster Modelle. Die Globalisierung von Recht und Demokratie schließlich schafft der
internationalen Gemeinschaft eine sichere Basis aus grundle-
genden Rechten: einen Kern von unverzichtbaren Menschenrechten, faire Verfahren und die Institutionen, die das durchsetzen. Herkömmliche Politiker haben Recht: Energiewende,
Entwicklungsautonomie und Globalisierung von Recht und
Demokratie sind jedes für sich utopisch. Die Utopie hat längst
begonnen.

Energiewende

Der Zugriff auf die Ölreserven ist der Punkt, an dem wirtschaftliche Interessen zu globaler Sicherheitspolitik werden. Ölarme und militärisch schwache Staaten wie Japan zahlen, damit die schwer ölabhängige Supermacht USA den Ölhahn in den strategischen Regionen kontrolliert. Zwei Wege führen in die Zukunft: Der Ölbogen zwischen Arabien und dem Kaspischen Meer kann mit allen Mitteln politisch und militärisch beherrscht werden. Damit steht die Vorherrschaft der USA ebenso fest wie der Widerstand gegen sie. Die zweite Option heißt »Energiewende«.

Drei Gründe sprechen gegen die Erdölwirtschaft. Erstens kann sich die Erde eine Fortsetzung der fossilen Verbrennungswirtschaft nicht mehr leisten. Nichts belastet das Klima so wie die Ausdünstungen der Erdölverbrennungswirtschaft. Wenn von den Seychellen bis nach Bangladesch oder Holland die Landkarten der Küsten neu gezeichnet werden müssen, wenn traditionelle Schiorte in den Alpen bald jeden natürlichen Schneefall wie ein Geschenk feiern, dann geht der Großteil davon auf das Konto der fossilen Wirtschaft.

Zweitens gehen die Vorräte zur Neige. Das Ausweichen auf die teuersten Fördergebiete wie die Tiefsee und die Versuche mit Schweröl und Teersand sind weder wirtschaftlich noch nachhaltig. Einmal können noch politisch heikle Felder mit bestem Öl ausgebeutet werden. Aber auch wenn der imperiale Bogen unter Kontrolle gebracht werden kann, zeichnet sich auch dort ein Ende ab. Entscheidend ist dabei nicht, wann die Ölreserven erschöpft sind, sondern ab wann der weltweite Fördergipfel erreicht wird. »Der Höchststand der weltweiten Ölproduktion ist ein einmaliges historisches Ereignis. Man hat ihn bisher nicht erlebt und wird ihn nach seinem Eintreten nicht mehr erleben«,[382] beschreibt der Ölexperte Colin J. Campbell die kommende Wende. Campbell rechnet vor: »Die Annahme, dass die Ölförderung der einzelnen Regionen ungefähr einer Glockenkurve folgt, führt zu der Erkenntnis, dass das weltweite Fördermaximum etwa um das Jahr 2005 erreicht sein wird. Aufgrund der Unsicherheiten lässt sich der Zeitbereich vielleicht auf ›irgendwann bis zum Jahr 2010‹ erweitern.«[383] Vom Höchststand geht es nur noch bergab.

Drittens nehmen damit die Verteilungskämpfe um die knapper werdenden Ressourcen zu. Im Nahen Osten wird etwa die Hälfte der verbliebenen Ressourcen vermutet. Wie nach dem Ersten Weltkrieg sollen im imperialen Bogen die Karten neu gezeichnet werden – zum letzten Mal voraussichtlich, was das Öl betrifft. Niemand kann heute sagen, welche Form die letzten globalen Verteilungskämpfe um die versiegende Schlüsselressource annehmen werden. Nur eines scheint klar: Wer seine Wirtschaft rechtzeitig auf eine neue Energiebasis stellt, wird langfristig entscheidende Vorteile haben.

Technisch können erneuerbare Energien längst die Fossilwirtschaft ersetzen. Allein die Sonne strahlt 15 000 mal soviel Energie auf die Erde, als an Fossilen und aus nuklearen Energiequellen verbraucht wird. Hermann Beer fasst die vier Quellen der Sonnenwirtschaft zusammen:

■ »Solarwärme für die thermischen Energiebedürfnisse, Solarstrahlung für die Umwandlung in Strom (Fotovoltaik);

■ Windenergie als Resultat der thermischen Spannungen, die durch die räumlich und tageszeitlich unterschiedliche Erwärmung und Wärmerückgabe der Erdoberflächen entsteht;

■ Energetisch genutzte Pflanzen (Fotosyntheseprodukte) in deren Eigenschaft als natürliche Solarzellen;

■ Wasserkräfte, die auf zuvor von der Sonne kondensiertes und wieder auf die Erde fallendes Wasser zurückgehen.«[384]

Das Wuppertal-Institut für Klima, Umwelt und Energie hat ein solares Energieversorgungskonzept für Europa durchgerechnet.[385] Trotz der Annahmen »hoher Lebensstandard«, »stei-

gende Wohnfläche pro Kopf« und »Zunahme der Haushalte«
kommt die Studie zu dem Schluss, dass der Gesamtenergie-
verbrauch der EU im Jahr 2050 auf 38 Prozent des Verbrauchs
von 1990 gesenkt werden kann. »Einem *Sustainable Szenario*
(mehr als neunzig Prozent Versorgung mit erneuerbaren
Energien in 2050) stehen keine prinzipiellen technischen oder
finanziellen Hindernisse entgegen. Die fehlende Deckung (bis
hundert Prozent) ist prinzipiell auch mit erneuerbaren Ener-
gietechnologien durchführbar.«[386] Neben dem ökologischen
Nutzen ist der Beschäftigungseffekt hoch. »Für die Errichtung
und den Betrieb der erneuerbaren Energien sind im Jahre
2050 Beschäftigungszahlen von vier Millionen Personen pro
Jahr notwendig.«[387]

Früher hieß die entscheidende Frage: Ist die Umstellung
der Energieversorgung auf nachhaltige Systeme möglich?
Diese Frage ist längst mit »Ja« beantwortet. Die entscheidende Frage lautet heute: Wird die Umstellung rechtzeitig gelin-
gen? Von der Antwort auf diese Frage hängt vieles ab. Hermann Beer beschreibt den Weg: »Die ersten fünf Prozent
erneuerbarer Energien anstelle atomarer/fossiler Energien sind
am langsamsten und schwersten einzuführen. Danach geht es
immer schneller und leichter. Wenn wir zwanzig Prozent bis
zum Jahr 2020 schaffen, sind wir Mitte des Jahrhunderts bei
der solaren Vollversorgung.«[388]

Die Energiewende richtet sich gegen den imperialen Block
in den USA. Daher heißt auch am Weg zur Energiewende das
Haupthindernis »USA«. Von Kyoto bis Neu-Delhi ist die Botschaft dieselbe. Alles kann verhandelt werden, mit einer Ausnahme: der American Way of Life, das dreifache Recht der
USA: plündern, verschmutzen, zerstören. »Motorisierte Fahr-
zeuge sind für ein Drittel des Weltölverbrauchs, aber für zwei
Drittel des Ölverbrauchs in den USA verantwortlich«,[389] stellt
Professor Ian Roberts von der London School of Hygiene
fest. Die Gesellschaft der USA ist autoabhängig. Kein Präsident kann das derzeit ändern. Für die Befürworter der Wende
ist es egal, ob Al Gore mit schlechtem oder George Bush mit

gar keinem Gewissen das amerikanische Njet deponiert. Die Energiewende wird gegen die USA beginnen müssen.

Auch hier kommt Europa die Schlüsselrolle zu. Im Gegensatz zu den USA haben einzelne Mitglieder der EU mit der Wende begonnen. Deutschland zeigt, dass ein großer Industriestaat zum Vorreiter bei den regenerierbaren Energiequellen werden kann. Der Ausstieg aus der Nuklearwirtschaft hat begonnen. Europa hat sich noch nicht endgültig entschieden, aber die ersten Weichen sind gestellt.

Je schneller sich die EU von der Ölabhängigkeit heilt, desto früher kann sie sich in der globalen Energie- und Klimapolitik offen gegen die USA stellen. Europas Partner sitzen dabei in der Dritten Welt. Es liegt im Lebensinteresse der rohstoffarmen Länder, ihre knappen Mittel in heimische Energiequellen zu investieren: in Sonne und Biomasse.

Freie Entwicklung

Freier Handel und freier Kapitalverkehr sind keine Grundrechte. Wer eigene Unternehmen durch Zölle und Abgaben schützt, ist um nichts unanständiger als der, der alle Handelsbarrieren niederreißen will. Protektionismus ist eine Frage wirtschaftlicher Vernunft. Die wichtigsten Erfahrungen aus den wirtschaftlichen Erfolgsgeschichten Europas, Nordamerikas und Ostasiens zeigen, dass überall protektionistische Maßnahmen weit mehr geholfen haben als die Öffnung von Grenzen für weit überlegene Konzerne und Staaten.

Die erfolgreichsten Volkswirtschaften der Dritten Welt sind die, in denen der Staat die Wirtschaft vor übermächtiger ausländischer Konkurrenz geschützt hat. Solange die alte Kolonialregel – Protektionismus im reichen Norden, offene Märkte im armen Süden – gilt, haben schutzlose Wirtschaftsräume wie die Afrikas kaum eine Chance. Die ärmsten Staaten müssen die Ansätze ihrer wirtschaftlichen Entwicklung schützen dürfen, trotz und gegen IMF, GATS und WTO.

Die unterschiedlichen Erfahrungen in Afrika, Lateinamerika, Ostasien und Russland zeigen, dass es keinen Königsweg der Entwicklung gibt. Die missglückten Therapien von IMF und Weltbank machen es aber möglich, einige Bedingungen für nachhaltige und faire Entwicklung zu beschreiben.

»Das langfristige Wachstum eines Landes hängt vor allem von der Qualität seiner öffentlichen Institutionen ab. Für ein funktionierendes Rechtssystem oder kluge Subventionen aber gibt es kein Einheitsrezept.«[390] Das stimmt, hat aber eine Voraussetzung: dass die Politik der globalen Zerstörung öffentlicher Einrichtungen und Unternehmungen gestoppt wird. In den entwickelten Industriestaaten bestimmen Ausmaß und Qualität öffentlicher Einrichtungen vor allem darüber, wie

Arbeit, Einkommen und Lebenschancen verteilt werden. Von der Sozialversicherung bis zum Schulwesen, von der Versorgung mit Wasser und Energie bis zum Verkehr sind moderne öffentliche Lösungen ihrer privaten Konkurrenz überlegen. Das liegt in der Natur der Güter und im Grundsatz, dass öffentlich bereitgestellte Leistungen auch denen zugänglich sind, die sie sich am Markt nicht leisten könnten.

Insbesondere in den brüchigen Staaten Afrikas hängt viel davon ab, ob es gelingt, mehr an öffentlichen Einrichtungen von Bildung und Gesundheit bis zu einer wenig korrupten Verwaltung zu fördern. Programme, die hier Einsparungen fordern, beschleunigen die Destabilisierung von Gesellschaften, die sich in einem schwierigen Übergang befinden. Auch wenn vieles im öffentlichen Sektor vergeudet wird, können die Vorschläge, bei den Staatsausgaben zu sparen, weit mehr Schaden als Nutzen bringen.

Die Fakten werden von denen bestritten, die sich mit der Privatisierung zu Recht ein gutes Geschäft ausrechnen. Die Privatisierung der Krankenversicherung oder der Gesundheitsversorgung macht viele ärmer – aber einige entscheidend reicher. Großbritannien und Bolivien haben sich an der Privatisierung der Wasserversorgung versucht und sind dabei kläglich gescheitert. Trotzdem wird, wenn es die Mehrheiten zulassen, auch gegen gesamtwirtschaftliche Vernunft privatisiert. Pensionsfonds, die die Alterssicherung an das Börsenglück koppeln, zeigen, wie das Risiko neu verteilt wird. Während die Fondsmanager sicher gewinnen, stehen die Alten mit ihrer Rente für die Kursschwankungen gerade.

Eng mit der Frage der öffentlichen Einrichtungen ist eine zweite Lebensfrage verbunden: Wie kann Korruption erfolgreich bekämpft werden? Was in entwickelten Industriestaaten meist nicht mehr als eine oft geduldete Randerscheinung ist, wirkt in Afrika wie eine schwere Krankheit. Korruption saugt an den wenigen Potenzialen der wirtschaftlichen Entwicklung und greift die staatlichen Strukturen, die den Rahmen dieser Entwicklung bilden sollen, an.

Unterstützung autonomer Entwicklung, Hilfe beim Aufbau öffentlicher Einrichtungen und Öffnung der Märkte des Nordens für die Produkte des Südens sind drei Hauptvoraussetzungen für eine friedlichere Entwicklung insbesondere in Afrika. Wer in seine Sicherheitsdoktrin allerdings die Glaubenssätze des Neoliberalismus aufnimmt, nimmt weitere Destabilisierungen und Krisen in Kauf.

Demokratie und Rechtsstaat – das soll, wenn es nach den Sponsoren in den reichen Industriestaaten geht, am Ende der Entwicklungen stehen. Deutschen, Portugiesen und jetzt auch Ungarn und Polen scheint ein funktionierendes Rechtssystem selbstverständlich. Man hat sich an das gewöhnt, was in anderen Bereichen der Welt noch außer Reichweite scheint. Dabei entscheidet die Zahl der Staaten, deren Parlamente und Gerichte ohne Ansehen von Personen und Parteien funktionieren, über die Existenz der internationalen Gemeinschaft selbst. »Dem Völkerrecht [kann] die Qualität von echtem Recht nur unter der Bedingung zuerkannt werden, dass eine genügend große Anzahl der Völker, die an der Schaffung dieses Rechts beteiligt waren, selbst in verfassungsmäßig organisierten Gemeinschaften lebt.«[391] Die Zahl der Rechtsstaaten entscheidet über die Chance, dass sich aus Völkerrecht globale Rechtsstaatlichkeit entwickelt. Voraussetzung für die Herausbildung stabiler demokratischer und rechtsstaatlicher Verhältnisse ist aber das Entstehen breiter und stabiler Mittelschichten. Das setzt wieder das Recht auf autonome, geschützte Entwicklung voraus.

Globales Recht

Wenn Menschenrechte systematisch verletzt werden – hat jemand das Recht, militärisch zu intervenieren? Bis vor kurzem gab das klassische Völkerrecht eine einfache Antwort: Nein. Vom 18. bis weit ins 20. Jahrhundert stand ein Prinzip an der Spitze: Staatliche Grenzen mussten um jeden Preis respektiert werden. Drei Grundsätze galten: »die Gleichheit der Staaten, ihre Immunität und das Interventionsverbot«.[392] Das Prinzip der Nichteinmischung ordnete während des Kalten Kriegs die Rechte einzelner Bürger dem Recht des Staates unter. Wer in seinem Hinterhof aufräumte, musste im schlimmsten Fall mit Protesten über den Zaun rechnen. Nach Helsinki blieb er nicht ungestört – aber unbehindert. Die irakische Invasion in Kuwait war der bislang letzte Fall, in dem die Unversehrtheit einer Staatsgrenze zum Grund einer militärischen UN-Aktion wurde. Die beiden Interventionen danach – in Jugoslawien und in Afghanistan – haben diese alte Rechtsbasis verlassen.

Egal, ob die Hilfskonstruktionen »Recht zur Selbstverteidigung« oder »Polizeiaktion mit militärischen Mitteln« heißen, eines hat sich geändert: Das Völkerrecht wird nach einer anderen Hierarchie neu geordnet. Von den Kriegen der USA und ihrer Verbündeten bis zum Verbrechenskatalog des Internationalen Strafgerichtshofs steht die Immunität des Staates in seinen unverletzlichen Grenzen nicht mehr an erster Stelle. An ihre Stelle sind die großen Themen der Politik in den Mittelpunkt gerückt: Umwelt und Ressourcen, die Rechte von Menschen und Minderheiten, humanitäre Aktionen, Demokratie, Wirtschaft und Handel, Verteilung und Entwicklung. Stück für Stück entsteht rund um sie eine neue internationale Ordnung. »Die Rolle der Staaten wandelt sich. Die

Staaten definieren sich ... nicht mehr aus ihrer Souveränität, der ›suprema potestas‹ und der Befugnis zur Letztentscheidung, sondern sie fungieren vor allem als Treuhänder von Grundwerten der menschlichen Gemeinschaft.«[393]

Wo sind Staaten und ihre Regierungen in Zukunft noch »souverän«? Das ist die erste Schlüsselfrage am Weg zum globalen Rechtsstaat. Eine Unterscheidung hilft bei der Antwort: zwischen einem Kern aus globalen Rechten auf der einen und dem Recht auf eigene Entwicklung auf der anderen Seite.

Am Beginn des 21. Jahrhunderts erreichte ein langer Wandel des Völkerrechts seinen ersten Höhepunkt. Die Souveränität der Staaten trat als wichtigstes Prinzip zugunsten der Solidarität auf Basis global gültiger Menschenrechte in den Hintergrund. Auf paradoxe Art haben die militärischen Interventionen der USA dazu beigetragen: Die Rechtfertigung imperialer Strategien durch »Menschenrechte« und »Demokratie« hat ein Eigenleben entwickelt. Die imperialen Schwindler werden beim Wort genommen und winden sich mit schwindendem Erfolg.

Das klassische Völkerrecht, wie es in der Zeit vom Westfälischen Frieden 1648 bis zur Gründung des Völkerbunds am 28. Juni 1919 entstanden ist, ähnelt in vielem dem bürgerlichen Recht, das Sachen und Informationen schützt, indem es Fragen des Eigentums, der Nutzung und der Haftung regelt. Wer irgendwo auf der Welt im Geschäftsleben Rechte verletzt, muss mit Sanktionen rechnen. Wer foltert und mordet, hat meist weniger zu befürchten als der, der ein Patentrecht verletzt, einen Kredit nicht zurückzahlt oder ein Unternehmen verstaatlicht. Im Vergleich zu wirtschaftlichen Interessen genießen Freiheit, Demokratie und faire Behandlung von Menschen ungleich weniger Schutz. Die Welt ähnelt einer Gemeinschaft, die die privaten Beziehungen rechtlich penibel regelt, aber auf eine Verfassung, die Grundsätzliches schützt, verzichtet. »Es war dies die Welt des 19. Jahrhunderts, für uns beginnend mit dem Wiener Kongress von 1815 und zu Ende gehend mit dem Ausbruch des Ersten Weltkriegs. Es war die Welt der nationalstaatlich geprägten ›Rule of Law‹. Im Zentrum des politischen und rechtlichen Weltbildes stand das Prinzip der Souveränität und der Gleichheit der Staaten.«[394]

Die Globalisierung des Rechts ist eigentlich eine Globalisierung der Rechtsstaatlichkeit. Es geht um Normen, Verfahren und Institutionen. Die Normen stellen fest, welche Rechte verbrieft und welches Verhalten verboten wird. Die Verfahren garantieren feste und verlässliche Regeln, Gleichbehandlung und ein Ergebnis. Die Institutionen führen die Verfahren durch. Wenn sie über Möglichkeiten zur Sanktion verfügen, sorgen sie dafür, dass Beschlüsse und Urteile umgesetzt werden

Die Globalisierung der Menschenrechte erfolgt in zwei Etappen. Am 10. Dezember 1948 verabschiedete die UNO die Allgemeine Erklärung der Menschenrechte. Seitdem gelten: das Recht auf Leben; das Verbot von Folter und Sklaverei; das Verbot willkürlicher Verhaftungen; die Freiheit von Meinung und Religion und vieles andere mehr. Nur auf eines konnten sich die Unterzeichner zu Beginn des Kalten Krieges nicht einigen: auf juristische Verbindlichkeit. Die Erklärung beschrieb ein »von allen Völkern und Nationen zu erreichendes gemeinsames Ideal« – und nicht mehr. Damit stand für die, die Menschenrechte weiterhin systematisch verletzten, das Wichtigste nicht zur Verfügung: Sanktionen.

Der Kalte Krieg verzögerte alle Versuche, die Erklärung in verbindliche Verträge umzusetzen. Bis 1966 konnten die beiden Pakte über wirtschaftliche, soziale und kulturelle sowie bürgerliche und politische Rechte verabschiedet werden. Dann kam die Entwicklung ins Stocken.

Eines war trotzdem revolutionär: Die Allgemeine Erklärung stellte die Menschenrechte zum ersten Mal über die Rechte der Staaten. Damit zogen die Mitglieder der UNO die Konsequenz aus den Erfahrungen mit den Verbrecherstaaten des Zweiten Weltkriegs. Wann und wo immer es nötig würde, sollten in Zukunft Bürger Schutz gegen den eigenen Staat erhalten.

Mit den ersten »humanitären Interventionen« hat die zweite Etappe begonnen. Vieles ist noch willkürlich, und bei weitem nicht alles ist »humanitär«. Imperiale Motive mischen sich in ernst gemeinte Versuche, menschliche Katastrophen zu verhindern und globale Mindeststandards durchzusetzen. Warum sollen politische und soziale Grundrechte gerade jetzt weltweit durchgesetzt werden? Eine Antwort lautet: weil es jetzt endlich möglich ist. Die Globalisierung von Rechtsstaatlichkeit hat den Bereich der Utopie verlassen. Soll es jetzt Menschenrechte geben, die für alle gleich gelten und ohne Ansehen von Nationalität, Rasse, Geschlecht und Glauben durchgesetzt werden können?

»Die internationale Gemeinschaft wird also … konstruiert und zusammengehalten durch einen Kern elementarer Normen, die ihre Existenz und Kohärenz sichern und ihre Identität ausmachen«,[395] stellt der Schweizer Völkerrechtler Daniel Thürer fest. Dieser Kern aus Grundrechten stammt aus Europa. Er beansprucht Gültigkeit auf der ganzen Welt, unabhängig von Kultur und Geschichte. Die Kritik, eurozentristische Politiker versuchten, völlig anderen Kulturen ihre Werte aufzuzwingen, ist ebenso gestrig wie der Protest autoritärer Politiker der Dritten Welt gegen die Einmischung in ihre inneren Angelegenheiten. Vom Recht auf Leben bis zum Recht auf Gleichbehandlung gibt es heute keine »inneren Angelegenheiten« mehr.

Die Frauen in Afghanistan berufen sich heute ebenso auf die globalen Rechte wie die Studenten in Peking, die Landarbeiter in Brasilien und die Aidskranken in Südafrika. Was beinhaltet dieser Kern? Zuallererst sind es Lebensrechte – das Recht auf Leben selbst, das Recht auf körperliche Unversehrtheit, auf Schutz vor Folter und Misshandlung. Dann sind es Freiheitsrechte – Meinungsfreiheit, Pressefreiheit und Versammlungsfreiheit. Dazu gehören Mitwirkungsrechte, vor allem das freie und geheime Wahlrecht. Dann kommt das Recht auf gleiche und faire Behandlung – Gleichberechtigung der Geschlechter, das Recht auf ein faires Verfahren. Dazu kommen Schutzrechte – der Schutz ethnischer, religiöser und sexueller Minderheiten. Den Kern vollständig machen das Recht auf eine saubere und verträgliche Umwelt und das Recht auf ein anständiges Leben – auf Arbeit, auf soziale Mindestsicherung, auf medizinische Betreuung und auf Zugang zu Bildung. Eine Gruppe neuer Rechte kommt hinzu: das Recht auf Information und der Schutz der eigenen persönlichen Daten.

Das klingt viel und ist trotzdem nicht mehr als ein Mindeststandard, der durch ein Abkommen nach dem anderen verwirklicht wird. Über den Erfolg entscheidet eines: Der Kern an Rechten muss für alle gelten. Daher müssen globale Konventionen sicherstellen, dass kein Staat das Recht hat, Rechte aus diesem Katalog nicht anzuerkennen.

Wenn die Vereinten Nationen Mandate zu »humanitären Militärinterventionen« in Staaten erteilen, markiert das den vorläufigen Endpunkt einer langen Entwicklung des Rechts zum Krieg. Wer darf Krieg führen? Auf diese Frage gab es im Verlauf der letzten dreihundert Jahre drei unterschiedliche Antworten.

Am Anfang steht der »gerechte Krieg«. Mit der Herausbildung der modernen Nationalstaaten wurde dem Krieg seine Rechtfertigung durch das »Gerechte« genommen. Krieg war schon vor Clausewitz ein Recht des Staates, das dieser nach Gutdünken in Anspruch nehmen konnte. »Die Staaten besaßen ein Recht zur Kriegsführung. Diese erschien als Attribut und als Ausfluss ihrer Souveränität.«[396] Erst nach dem Ersten Weltkrieg setzte sich die Überzeugung, der Angriffskrieg müsste verboten werden, durch. Die Vereinten Nationen wurden mit dem Bekenntnis zur Ächtung des Krieges gegründet. Im neuen Völkerrecht wird jetzt zum ersten Mal klar, dass die Menschenrechte so weit über der staatlichen Souveränität stehen, dass sie militärische Interventionen rechtfertigen.

Globale Rechtsstaatlichkeit ist mehr als das Gelten des Völkerrechts. Sie entsteht an dem Punkt, an dem klassische Außenpolitik in globale Innenpolitik übergeht. Die Einrichtung eines Strafgerichtshofs, der für die ganze Welt zuständig ist, geht über die nationalstaatliche Aufteilung der Welt hinaus. Mit sanktionsfähigen Vereinten Nationen und dem neuen Gericht entstehen zwei Institutionen eines neuen globalen Systems.

Sanktionen

Am Anfang steht ein spanischer Bezirksrichter. Im September 1998 unterschrieb Baltazar Garzón einen Haftbefehl wegen des Verdachts auf Völkermord, Folter und Staatsterrorismus. General Augusto Pinochet wurde am 16. September von Scotland Yard in einem Londoner Spital verhaftet. Am 25. November fällte das House of Lords mit drei zu zwei Stimmen einen historischen Spruch: Für Verbrechen gegen die Menschenrechte genieße Pinochet keine Immunität. 503 Tage wurde der chilenische Exdiktator festgehalten. Am 2. März 2000 stellte die britische Regierung politische Interessen über den Rechtsstaat und ließ Pinochet frei. Eine Maschine der chilenischen Luftwaffe konnte Pinochet in London an Bord nehmen.

Die chilenische Regierung versuchte, den Exdiktator zu schützen. »Nationale Versöhnung« müsse über Gerechtigkeit gestellt werden. Die wichtigste Hilfe kam von US-Außenministerin Madeleine Albright. Man müsse für Chile Verständnis haben. »Wir glauben, so meine ich, dass in Chile die Bürger eines demokratischen Staates das sehr schwierige Problem zu meistern versuchen, wie das Bedürfnis nach Gerechtigkeit mit den Erfordernissen der Versöhnung in Einklang gebracht werden kann.«[397] Die USA hatten das längst gemeistert. Auch Jahrzehnte nach ihren Taten können befreundete Massenmörder mit dem Verständnis und der Hilfe der USA rechnen.

Trotzdem führte das Verfahren »Pinochet« an einen Wendepunkt. Schlagartig war klar geworden, dass die guten Zeiten für Diktatoren und Massenmörder vorbei waren. Die gewohnte Immunität für Staatschefs aller Art galt plötzlich nicht mehr. Das Nationale Gericht in Madrid hatte einstimmig erklärt, dass spanische Gerichte in Fällen von Folter, Staatsterrorismus und Völkermord gegen ausländische Staatsbürger Verfahren einleiten könnten. In sieben weiteren europäischen Staaten begannen Gerichte, gegen den chilenischen Exdiktator zu ermitteln.[398] Ab jetzt mussten kriminelle Politiker wie Augusto Pinochet bei ihren Routenplanungen auf eine neue Unzuverlässigkeit der Justiz Rücksicht nehmen.

Am 5. Juni 2000 entschied ein Berufungsgericht in Santiago de Chile mit 13 zu 9 Stimmen, dass Augusto Pinochet auch in Chile die Immunität entzogen würde.[399]

Der irakische Politiker, der auf Pinochet folgte, ist weniger bekannt. Izzad Ibrahim al Douri ist in Bagdad Saddam Husseins Nummer zwei. Saddam hatte aus dem rothaarigen Eisverkäufer den Vertrauensmann gemacht, auf den er sich blind verlassen konnte. Am 13. August 1999 musste der irakische Massenmörder al Douri Wien fluchtartig verlassen.

Al Douri hatte Anfang August ein Visum für einen Monat vom österreichischen Außenministerium erhalten. Die Beamten wussten, dass sich der Iraker unbewaffnet nicht wohl fühlt. Sie erlaubten vier irakischen Geheimpolizisten, in Wien Waffen zu tragen. Für die Einreise von Saddams Stellvertreter wurde eine Deckgeschichte konstruiert: Er sei Patient in einer Wiener Privatklinik. Das Außenministerium wusste aber von Anfang an, dass al Douri anderes vorhatte. Das Visum wurde auf »Residenz des irakischen Botschafters« ausgestellt.

Aziz Dilshad kommt auch aus dem Irak. Sie berichtet: »Izzad Ibrahim al Douri war damals, 1988, der Befehlshaber für die Giftgasangriffe auf meine Heimatstadt Halabja. Allein aus meiner Familie wurden damals 73 Menschen getötet, darunter mein Schwiegervater und zwei Schwager. Sie haben in wenigen Minuten mehr als zehntausend Menschen umgebracht.«[400]

Am 13. August zeigte ich Izzad al Douri bei der Staatsanwaltschaft Wien an. Wenige Stunden später saß der Iraker bereits im Flugzeug. Eine Bombendrohung hielt ihn noch weitere zwei Stunden in Wien zurück. Vor Zorn weinend stieg al Douri am frühen Abend am Flughafen von Amman in seinen Mercedes um. Seit damals weiß man auch in Bagdad: Auf die Führer des Irak warten im Ausland statt roter Teppiche Haftbefehle. Wenige Wochen nach al Douris Flucht sollte der irakische Außenminister Tareq Aziz in Italien eine Rede halten. Er blieb zu Hause bei Saddam.

Henry Kissinger war der nächste. »Wie auch immer, wir treten jetzt in ein Zeitalter ein, in dem die uneingeschränkte Immunität für Staatsverbrechen unwirksam wird ... Im Gegensatz zu vielen seiner Kritiker hat Kissinger diesen entscheidenden Wandel verstanden.«[401]

Henry Kissinger hatte Angst. »Im Mai 2001 ließ Rodolfo Corral, ein hoher argentinischer Richter, Kissinger eine Ladung zu einer Vernehmung über die Operation Condor zustellen ... Nur ein paar Tage später, am 28. Mai 2001, erhielt Kissinger in seiner Suite im Pariser Ritz Hotel einen Besuch der Kriminalabteilung der französischen Gendarmerie ... [Kissinger] verließ Paris auf der Stelle.«[402] Chilenische Gerichte haben sich angeschlossen.

Kissinger hat viele gute Gründe, sich zu fürchten. Der amerikanische Journalist Christopher Hitchens hat die Vorwürfe, die nur noch Gerichte klären können, in einer Liste zusammengefasst:

»1. vorsätzliche Massentötung von Zivilisten in Indochina.

2. vorsätzliche Hilfe zum Massenmord und später zum Mordanschlag in Bangladesch.

3. persönliche Anstiftung zum Mord an einem hohen Beamten in einem demokratischen Staat (Chile), mit dem sich die USA nicht im Krieg befanden.

4. persönliche Beteiligung an einem Plan zur Ermordung des Staatsoberhaupts der demokratischen Republik Zypern.

5. Anstiftung zum und Ermöglichung des Völkermords in Osttimor.

6. persönliche Beteiligung an einem Plan zur Entführung und Ermordung eines Journalisten, der in Washington D. C. lebte.«[403]

Ein spanischer Richter und einige Journalisten und Politiker haben etwas erreicht: Die Immunität von Regierungspolitikern, hinter der sich Verbrecher verschiedenster Herkunft überall sicher fühlen konnten, hatte Löcher erhalten. Mit dem Internationalen Strafgerichtshof ist aus den Löchern ein Riss geworden. Dahinter wird zum ersten Mal ein neues globales System sichtbar. Mit dem Internationalen Strafgerichtshof nimmt es Gestalt an.

Die Welt verdankt ihr erstes globales Strafgericht einem Kleinstaat. Über viele Jahre ließ Trinidad-Tobago nicht locker, einen internationalen Gerichtshof zur Verfolgung des Drogenhandels zu fordern. Ein Staat nach dem anderen griff die Idee auf. Am 1. Juli 2002 trat das Statut des Internationalen Strafgerichtshofs in Kraft.

Das Ziel des neuen Gerichtes war einfach: Es sollte möglichen Kriegsverbrechern für alle Zukunft klar machen, dass ein Gericht mit einem Strafverfahren auf sie wartete. Die Idee war nicht neu. Nach den Kriegsverbrecherprozessen von Nürnberg und Tokio wollte die Generalversammlung der UNO schon 1948 einen Gerichtshof mit weltweiter Zuständigkeit schaffen. Aber ein Anlauf nach dem anderen versandete.

Nach Ruanda fanden sich zum ersten Mal genügend einflussreiche Staaten, die Verfahren gegen die Massenmörder in Ostafrika forderten. Der erste Ad-hoc-Gerichtshof der neunziger Jahre wurde eingesetzt. Mit der Verfolgung der Verbrechen in Ex-Jugoslawien folgte der zweite. Beide Gerichte zeigten bald, wo die Grenzen der Ad-hoc-Verfahren lagen. An enge Mandate gebunden fanden sich die Richter bald in komplizierten und aufwendigen Verfahren, für die es weder klare Regeln noch Normen gab, verfangen. Zugleich stellten sie fest, dass die abschreckende Wirkung von Ad-hoc-Gerichtshöfen nicht besonders groß war. Kriegsverbrecher mussten schon besonderes Pech haben, wenn gerade gegen sie ein Verfahren dieser Art eingeleitet würde.

Im Juli 1998 nahmen 120 Mitglieder der UNO das Römische Statut des Gerichtshofs an. Bis in den April 2002 bemühten sich die USA, die Zahl der Ratifikationen unter sechzig zu halten. Am 11. April 2002 hatten sechzig Staaten ihre Ratifikationsurkunden in New York hinterlegt. Die USA hatten zwar am 31. Dezember 2000 unterschrieben, verweigerten aber die Ratifizierung. Am 6. Mai 2002 ließ George Bush die amerikanische Unterschrift zurückziehen. Drei Wochen später trat das Statut des Gerichtshofs in Kraft. Die USA hatten verloren.

2003 beginnt der Gerichtshof mit der Verfolgung dreier Verbrechen: Völkermord, Verbrechen gegen die Menschlichkeit und Kriegsverbrechen. Weitere Verbrechen können in einer Überprüfungskonferenz in den nächsten Jahren in den Katalog aufgenommen werden: militärische Aggression, Terrorismus und Drogenhandel.

Die große Leistung der Vorbereitungskommission des Gerichtshofs liegt in der Liste der »Verbrechenselemente«. Zum ersten Mal werden in einem völkerrechtlichen Katalog Tatbestände präzise beschrieben. Völkermord sind ab jetzt bestimmte Verbrechen, die in der Absicht, eine nationale, ethnische, rassische oder religiöse Gruppe zu zerstören, begangen werden. Als Verbrechen gegen die Menschlichkeit gelten »vorsätzliche Tötung, Ausrottung, Versklavung, Vertreibung, Folter, Vergewaltigung, Nötigung zur Prostitution oder erzwungene Schwangerschaft, Verfolgung aus politischen, rassischen, nationalen, ethnischen, kulturellen und religiösen Gründen oder aus Gründen des Geschlechts sowie das zwangsweise Verschwindenlassen von Personen, wenn diese Handlungen im Rahmen eines ausgedehnten oder systematischen Angriffs gegen die Zivilbevölkerung erfolgt«.[404] Kriegsverbrechen schließlich sind schwere Verstöße gegen die Genfer Konventionen von 1949 und ähnliche Bestimmungen.

Der Gerichtshof wird nur dann tätig, wenn nationale Gerichte keine Verfahren einleiten – weil sie nicht können oder weil sie nicht dürfen.

Wer fordert, dass das globale Recht nicht nur für Verlierer, sondern auch für Sieger, nicht nur für arabische Muslime, sondern auch für nordamerikanische Protestanten, nicht nur für Serben, sondern auch für Amerikaner gelten soll, der vertritt etwas, was längst nicht mehr Unsinn ist: das gleiche Recht für alle, die Globalisierung des Rechtsstaats. Der Streit mit der letzten Supermacht hat genau dieses Ziel.

Die USA besitzen Massenvernichtungswaffen und drohen, sie einzusetzen. Sie unterstützen terroristische Organisationen. Sie haben mit Gewalt Regierungen im Ausland gestürzt. Sie geben politische Morde in Auftrag. Sie erfüllen alle Kriterien eines »Schurkenstaats«. Wenn es eine Achse des Bösen gibt, dann scheint sie mitten durch Washington zu gehen. Trotzdem denkt vernünftigerweise niemand daran, die USA sollten auf Anordnung des Sicherheitsrats bombardiert werden.

Aber es stimmt: Vom Klimaschutz bis zum Verbot von Antipersonenminen sind die USA das Haupthindernis auf dem Weg zu Lösungen. Es gibt keinen Grund, die USA anders als Israel, Nordkorea oder den Irak zu behandeln. Wer systematisch internationales Recht bricht und mutwillig Schäden an Menschen und Umwelt verursacht, soll dafür verantwortlich gemacht werden. Egal, wer in Washington regiert, die USA sind uneinsichtig. Daher ist es notwendig, Druck auf die USA auszuüben und Sanktionen gegen sie vorzubereiten.

Dabei kommt der EU eine Schlüsselrolle zu. Nur die EU ist groß und reich genug, sich erfolgreich gegen die USA stellen zu können. Insbesondere bei den Verträgen zur Rüstungsbeschränkung und zum Verbot ganzer Waffengattungen besteht die Chance auf breite Allianzen auf allen Kontinenten.

Warum soll die EU nicht beschließen, dass Firmen, die mit der Herstellung von Antipersonenminen zu tun haben oder an solchen Firmen beteiligt sind, auf schwarze Listen gesetzt werden und nichts in die EU einführen dürfen? Warum soll es keine Sanktionen gegen Firmen und Institutionen, die Inspektionen ihrer chemischen und biologischen Produktionsanlagen verweigern, geben? Vielleicht heißt das »Handelskrieg«. Aber unter dem Strich sind ein paar kontrollierbare »Handelskriege« immer noch besser als die Kriege, die mit den verbotenen Waffen geführt werden können.

Der Internationale Strafgerichtshof wird jedenfalls seine größte Bewährungsprobe bestehen müssen, wenn das erste Verfahren gegen amerikanische Politiker oder Militärs eingeleitet wird. Die Umsetzung der Bush-Doktrin legt nahe, dass das bald gerechtfertigt sein kann.

Interventionen

»An der neuen Grenze des Imperiums, in Gegenden wie Afghanistan, Bosnien und Kosovo, stellt die militärische Macht der USA gemeinsam mit Geld und humanitären Motiven aus Europa neue imperiale Regeln für eine nachimperiale Zeit auf.«[405] Michael Ignatieff beschreibt, wie sich nicht nur in den USA viele die neue Weltordnung vorstellen.

Humanitäre Interventionen, wie sie in Bosnien stattgefunden haben und in Ruanda unterblieben sind, werden auch in Zukunft als letztes Mittel notwendig sein. Wenn die Realität »Völkermord« und die Frage »zusehen oder eingreifen« heißt, wird die Antwort im Sinne globaler Rechtsstaatlichkeit oft nur »eingreifen« lauten können. Wenn die USA darauf verweisen, dass sie als einzige über die notwendigen militärischen Mittel verfügen, haben sie derzeit Recht. Weder die EU noch China oder Russland sind heute in der Lage, einen massenmörderischen Krieg wie in Ruanda zu stoppen.

Mit der gemeinsamen europäischen Verteidigung wird sich das allerdings Stück für Stück ändern. Mit dem Eurokorps als Kern wird eine Sicherheitsunion Interventionskräfte aufstellen und ausrüsten. Wenn bis dahin kein multilaterales System der internationalen Sicherheit, das über den Veto-Sicherheitsrat hinausgeht, begründet ist, droht etwas Altbekanntes: ein Hochrüsten zwischen den USA, der EU und China.

Die Alternative dazu ist ein multilaterales System mit festen Regeln. Vom Welthandel und den Rechten auf autonome wirtschaftliche Entwicklung bis zu nachhaltiger Wirtschaft und Energiewende braucht die Welt ein Netz von Vereinbarungen und Verträgen, die mit Sanktionsmöglichkeiten klar machen, dass sie ernst gemeint sind. Der operative Kern des Systems können reformierte Vereinte Nationen sein. Die Zukunft der

UNO ist derzeit offen. Die Unterwerfung unter die amerikanische Politik nach dem 11. September hat dem Ansehen der
Vereinten Nationen geschadet. Eines ist in dieser Zeit deutlich sichtbar geworden: Der Kern des Problems liegt im
Sicherheitsrat und in den fehlenden Ressourcen.

Die UNO wird den neuen Aufgaben erst gerecht werden
können, wenn sie reformiert wird. Einige der dringendsten
Reformen betreffen den Sicherheitsrat:

- Aufweichung des Vetorechts;
- ein ständiger Sitz für einen Vertreter der EU anstelle
Frankreichs und Großbritanniens;
- je ein ständiger Sitz für einen Vertreter der Staaten
Afrikas, Asiens und Lateinamerikas;
- Anbindung an den Internationalen Strafgerichtshof, dessen
Urteile der Sicherheitsrat zu exekutieren hat.

Der Sicherheitsrat kann mit einer neuen Zusammensetzung zeigen, dass die Zeit der Vorherrschaft weniger europäischer und amerikanischer Staaten zu Ende geht. Die politische Unterstützung und Aufwertung des Generalsekretariats
und die Durchsetzung der Beschlüsse der Generalversammlung sollen der UNO zusätzlich Gewicht verleihen. Letzten
Endes werden sich die Vereinten Nationen aber nur dann in
der internationalen Politik eigenständig durchsetzen können,
wenn sie über eigene Streitkräfte und eine Krisenpolizei verfügen.

Und was geschieht mit Saddam? Saddam Hussein hat zwei
Kriege begonnen. Er hat Massenvernichtungswaffen gegen
seine eigene Bevölkerung eingesetzt. Saddam Hussein ist
kein gewöhnlicher Verbrecher. Nicht nur Kurden und Schiiten wollen, dass er gestürzt wird. Diktatoren wie Saddam
Hussein stellen die Welt vor die nächste große Frage: Soll es
Aufgabe der internationalen Gemeinschaft werden, Völker
von Diktatoren wie Saddam zu befreien? Die traditionelle
Antwort lautet »Nein«. Unterstützung demokratischer Bewegungen und fast jeder Art von Opposition, Druck, wirtschaftliche und politische Sanktionen – alles geht. Nur die

direkte militärische Intervention scheuen nach wie vor fast alle.

Soll man die Schiiten, Sunniten und Kurden des Irak einem erfahrenen Massenmörder überlassen? Soll man weiter dulden, dass fast alles, was sich im Irak regt, sofort liquidiert wird? Soll man einfach zusehen und sich damit begnügen, dass Saddam nur die eigene Bevölkerung massakrieren kann? Wenn der Kern der Menschenrechte in Zukunft immer und überall gelten soll, dann muss er auch durchgesetzt werden. In Fällen wie Saddam Hussein heißt das letzten Endes auch »militärische Intervention«. Aber das kann vieles heißen – vom imperialen Recht, nach eigenem zu inthronisieren und wieder zu stürzen, bis zu einem geregelten Verfahren, an dessen Ende die Intervention steht.

Die Methode der USA lautet »auf eigene Faust«. Aber wird es ohne die »Faust« der USA gehen? Wenn die Europäische Union den USA das Monopol auf militärische Interventionen abspricht, dann muss sie den Vereinten Nationen Alternativen anbieten. Mit Eurokorps, Headline Goals und Petersberg-Aufgaben ist ein Anfang gemacht.

Wann soll und wann muss interveniert werden? »Wir werden und wir sollen immer dann intervenieren, wenn ein überwältigendes strategisches Interesse mit einem moralischen zusammenfällt«,[406] rät Robert D. Kaplan den USA. Auch für eine globale »Polizei«, in der die USA und die EU Truppen den Vereinten Nationen unterstellen würden, gilt, dass sie nicht überall intervenieren könnten, wo Menschenrechte in größerem Ausmaß verletzt würden. Wenn der Sicherheitsrat beschlösse, die massiven Menschenrechtsverletzungen in Algerien, im Kongo, in Zimbabwe, im Sudan, in Somalia, in Myanmar und in Nordkorea militärisch zu lösen, dann würde er nur eines feststellen: dass er sich übernommen hätte. Der Versuch, vom schwachen Regime des Völkerrechts zu einem stärkeren einer globalen Rechtsstaatlichkeit zu gelangen, kann nur Schritt für Schritt unternommen werden.

Globalisierung von Rechtsstaatlichkeit und Demokratie –

das ist blauäugig, idealistisch und völlig utopisch, lautet ein
letzter Einwand – zu Recht. Wie soll die Herrschaft der Rechtsstaatlichkeit in großen Gebieten, in denen Staaten gerade zer-
fallen, errichtet werden? Wie sollen Warlords, kämpfende
Stämme und plündernde Eliten einem globalen Recht und
ordentlichen Verfahren unterworfen werden? Wie kann man
nur auf die Idee kommen, ein politisch, wirtschaftlich, sozial,
gesundheitlich und kulturell verwüstetes Afrika könnte gerade
jetzt gemeinsam mit einem geeinten Europa, einem gezähm-
ten Amerika und einem demokratisierten Asien das verwirk-
lichen, wovon von Kant bis Wilson umsonst geträumt und
geschwärmt worden ist? »Auf allen Seiten stellen sich ihm
Hindernisse entgegen: die jahrhundertealte Rückständigkeit,
die primitive Wirtschaft, der Analphabetismus, der religiöse
Fanatismus, der Aberglaube der Stämme, die chronische
Hungersnot, die koloniale Vergangenheit mit ihrer Politik der
Erniedrigung und Verdummung der Unterjochten, die Erpressung der Imperialisten, die Habgier der Korrumpierten,
die Arbeitslosigkeit, die negativen Wirtschaftsbilanzen. Es ist
nicht leicht, auf einem solchen Weg zum Fortschritt zu gelangen.«[407] Was der polnische Journalist Ryszard Kapuscinski
1981 über Algerien geschrieben hat, gilt heute noch weit über
Afrika hinaus. Trotzdem bleibt richtig, was für jede konkrete
Utopie stimmt: An ihrem naheliegenderen Ende beginnen die
realen Möglichkeiten.

Es ist wie in Europa. Vor fünfzig Jahren hat nichts mit
gemeinsamer Währung, politischer Union, Verfassungskon-
vent und gemeinsamen Truppen begonnen. Eine Montan-
union, eine westeuropäische Verbindung im Bereich der wieder aufgebauten Schwerindustrie, war der ganze Einstieg in
einen Prozess, der immer weiter in einen europäischen Staat
hineinführt. Natürlich hatten die Gründer mehr im Sinn –
aber nicht am Tisch. Die Spur aus der Frühzeit der Einigung
besteht aus vielen winzigen Schritten, von denen nicht wenige
zur Seite oder zurück gingen. Mit dem Euro in der Tasche
erinnert man sich nicht mehr automatisch an das katastrophal

gescheiterte EWS – das Europäische Währungssystem, das nur fixe Verhältnisse zwischen den nationalen Währungen garantieren wollte. Global geht es auch um Tausende dieser Schritte. Es ist wie in Europa, nur viel schwieriger. Das ist kein ausreichender Grund, die nächsten Schritte nicht zu gehen.

Terrorismus

Am 28. November 2002 veröffentlichte eine Presseagentur eine Liste:[408]

»11. April 2002:

Bei dem Anschlag auf eine Synagoge auf der tunesischen Ferieninsel Djerba sterben 19 Menschen, darunter 14 Deutsche. Al-Qaida bekennt sich später dazu.

8. Mai:

Ein Selbstmordattentäter tötet in Pakistan 15 Menschen, darunter elf französische U-Boot-Spezialisten. Der Mann hatte in Karachi mit einem Auto voller Sprengstoff einen Bus der pakistanischen Marine gerammt. Al-Qaida gilt als Drahtzieher.

14. Juni:

In Karachi sterben zwölf Pakistaner, als ein mit Sprengstoff beladener Transporter vor dem US-Konsulat eine Polizeisperre durchbricht und in die Luft fliegt. Der Anschlag soll von einer moslemischen Extremistengruppe verübt worden sein, die nach Erkenntnissen des pakistanischen Innenministeriums von dem Terrornetzwerk al-Qaida finanziert wird.

2. Oktober:

Ein US-Soldat und drei Philippiner werden in der philippinischen Stadt Zamboanga City bei der Detonation eines Sprengkörpers getötet. Unter den Toten ist der Attentäter, der der Terrorgruppe Abu Sayyaf zugerechnet wird. Wenige Tage später wird in Kuwait ein US-Marineinfanterist erschossen. Das Pentagon vermutet al-Qaida hinter dem Mord.

6. Oktober:

Eine Explosion löst vor der jemenitischen Südküste einen Großbrand auf dem französischen Tanker »Limburg« aus. Ein bulgarisches Besatzungsmitglied kommt ums Leben.

Ein mit Sprengstoff beladenes Boot soll den Tanker gerammt haben. Auch in diesem Fall wird al-Qaida hinter der Tat vermutet.

12. Oktober:

Auf der indonesischen Ferieninsel Bali sterben beim schwersten Anschlag seit dem 11. September mindestens 194 Menschen, überwiegend Urlauber aus Australien. Unter den Opfern sind sechs Deutsche. Ausgeführt wurde das Attentat vermutlich von Mitgliedern der radikalen indonesischen Moslemorganisation Jemaah Islamiyah (JI), die Verbindungen zur al-Qaida haben soll.

23. Oktober:

Eine Gruppe tschetschenischer Terroristen nimmt in einem Moskauer Musicaltheater etwa achthundert Geiseln. Russische Spezialeinheiten beenden das Geiseldrama nach zweieinhalb Tagen. Sie setzen Betäubungsgas ein, stürmen das Theater und erschießen alle 41 Geiselnehmer. Mindestens 129 Geiseln, darunter acht Ausländer, sterben, die meisten von ihnen an den Folgen des eingeatmeten Gases.«

Giftgas im Moskauer Theater, Ground Zero in Grosny, Bomben auf den Irak und Truppen von der arabischen Halbinsel bis zum Kaspischen Meer – das Nachschubprogramm für die Organisationen der Terroristen läuft auf vollen Touren. Die USA, Russland und China haben Feinden den Krieg erklärt, gegen die es militärisch nichts zu gewinnen gibt. Der US-Journalist James P. Pinkerton weist auf den Zusammenhang zwischen amerikanischen Interventionen und terroristischen Attacken hin: »Das Militär gesteht ein, dass Aktivitäten im Ausland Risiken zu Hause mit sich bringen; gemäß einem Bericht des »Defense Science Board« von 1997: ›Die historischen Daten zeigen eine starke Korrelation zwischen amerikanischem Engagement in internationalen Situationen und einer Zunahme terroristischer Attacken gegen die Vereinigten Staaten‹.«[409]

Der »neue Terrorismus« ist vieles, nur nicht neu. »Sie wollen eine islamische Republik. Sie wollen Israel zerstören. Und sie

wollen die islamische Welt unter ihrer Fahne vereinigen ...
Alle echten Muslime sind nach ihrer Auffassung Mitglieder
der Partei Gottes.«[410] Jeffrey Goldberg beschreibt Hisbollah
und vergleicht sie mit al-Qaida: »Im Gegensatz zu al-Qaida
hatte Hisbollah in zwei Fällen mit Terror Erfolg. Zuerst ver-
trieb sie die amerikanischen und französischen Friedenstrup-
pen nach einer Serie tödlicher Bombenanschläge in den frühen achtziger Jahren aus dem Libanon; in einem Anschlag
wurden 241 US-Marines ermordet. Und zwei Jahre zuvor
zwang sie die israelische Armee durch Guerillakrieg und
Terror zum Rückzug aus der so genannten Sicherheitszone im
Südlibanon.«[411]

Hisbollah operiert wie Hamas in einem kleinen, von Israel
militärisch weitgehend beherrschten Gebiet. Im Gegensatz zu
den USA wissen die israelischen Sicherheitskräfte fast alles
über ihre Feinde. Sie kennen Namen und Gesichter ihrer
Anführer. Sie wissen, wohin sich die Terroristen zurückziehen, wie sie nach Israel einsickern und wie sie ihre Anschläge
ausführen. Trotzdem schafft es eine junge Frau nach der anderen, mit Sprengstoffgürteln umwickelt einen Autobus in einer
israelischen Stadt zu besteigen. Israels Polizei und Militär sind
den Terroristen tausendfach überlegen – und haben trotzdem
keine Chance, den Krieg gegen den Terrorismus zu gewinnen.

Was Hisbollah und Hamas für Israel sind, scheint al-Qaida
für die USA zu werden. Überall, wo sie amerikanische Besat-
zer orten, schlagen sie zu. Die Busse, die Hisbollah angreift,
unterscheiden sich nicht von den Diskotheken oder Hotels,
auf die al-Qaida zielt. Die palästinensischen und die islamischen Terroristen sind einander ähnlicher, als es die USA
wahrhaben möchten. Das Bild von den gänzlich neuen Terroristen, die einen neuen, »asymmetrischen« Krieg gegen die
christliche Kultur führten, dient nur einem Zweck: den dau-
ernden Kriegszustand zu rechtfertigen.

John Lewis Gaddis rechnet den 11. September 2001 nach:
»Die Operation kostete das Leben von 19 Terroristen und
Ausgaben von rund 500 000 Dollar. Die ›Abrechnung‹, wenn

wir solch einen Begriff für solch eine brutale Transaktion verwenden können, erbrachte annähernd 5000 Tote und möglicherweise rund 100 Milliarden an Wiederherstellungskosten. Verhältnisse wie diese – je 263 Opfer pro Terrorist und 2000 Dollar Schaden für jeden ausgegebenen Dollar – werden wohl oder übel das Maß für künftige Terroristen sein.«[412] Terrorismus ist billig. Auch wenn Finanzströme überwacht und Konten eingefroren werden, bleibt das Restrisiko lokaler Gruppen, die kaum gehindert werden können, sich das wenige für einen Anschlag Nötige zu beschaffen.

Trotzdem bleiben die USA mit ihrem Verteidigungsminister bei ihrer simplen Strategie. »Man muss so viel Druck wie möglich auf Terroristen in der ganzen Welt ausüben und auf Leute, die glauben, dass es eine gute Idee ist, herumzugehen und unschuldige Männer, Frauen und Kinder zu töten, und man muss versuchen, ihre Finanzen auszutrocknen und so viele wie möglich einzusperren und möglichst viele zu verhören und so viele wie möglich gefangen zu nehmen oder zu töten, und genau das tun wir.«[413] Das ist einfach und hat nur einen Nachteil: Es funktioniert nicht.

Längst ist klar, dass das Militär wie eine falsche Medizin die Krankheit verstärkt. Weder Israel noch Russland oder die USA können ihre Kriege gegen den Terror gewinnen. Die Notwendigkeit politischer Lösungen liegt auf der Hand. Was fehlt, sind nicht Spezialeinheiten und neue Waffen, sondern Regierungen, die bereit sind, die Probleme, die zum Terror führen, zu lösen. Sharon, Putin und Bush sind ebenso Teil des Problems wie bin Laden oder Abu Sayyaf. Ihre sicherheitspolitische Kreativität gehorcht immer noch dem Dinosaurierprinzip: viel Panzer, wenig Hirn.

Terroristen müssen verfolgt werden. Das steht außer Streit. Die einzige Frage lautet: Wie? Zwei Alternativen stehen zur Wahl. Die erste lautet »Krieg«. Ihr Mittel sind globale Militäraktionen unter dem Kommando der USA. Die zweite heißt »Rechtsstaat«. Terroristen sind Verbrecher, die von einem Gericht verfolgt werden müssen. Das Gericht existiert: der

Internationale Strafgerichtshof. Ihm fehlt dreierlei: eine UN-Konvention über den Terrorismus und damit eine verbindliche Definition; eine gerichtliche Zuständigkeit für terroristische Verbrechen; und polizeiliche Mittel. In einzelnen Fällen wird das Militär dabei die »Polizei« sein: auf richterlichen Antrag, nach Beschluss des Sicherheitsrates und unter der Führung der Vereinten Nationen. Die wichtigsten Aufgaben werden aber andere wahrnehmen: das Unterbrechen von Kommunikation und Propaganda; das Verstopfen der Finanzquellen; das Versperren des Nachschubs an Kleinwaffen und *dual use*-Gütern; die Verfolgung der einzelnen Aktivisten.

Man muss kein Prophet sein: Mit den amerikanischen Kriegen wird der antiamerikanische Terrorismus zunehmen. Die USA haben einen Krieg erklärt und führen den Kampf gegen den Terror als Krieg. Jede Regierung muss sich entscheiden, ob sie selbst mit allen Folgen Kriegspartei werden will. Es gibt nur zwei Möglichkeiten: als Verbündeter der USA mitmarschieren und mitintervenieren oder selbst auf die Alternative setzen: die globale rechtsstaatliche Verfolgung der Terroristen. Dazu müssen die Zuständigkeiten des Internationalen Strafgerichtshof erweitert werden und der Sicherheitsrat mit den politischen, wirtschaftlichen und militärischen Mitteln zur Durchsetzung der Urteile ausgestattet werden.

Dazu kommen konkrete, lange aufgeschobene Maßnahmen. Nach wie vor blühen die Märkte für Sprengstoffe und Handfeuerwaffen. Das weltweite Verbot von Ausfuhr und Einfuhr zu privaten Zwecken ist auch auf Grund des Widerstands einer Nation, deren Bürger das Waffentragen für ein Grundrecht halten, in weiter Ferne. Aber ohne das geht es nicht.

Die Polizei muss die Chance erhalten, Finanzströme zu überprüfen und zu unterbrechen. Dazu gehören Devisendeklarationspflichten an allen Grenzen und die Umkehr der Beweislast: Wer nicht belegen kann, woher sein Geld kommt, verliert es. Wenn diese Maßnahme anstelle von Terroristen organisierte Kriminelle oder korrupte Politiker trifft, tritt endlich einmal ein Kollateralnutzen ein.

Letztlich gilt aber: Es gibt keinen Terrorismus ohne einen großen, ungelösten Konflikt, mit dem er sich rechtfertigt. Dass Basken und Iren und nicht Schweizer und Schweden in Europa terroristische Organisationen über Jahrzehnte am Leben halten konnten, hat mit der baskischen und der irischen »Frage« und dem Fehlen einer schwedischen und schweizerischen zu tun. Das Wasser auslassen – erst wenn die Fische im Trockenen zappeln, werden sie zu fassen sein. Dem Terrorismus muss sein Umfeld genommen werden. Wie das geht? Die Stimmen, die sich in den betroffenen Ländern nach wie vor an den Westen wenden, wiederholen immer dringlicher dasselbe: Unterstützt Demokratie, unterstützt Menschenrechte, unterstützt fairen Handel und gerechte Verteilung. Und vor allem: Macht klar, dass euer Recht für alle gilt. Es macht einen entscheidenden Unterschied, ob die UNO alle polizeilichen und militärischen Mittel einsetzt, um Verbrecher vor Gerichte zu stellen, oder ob die christliche Supermacht auf Kreuzzug geht. Terroristen haben nur einen echten Feind: Demokraten und ihren Rechtsstaat.

Terrorismus bekämpft man, indem man:

▪ zuerst die Terroristen selbst bekämpft. Niemand darf das Gefühl erhalten, politischer Mord werde international geduldet;

▪ Finanzierung und Bewaffnung unterbindet;

▪ nicht in die »Kriegsfalle« tappt. Wer den Terroristen den »Krieg« erklärt und ihre Verfolgung in erster Linie den Militärs überantwortet, ist dem Terror in die politische Falle gegangen;

▪ keine »guten« Terroristen unterstützt. Saddam Hussein und Osama bin Laden sind von denen groß gemacht worden, die ihnen später den Krieg erklärt haben.

▪ ausschließlich rechtsstaatliche Mittel einsetzt. Mit Tötungsbefehlen und Standgerichten stellen sich Staaten auf die Ebene derer, die sie bekämpfen wollen. Gerichte sind für die Verfolgung, Einrichtungen wie der Sicherheitsrat der UNO für die – auch militärische – Durchsetzung von Haftbefehlen und Urteilen zuständig;

▪ die staatlichen Quellen des Terrorismus bekämpft. Regierungen wie die Saudi-Arabiens und Pakistans unterstützen Terroristen. Das wird sich nur ändern, wenn sie isoliert und demokratische Alternativen zu ihnen unterstützt werden;

▪ letztlich aber: indem die großen Konflikte, die dem Terror die Rechtfertigungen liefern, entschärft und beigelegt werden.

Als Eleanor Roosevelt und Adlai Stevenson nach dem Zweiten Weltkrieg empfahlen, den Krieg nicht gegen den Kommunismus, sondern gegen Wettrüsten und Hunger zu führen, blieben sie nicht nur in den USA isoliert. Am Beginn der neuen amerikanischen Kriege stellt sich dieselbe Frage: Soll der Krieg gegen Terrorismus, Drogen und Schurken geführt werden? Oder soll der finanziell weit billigere »Krieg« begonnen werden: gegen Hunger, gegen ökologische Katastrophen, für freie Entwicklung und gegen politische Kriminelle? Wie immer bestimmen die Fragen die Antworten. Die wichtigere Entscheidung fällt damit ganz am Beginn: zwischen den amerikanischen und den europäischen Fragen.

DIE STUNDE EUROPAS

Scheidung

»So verschieden wir auch sind, bauen und verteidigen wir dasselbe Haus der Freiheit.«[414] Im Mai 2002 wollte George Bush vor dem deutschen Bundestag noch einmal bekräftigen: So wie Deutschland und die USA sind auch Europa und Amerika einander so eng verbunden, dass sie nichts auseinander bringen kann. Gemäß diesem Bild waren Europa und die USA bis vor kurzem ebenso ungleiche wie dicke Freunde, die sich meist wie Brüder fühlten. Jetzt geht der kleine Bruder seinen eigenen Weg. Die alten Freunde sind einander noch lange nicht Feind. Aber zum ersten Mal sind sie Gegner.

Längst geht es nicht mehr um einzelne Konflikte über Zölle oder Interventionen. Die politischen Kulturen beider Kontinente sind einander fremd geworden. Steven Everts vom Center for European Reform fasst es zusammen: »Wenn Europäer Außenpolitik betrachten, konzentrieren sie sich auf ›Herausforderungen‹, während Amerikaner auf ›Gefahren‹ sehen. Europäische Anliegen sind Herausforderungen wie ethnische Konflikte, Einwanderung, Organisierte Kriminalität, Armut und Umweltzerstörung. Amerikaner – insbesondere Konservative wie Bush und sein Team – setzen sich mit internationalen Bedrohungen wie der Verbreitung von Massenvernichtungswaffen, Terrorismus und ›Schurkenstaaten‹ auseinander. In der europäischen Debatte sind ›Global Governance‹, ›Projecting Stability‹ und ›Managing Globalisation‹ die Stichworte. Im Gegensatz dazu sind ›Burden Sharing‹, ›American National Interests‹ und ›US Leadership‹ die Kernsätze Amerikas.«[415] Amerika bekämpft Schurken, Europa Probleme.

Rein an ihrer Größe gibt es heute nur zwei Konkurrenten, die die USA einzeln ernst nehmen müssen: China und Europa.

Von beiden hat nur Europa alle Voraussetzungen, die Schlüsselrolle in der Zweiten Globalisierung zu übernehmen. Der Motor der europäischen Einigung sind die wirtschaftlichen Interessen; die Basis sind Rechtsstaat und Demokratie. Als erste Kopfgeburt der Staatengeschichte entsteht eine Union über den europäischen Nationen. Im mancher Hinsicht ist das europäische Projekt so revolutionär, wie es das amerikanische vor mehr als zweihundert Jahren war. Wirtschaftlich ist Europa nach dem Wiederaufbau längst wieder selbständig geworden. Seine politische Form findet es gerade in der Union. Ökologisch setzt es sich zögerlich an die Spitze der wenigen globalen Initiativen. Was seine Rolle in der Welt betrifft, beginnt es langsam einen Weg zu finden.

Europa solle sich an den USA orientieren. Wie ein größeres Kind soll auch das geeinte Europa an der Hand der USA in die Welt gehen. Immer noch finden sich Ökonomen und Politiker, die Europa raten, den Weg der USA als kleiner Bruder mitzugehen. Dabei gibt es ausreichend Gründe und Voraussetzungen, etwas Besseres zu beginnen.

Edward Said arbeitet an der New Yorker Columbia Universität. Am Ende eines zweimonatigen Besuchs im englischen Cambridge fasste er zusammen: »Der Ton in Europa ist nicht nur gemäßigter und nachdenklicher; er ist auch weniger abstrakt, menschlicher, vielfältiger und subtiler.«[416] Wer in den USA vom vorgegebenen Weg abweicht, ist bald »unamerikanisch«, damit Feind und hat als solcher die Folgen zu tragen. Tausende arabische und islamische Amerikaner erfahren, was es heißt, wenn man plötzlich Verdächtiger im eigenen Land ist. In Europa käme niemand auf die Idee, jemanden auf Grund seiner politischen Ansichten als »unspanisch«, »unschwedisch« oder »uneuropäisch« zu denunzieren.

Der zweite und vielleicht größte Vorteil Europas sind seine sozialen Netze. Die Vorstellung, jeder einzelne habe das Recht auf ein anständiges Leben, ist neben Rechtsstaat und Demokratie die dritte Säule des europäischen Konsenses. Mit Ausnahme der Regierung Thatcher in Großbritannien haben bisher alle Staaten der EU auf den Import des amerikanischen Modells verzichtet. Sozialversicherung, öffentliche Gesundheitseinrichtungen, offener Zugang zu guten Schulen und Universitäten, Mindestlöhne und Mindestpensionen sind nach wie vor Sicherheiten, von denen dreißig Millionen verarmter US-Bürger nur träumen können. Massenverelendung wie in einem Entwicklungsland ist in Europa im Gegensatz zu den USA unbekannt.

Ein dritter Vorteil Europas hat mit Religion zu tun. »Am merkwürdigsten ist die Unzahl christlicher Fanatiker in den USA, die den Kern der Unterstützer von George Bush bilden und mit sechzig Millionen den größten Wählerblock in der Geschichte der USA formen.«[417] Während immer mehr Amerikaner ihren Predigern folgen, leeren sich in Europa die Kirchen. Die Idee, einen Krieg der religiösen Kulturen führen zu müssen, ist Europa fremd geworden.

Viertens wird die europäische Wirtschaft nicht von einem Block beherrscht, der mit dem imperialen Block der USA vergleichbar ist. Sogar EADS als Europas dominierendes Unternehmen der militärischen Flugzeugindustrie macht mehr als die Hälfte seiner Umsätze mit dem Airbus. In viel geringerem Maß als in den USA hängen in Europa Wirtschaft und Forschung von der Rüstung ab. Europa hat damit die Möglichkeit, anders zu investieren: in faire Verteilung, in die Energiewende, in nachhaltige Wirtschaft, in Bildung und in zivile Forschung.

Fünftens ist der politische Raum in Europa größer. Eine einfache Regel gilt: Je höher der Anteil der Volksvertreter und je geringer der Anteil der Firmenvertreter, desto größer ist die Chance der Politik, eine eigene Rolle zu spielen. Die Amerikanisierung der europäischen Politik ist noch nicht so weit, dass bei Wahlen keine Alternativen auf den Stimmzetteln stehen.

Alles besser in Europa? Die kurze Antwort lautet: Ja, fast alles. Eine längere Antwort müsste Einschränkungen machen. Niemand weiß, wie eine Supermacht »Europa« aussehen und handeln würde. Nicht nur Frankreichs »Engagements« in Afrika deuten darauf hin, dass vieles am guten Eindruck den mangelnden Gelegenheiten geschuldet ist. Die große Entscheidung über die Frage, ob die EU nach dem alten Muster politischer und militärischer Supermächte einfach Konkurrent der USA werden will, steht noch aus. Bis dahin hat die EU die Chance, einen neuen Weg zu gehen.

Aber, lautet der Einwand, die Nazis waren Europäer – und nicht Amerikaner. Das stimmt, die Nationalsozialisten waren vor allem Deutsche und Österreicher. Im Grunde ist die EU nichts anderes als der gelungene Versuch, aus dem Faschismus in Europa Lehren zu ziehen. Europa hat gelernt. Das amerikanische Lernen aus der eigenen Geschichte steht noch aus.

Sicher ohne USA

Patrice Hummel kränkt sich. In nur zehn Jahren ist es ihm und seinen Freunden gelungen, die wichtigsten deutschen, französischen und spanischen Rüstungsunternehmen zur EADS, dem größten europäischen Unternehmen für militärische Luftfahrt, zusammenzufassen. Zwanzig nationale Unternehmen haben sich in Europa zu drei internationalen Gruppen zusammengeschlossen. Am 6. März 2002 stand Hummel auf Einladung der WEU[418] im Madrider Senat vor rund hundert Mitgliedern europäischer Verteidigungsausschüsse und war unzufrieden: Der Abstand zu den USA wuchs weiter. Die USA geben 67 Milliarden Dollar für Rüstung aus, die wichtigsten europäischen Mächte bleiben mit 26 Milliarden Dollar weit zurück. Europa importiert zwanzig Prozent seiner Rüstungsgüter aus den USA. Im Gegenzug beziehen die USA rund ein Prozent ihrer militärischen Güter aus Europa. 54 Prozent der globalen Rüstungsexporte kommen aus den USA. Frankreich, Großbritannien und Deutschland bringen es gemeinsam auf 26 Prozent.[419] Hummel schilderte seinen Albtraum: »So werden die USA den Glauben an die europäische Fähigkeit zur Verteidigung verlieren!«

Der Rüstungsindustrielle sorgte sich um einen doppelten »Gap«: die transatlantische Lücke zwischen den Ausgaben für Rüstungsforschung und die Lücke zwischen den Beschaffungsbudgets des Militärs.

Nach wie vor zögern die Europäer, hinter den USA nachzurüsten. Hummels Appell mündete in einen zweifachen Vorschlag: »Erhöht die Verteidigungsbudgets, um die Kapazitätslücke zu schließen und die technologische Lücke zu verringern!«[420] Hummel hat Unterstützer. Der französische Verteidigungsminister Alain Richard machte sich mit der Marke

von 0,7 Prozent des BIP für eine Verdopplung der Rüstungsausgaben stark.[421] Die EU würde damit zu den USA aufschlie-
ßen. Man scheint darauf zu vertrauen, dass ein derartiger
Rüstungsschub ein strategisches Konzept, das eben diese Aufrüstung rechtfertigte, nachliefern würde.

Industriellen wie Hummel und ihren Politikern in den traditionellen Parteien ist es letztlich egal, ob Europa zu einem
militärischen Bündnis nach Art der NATO oder zu einer
Sicherheitsunion wird. Sie bauen an einem imperialen Block
in Europa, der die Konkurrenz mit den USA aufnehmen soll.
In ihren kühnsten Träumen hängen gleich neben den amerikanischen Lasern die europäischen Superwaffen im Raum;
auf dem Weg zu den neuesten Besatzungen überholen europäische Spezialeinheiten ihre amerikanischen Konkurrenten;
und Satellitenstaaten vom Nahen Osten bis zum Süden Afrikas
hören auf europäische Befehle.

Ein wirtschaftlich und militärisch geeintes Europa ist
anfällig. Nirgends im europäischen Wesen ist eine Sicherheit
gegen imperiale Anmaßungen eingebaut. Europäer sind
nicht besser als Amerikaner – nur auf Grund ihrer jüngeren
Geschichte haben sie eine Chance, vieles besser als die USA
zu machen. »Feigheit ist unter Umständen die Klugheit der
Schwachen.«[422] Egon Bahr hat recht, wenn es um eine Frage
geht: Soll sich die EU an den amerikanischen Kriegen beteiligen? Solange die Zukunft der europäischen Sicherheitspolitik unbestimmt ist, spricht alles dafür, im Kriegsfall nicht
überall hinzugehen.

Jenseits derer, die mit der Aufrüstung Europas ins Geschäft
kommen wollen, glauben nur wenige an den großen europäischen Kraftakt zum Schließen des doppelten »Gap«. »In Wahrheit ist das Anstreben europäischer ›Macht‹ ein Anachro-
nismus«,[423] stellt der konservative amerikanische Autor Robert
Kagan fest. »Es handelt sich um einen atavistischen Impuls,
der nicht zu den Idealen des postmodernen Europas, das ja
gerade auf der Ablehnung von Machtpolitik beruht, passt.«
Kagan hat Recht. Die Europäische Union hat sich für einen

Weg entschieden, der über die Bismarck'sche Machtpolitik des alten Deutschlands und der neuen USA hinausweist.

»Übernehmt Lasten!« Die Aufforderung aus Washington ist immer dieselbe: Europa solle mehr von den gemeinsamen Lasten übernehmen. Die »gemeinsamen Lasten« sind die Kosten der Interventionen und der Stationierung der amerikanischen Truppen. Wie früher die DDR und Polen der UdSSR sollen die Staaten Europas zahlen. Es gibt eine einfache Alternative: die Kosten auf null reduzieren. Europa braucht kein amerikanisches Militär.

Stück für Stück einigt sich Europa. Auch diejenigen, die immer wissen, dass das nächste Etappenziel nicht erreichbar sei, haben sich daran gewöhnt, mit Euro in der Tasche ohne Grenzkontrollen durch Schengenland zu fahren. Ab und zu stellen sie sich auf eine Kiste und lassen sich neben ihren amerikanischen Kollegen fotografieren. Dann schwärmen sie von »gleicher Augenhöhe«. Eines versuchen sie zu verdrängen: Aus einer Umlaufbahn gelangt man nur dann in ein Verhältnis, in dem man den Kurs mitbestimmt, wenn man vorher die Regeln ändert. Damit tun sich deutsche, britische und italienische Satellitenpolitiker aus Tradition schwer.

Jeder Schritt, der einen neuen Bereich zur Union macht, verändert das Verhältnis Europas zur USA. Kaum jemand in Washington und New York wollte dem Euro eine Chance geben. Trotzdem hielt sich der amerikanische Widerstand in Grenzen. Kurzfristig scheint der Dollar als Leitwährung nicht gefährdet. Am Weg zur Sicherheitsunion gelten andere Regeln. Die gemeinsame Sicherheit in der eigenständigen Union erreicht Europa nur gegen die USA.

Im deutschen Ort Petersberg hat die Union in der Sicherheitspolitik ihre ersten gemeinsamen Ziele bestimmt: die Schaffung eines Korps, das ständig 60 000 Soldaten einsatzbereit hält; ein politisches und sicherheitspolitisches Komitee, das die nächsten Schritte zur gemeinsamen Sicherheit vorbereitet; einen gemeinsamen Militärstab, der über das Korps verfügt. Die Arbeit an den Petersberg-Aufgaben sind weitgehend abgeschlossen. Damit stellt sich die Frage nach dem nächsten Schritt.

1999 hat die EU in Petersberg das erste Mal versucht, einen Schritt auf einem eigenen Weg zu gehen. Die Antwort der USA kam im September 2002 vom amerikanischen Verteidigungsminister. Die NATO begann, in Europa selbst eine schnelle Eingreiftruppe nach dem Muster von Eurokorps aufzustellen. Die EU hatte ihre Ziele mit den »Helsinki Headline Goals« festgelegt. »Die NATO hat sich im Stillen gegenüber den Headline Goals einen Vorteil verschafft und gewinnt offensichtlich die Initiative zurück«,[424] beschreibt der Militärexperte Edward Foster den Überholversuch des US-Bündnisses. Bei Zahl, Verbänden und Plänen wurde in den NATO-Planungen von Petersberg ausgegangen. Alles, was die EU langsam aufbaute, erhielt binnen weniger Monate ein NATO-Etikett. Unter dem Druck der USA überholte die NATO auf ihrem Prager Gipfel im November 2002 die EU. Seitdem präsentiert sich die gemeinsame europäische Sicherheit als Doppelwesen. »Alle Ressourcen ... können als Teil einer EU- oder NATO-geführten Operation genützt werden: dasselbe Personal, dieselbe Ausrüstung«,[425] zeichnet Foster die unhaltbare doppelte Führung Europas.

Die EU kann zwei Wege gehen: über die NATO ins amerikanische Protektorat oder in die Sicherheitsunion. Schon vor Beginn der offenen Debatte haben die USA klarstellen lassen: Militärisch wird Europa ein Protektorat der USA. Die Vereinbarungen zwischen der EU und den USA lauten: keine Duplizierung der Strukturen, »harte« Aufgaben in die NATO, »weiche« in die EU. Im September 2002 einigten sich die NATO-Mitglieder in Warschau, dass die NATO-Interventionstruppe für Kampfeinsätze in »Konflikten mit hoher Intensität«, die EU-Truppe dagegen für das »untere Ende von peacekeeping« vorgesehen werde.[426] Niemand in der EU leistete sich offenen Widerspruch. Trotzdem wissen die Beteiligten, dass der Konflikt unausweichlich ist.

Mit dem Konvent hat Europa begonnen, sich eine Verfas-

sung zu geben. Mit ihr fällt die Entscheidung: Bindet sich das
neue Europa in seiner Sicherheitspolitik an die internationale
Gemeinschaft oder geht es den Weg der USA? Die NATO-
Lobbyisten versuchen, über eine Beistandspflicht nach dem
Muster der Artikel fünf in den Verträgen von NATO und
WEU einen kalten Anschluss der EU an die NATO zu erreichen. »Beistand« bedeutet Verpflichtung zur militärischen
Hilfe, wenn ein Mitglied der EU von außen angegriffen
wird. Wenn die Beistandspflicht uneingeschränkt gilt, können
NATO-Staaten Mitglieder des amerikanischen Blocks bleiben. Nur die Neutralen müssen dann etwas ändern. Sie müssen ihre Neutralität aufgeben. Wenn die NATO-Staaten dann
den nächsten Schritt in die Sicherheitsunion verweigern,
gehört Europa der NATO.

Die Verfassung kann aber auch einen anderen Weg weisen.
Mit der Union und gleichzeitig mit der Selbstverpflichtung
zur Nichtteilnahme an Kriegen und der Bindung aller militärischen Einsätze an klare Mandate der UNO kann Europa der
erste große Teil eines globalen Sicherheitssystems werden.
Europa kann aus seiner militärischen Schwäche eine Tugend
machen.

Bis zur Sicherheitsunion können auch die Neutralen einen
Riegel gegen die NATO einbauen. Sie erhalten ihre Neutralität jenseits der EU-Grenzen – und sperren sich und ganz
Europa damit gegen einen Gesamtbeitritt zum amerikanischen Block.

Mit der Osterweiterung der NATO haben die USA einen
Vorsprung. Wenn NATO-Staaten wie Polen und Ungarn jetzt
der EU beitreten, scheint der NATO-Block in der Union ge-
stärkt. Das täuscht. Egal, wie viele NATO-Mitglieder davon
betroffen sind, die EU wird bald über die Zukunft »Sicherheitsunion« entscheiden müssen. Dabei geht es um:

■ Demokratie. Die europäische Sicherheitspolitik unterliegt
der »Regierungszusammenarbeit«. Minister und Staatschefs
haben sich an die Stelle der Parlamente gesetzt. Die nationalen Parlamente sind nicht mehr, das europäische Parlament

ist noch nicht zuständig. Die nationalen Reichsfürsten genießen ein politisches Leben ohne Kontrolle. Ein Zurück, wie es nationalistische Parteien wünschen, gibt es kaum mehr. Erst wenn die Sicherheitspolitik vergemeinschaftet ist, kommt sie wieder in die Reichweite eines Parlaments. »Union oder nicht« heißt daher gleichzeitig »Demokratie oder nicht«.

■ Autonomie. Die Europäische Union wird auch in der Sicherheitspolitik souverän. Sechzig Jahre nach Ende des Zweiten Weltkriegs ist es Zeit, dass die US-Truppen aus Deutschland, Großbritannien, Norwegen, Belgien, den Niederlanden, Luxemburg, Italien, Spanien, Portugal und Griechenland abziehen. Die amerikanischen Brückenköpfe werden geschlossen. Der SACEUR fährt mit seinen 118 000 US-Soldaten[427] nach Hause. Die Truppen für internationale Einsätze werden europäisiert. Die Nachkriegszeit geht auch in Europa zu Ende.

■ Partnerschaft. In der Sicherheitsunion gibt es weder neutrale noch paktgebundene Staaten. Damit erübrigt sich auch die NATO. Europa braucht an Stelle der NATO eine gleichberechtigte Sicherheitspartnerschaft mit den USA. Wenn Europa die Sicherheitsunion gründet, wird die NATO aufgelöst – je früher, desto besser.

■ Solidarität. Wenn das nächste Ruanda oder das nächste Bosnien bevorsteht, wird sich Europa nicht zurücklehnen und erwartungsvoll nach Amerika blicken können. Das Versagen am Balkan war schlimm genug. Für zukünftige humanitäre Interventionen der UNO wird die EU relevante militärische Beiträge liefern müssen. Das heißt zweierlei: eine europäische Eingreiftruppe und eine Bindung der Einsätze an UN-Aktionen in einer europäischen Verfassung.

Für Österreich, Finnland, Schweden und Irland ist eines klar: Die Zeit der Neutralität ist bald vorbei. Wenn alle vier an ihrer Stelle eine Sicherheitsunion bekommen, verlieren sie nicht viel. Die Neutralität sagt heute nur noch, was ein Staat nicht will und darf. Die Mitgliedschaft in einem militärischen Bündnis, die Stationierung fremder Truppen und die Teilnahme an Kriegen sind den Neutralen verboten. Nach wie vor schützt die Neutralität der vier EU-Mitglieder die gesamte Union vor einem Anschluss an die NATO. Mehr leistet die Neutralität nicht mehr. Für eine Zukunft, in der die Globalisierung von Rechten und Rechtsstaatlichkeit im Mittelpunkt steht, hat sie nichts zu bieten. Wenn in Europa die Nachkriegszeit auch in der Sicherheitspolitik abgeschlossen ist, wird in Europa niemand mehr neutral sein.

Eine konkrete Entscheidung einzelner Mitglieder wird in der EU die Richtung bestimmen. Die USA wollen mit ihrer Raketenabwehr einen Schirm über Europa stülpen. Wer den Schirm aufspannt, bestimmt auch über die Regeln in dem abgeschirmten Gebiet. Was unter dem Schirm liegt, bleibt sicherheitspolitisch auf längere Zeit amerikanisches Protektorat. Der Schirm dient nicht dem Schutz, sondern der Beherrschung Europas. Zu seiner Sicherheit braucht Europa keinen Raketenschirm. Daher soll es auf ihn verzichten. Die »National Missile Defense« NMD der USA ist auf europäische Stützpunkte angewiesen. Ohne Thule in Grönland und ohne die Einrichtungen in Vardö im Norden Norwegens kann NMD nicht wie geplant installiert werden. Ein dänisches Nein, das von der EU unterstützt wird, kann Europas vernünftigster Beitrag zu NMD sein.

Wenn es die NATO als amerikanischen Block nicht mehr gibt, verlieren die USA ihre wichtigsten militärischen Satelliten und Stützpunkte, die ihnen den Einfluss in den angrenzenden Regionen sichern. Ein Stück des amerikanischen Reichs bricht weg. Der Raum für eine Alternative wächst. Aber ist Europa reif für eine eigene sicherheitspolitische Rolle?

In ihrer kurzen Geschichte hatte die Sicherheitspolitik der EU eine einzige Nagelprobe zu bestehen. An ihr ist sie in Bosnien und im Kosovo kläglich gescheitert. »Überall, wo man in Europa 1991 und 1992 hinkam, gab es diesen enormen Optimismus über das, wozu das neue Europa jetzt in der Lage sei... Die Europäer würden das jetzt in die Hände nehmen, sagte man, und die Amerikaner, die gerade den Golfkrieg beendet hatten und die Abwicklung des sowjetischen Reiches beaufsichtigten, waren nur zu froh darüber«, berichtet David Halberstam über die damaligen Beobachtungen eines hochrangigen US-Offiziers in Europa.[428] Vier Jahre lang konnten die serbischen Einheiten unter den Augen der europäischen Politik einen von der EU und den USA anerkannten Staat zerstören, seine muslimische Bevölkerungsmehrheit vertreiben und Tausende von ihnen massakrieren. Die hilflosen europäischen UNPROFOR-Einheiten gaben Milosevic, Karadzic und Mladic bei ihrem gemeinsamen Versuch des Völkermords ein Feigenblatt, das gegen eine amerikanische Intervention schützte. Hätten die USA nicht militärisch interveniert, wäre es im eingeschlossenen Bihac zu einem Massaker gekommen, das jenes von Srebrenica noch bei weitem übertroffen hätte. So verspielte die junge Gemeinsame Außen- und Sicherheitspolitik GASP in den ersten Jahren, in denen sie allein zuständig war, alle Vorschusslorbeeren.

Was war schiefgegangen? 1991 war die GASP eine Fassade, hinter der sich die alten nationalen Vorlieben versteckten. Großbritannien und Frankreich sympathisierten mit den Serben, Deutschland und Österreich mit Kroaten und Slowenen. Nur die bosnischen Muslime hatten niemanden, auf den sie in Europa zählen konnten. Zur Überraschung vieler erwiesen sich die alten Allianzen des Zweiten Weltkriegs als fester als das Bekenntnis zur neuen gemeinsamen Politik. Aber auch wenn die EU mit einer Stimme ein Ziel verfolgt hätte, wäre sie an einem zweiten Problem gescheitert. 1991 verfügte Europa nicht über die militärischen Mittel, die man den serbischen Aggressoren hätte entgegenstellen können. Die EU war politisch und militärisch nicht fähig, die angegriffenen Bosnier zu schützen. Zehn Jahre später beginnt sich das zu ändern.

Was soll die Sicherheitsunion militärisch »können«? Amerikanische Beobachter erwarten vom europäischen »Wesen« nicht viel. »Im Gegensatz zu den Vereinigten Staaten musste Europa seit dem Zweiten Weltkrieg keine militärischen Entscheidungen auf Leben und Tod treffen, und Europäer neigen zum Weinen und Jammern.«[429] Die Alternative zum Weinen, Jammern und sich Fürchten scheint vielen der europäische Block nach dem Vorbild der USA. Über regionale Beistandspflichten wollen sie sich unter dem amerikanischen Schirm nur enger aneinander kuscheln.

Die Verteidigung Europas ist das geringste Problem der europäischen Sicherheit. Mit Ausnahme der USA ist kurz- und mittelfristig niemand in der Lage, Europa militärisch anzugreifen. Von Deutschland bis Frankreich, Großbritannien und Italien leisten sich die EU-Staaten nach wie vor den Luxus nationaler Vollmilitärs. Luftwaffe, Marine, Heer und Spezialeinheiten – alles muss überall da sein. Alles gibt es im drei-, vier-, fünffachen Überschuss: Kampfpanzer, Artillerie, Kampfflugzeuge, Zerstörer … Nur der Binnenstaat Österreich verzichtet weise auf maritime Investitionen und damit auf die Kontrolle der Weltmeere. Die neuen NATO-Mitglieder in Osteuropa haben mit ihren Versuchen, auf NATO-Niveau nachzurüsten, der Rüstungsindustrie einen Überbrückungsmarkt geschaffen. Wie ihre neuen Partner im Westen haben auch sie sicherheitspolitisch in die Vergangenheit investiert.

Obwohl es Sicherheitspolitiker in der EU nach wie vor nicht zugeben wollen, steht eines fest: In den konventionellen Bereichen ist Europa weit übergerüstet. Für die Kriege, die nicht mehr drohen, leisten sich die EU-Staaten Streitkräfte, die beides sind: zu groß und von gestern. Eine gemeinsame europäische Verteidigung ist daher vor allem eines: der Abbau von allem, was mehrfach und damit zu viel da ist. Neben der europäischen Verfassung, die den demokratischen Rahmen schafft, braucht Europa daher eine Bestandsaufnahme, auf deren Basis ausgemustert werden kann.

In erster Linie wird es die stehenden Heere treffen. Niemand in der EU braucht mehr 8778 Kampfpanzer,[430] wenn die Zeit der großen europäischen Panzerschlachten vorbei ist. Klassische Landesverteidigung hat in Zukunft auch als Verteidigung der Union nur noch eine geringe Bedeutung.

Die Zukunft globaler – und damit auch europäischer – Sicherheitspolitik heißt nicht »Russland«, sondern »Ruanda«. Der Genozid an den Tutsis war nicht das Ende. Solange es zerfallende Staaten und Bürgerkriege gibt, werden UNO, USA und EU vor die Frage nach Intervention gestellt werden.

Die erste Frage nach Bosnien lautet: Kann die EU in Zukunft eine Aufgabe wie Bosnien lösen? Erst dann hat die zweite Frage – was die EU dafür brauche – einen Sinn. Wenn die EU humanitäre Interventionen nicht den USA überlassen will, dann muss sie eine Antwort finden. Zuerst geht es dabei um die Regeln. Eine der wichtigsten lautet: Humanitäre Interventionen stehen am Ende eines geregelten Verfahrens. Der Internationale Strafgerichtshof wendet sich an den Sicherheitsrat oder der wird von sich aus tätig. Nicht die USA, Russland oder China entscheiden, wann und wo einmarschiert wird, sondern multinationale Organisationen oder Gerichte. Das wird meist länger dauern und manchmal nicht funktionieren. Langfristig garantiert aber nur das neue Gleichgewichte in der internationalen Politik.

Der zweite Schritt betrifft die »Polizeikräfte« für Schutzmaßnahmen der UNO. Es wird noch lange dauern, bis die UNO über ausreichend eigene Kräfte verfügt. Letztlich können in der Übergangsphase dahin nur EU, USA und wenige andere die entscheidenden polizeilichen und militärischen Ressourcen zur Verfügung stellen. Daher ist es besonders wichtig klarzustellen, dass das Recht zur Intervention jenseits der bloßen Selbstverteidigung den einzelnen Staaten nicht zusteht. Wenn die USA das nächste Mal allein angreifen, wissen alle, dass das illegal ist.

Für die EU stellt sich eine weitere Frage. Nicht nur die Sicherheitspolitik wird bald klären müssen, wo Europa endet. Christliche Politiker schlagen im Osten und Süden Glaubensgrenzen vor. Anders als ihre Glaubensbrüder in den USA etwa glauben sie, ein »reines« Europa einigen zu können. In der Praxis verdrängen sie, dass mehr als zehn Millionen Moslems schon längst die zweitgrößte Religionsgemeinschaft in der EU bilden und mit Bosnien ein europäischer Staat mit einer muslimischen Mehrheit überlebt hat. Im Innersten sehnen sie sich nach einer verlorenen Zeit, in der man noch meinte, reine Rassen in christlichen Nationalstaaten aufbewahren zu können. Nur wenige Staaten wie Polen zeigen sich heute noch eintönig weiß. Der offene Westen des Kontinents ist bunt geworden. Der Osten wird folgen.

Wer in Europa lebt, ist Europäer. Blut und Glaube dienen als Bindemittel in einem ethnisch bunten Europa, am Ende sogar in Deutschland und Österreich. Ali ist schon heute ein schöner deutscher Name und Hratko ein guter österreichischer. Wer wird noch kommen? Serbien, Kroatien und die anderen Staaten des Balkan werden die nächsten auf der Liste sein. Dahinter wartet die Türkei. Als letzter Staat im Südosten hat sich die Türkei nach Europa gewandt. Die Chance auf Integration hat zu einem Schub an Freiheit geführt. Von Kurden bis Journalisten spüren viele, dass Europa ihre Chance ist. Der Einwand, dann falle hinter der Türkei ein staatlicher Domino nach dem anderen Richtung Europa, ist falsch. Die Türkei ist im Südosten das letzte Land, das sich nach Europa gewandt hat. Weder arabische Syrer noch persische Iraner sehen sich als Europäer. Nach der Türkei ist Schluss. Die Stadt Wien, in der ich das schreibe, hat zweimal türkische Belagerungen überlebt und ist dafür mit dem Kaffeehaus und dem Kipferl belohnt worden. Türkische Partner in der Gemeinschaft wird sie umso leichter vertragen.

Die Türkei grenzt an Syrien, den Irak und den Iran. Damit ist klar, was Europa braucht: einen stabilen Frieden im Nahen Osten. USA und NATO haben mit Israel, Saudi-Arabien und der Türkei nur ein imperiales Dreieck geschaffen, das die Region mühevoll in Schach hält. Die trinkfesten Wahabiten in Riad, die verknöcherten Generäle in Ankara und die Panzerpolitiker in Jerusalem versperren gemeinsam den Weg zu einer neuen Ordnung. Ohne eine Lösung der beiden großen Fragen – der palästinensischen und der kurdischen – wird Europa immer an einem politischen Abgrund im Südosten leben.

Amerikanische Autoren haben zwei Bilder für das Verhältnis zwischen Amerika und Europa geprägt. Das eine zeigt den amerikanischen Koch, der das Essen bereitet, und die europäische Küchenhilfe, die den Abwasch besorgt.[431] Das andere ist näher am aktuellen Geschehen. Amerika steht im zweiten Bild als Sheriff auf der Main Street, Europa ist der Saloonkeeper. »Outlaws shoot sheriffs, not saloonkeepers«,[432] fasst Robert Kagan seinen Hinweis auf die besondere Schutzbedürftigkeit des Sternträgers zusammen. Dieses Bild hat zwei Fehler: Von den Standardrollen des Wilden Westens passt für Europa weniger der Saloonkeeper und eher der Friedensrichter. Und: Auch für die Entwicklung der USA war es nicht unerheblich, dass die ersten schießfreudigen Sheriffs schon bald in ein schnell wachsendes rechtsstaatliches System mit Gerichten eingebunden wurden.

Die neuen amerikanischen Konservativen, die der Regierung Bush Ideen und Rechtfertigungen geliefert haben, berufen sich neben Macchiavelli und Bismarck meist auf Hobbes. In Kenntnis der menschlichen Natur sei es der Zwang, nicht die Einsicht, die das friedliche Zusammenleben ermögliche. Robert Kaplan erklärt die Hobbes'sche Welt: »Die größte Furcht des Menschen, sagt uns Hobbes, ist die vor dem gewaltsamen Tod: Tod durch die Hand eines Mitmenschen. Hobbes sagt, dass diese ›vorrationale‹ Furcht die Basis aller Moral ist, weil sie die Menschen in ›Eintracht‹ zwingt. Aber das ist eine Moral der Notwendigkeit und nicht der freien Wahl.«[433] Ein aufgeklärtes Gemeinwesen scheint Kaplan ebenso ideal wie utopisch. Wo es Menschen gibt, da müssten sie sich den Hobbes'schen Leviathan schaffen, der sie als Staat beherrscht. Das scheint ihr einziger Ausweg aus ihrer Natur.

In dieser Sicht des menschlichen Kerns bedarf es eines Bocksprungs, um in den Verhältnissen der Welt die USA über den Leviathan zu stellen. Das leuchtende Haus am Hügel, von dem die Welt betrachtet und gelenkt wird, ist nicht Hobbes, sondern Bush. Hobbes erklärt die dunkle Unordnung der Welt, aber nicht die Sendung der USA.

Die globale Rechtsstaatlichkeit entsteht an dem Punkt, an dem die Außenpolitik beginnt, Züge einer globalen Innenpolitik anzunehmen. Die Europäische Union ist der stärkste Pfeiler dieses neuen multilateralen Systems, dem sich die USA immer öfter alleine entgegenstemmt. Europas politische Hauptaufgabe ist, die USA in das System zu zwingen. Dazu wird Europa den militärischen Wettlauf mit den USA nicht aufnehmen. Europa hat gemeinsam mit anderen bessere Karten. »Die Vereinigten Staaten können in der Welt kaum etwas dauerhaft ohne die nachhaltige Zusammenarbeit mit ihren Verbündeten und Freunden in Kanada und Europa erreichen«,[434] stellt die US-Regierung in ihrer »National Security Strategy« fest. Das ist das Kapital der EU. Man handelt nur unilateral, wenn man es kann. Ohne Stützpunkte in Europa und ständig in Gefahr, völlig isoliert zu werden, spricht vieles dafür, dass sich die USA den Weltführer auf Dauer nicht leisten können.

Der Schlüssel zur neuen europäischen Rolle liegt in Deutschland. Die Männer um Bush haben genau registriert, dass der bravste kleine Bruder in die politischen Flegeljahre gekommen ist. Jahrzehntelang konnten sich die USA darauf verlassen, dass in deutschen Händen nichts als amerikanische Fähnchen Platz hatte. Selbst der grüne Außenminister Joschka Fischer konnte sich sein eigenes Land nur als »Tausend-Pfund-Gorilla«, dessen angestammter Aufbewahrungsort der NATO-Käfig ist, vorstellen. Jetzt steht die Käfigtür offen. Vom Sommer 2002 an mobilisierte Deutschlands Kanzler gegen einen Krieg, den kaum jemand in Europa wollte.

Deutschland ist groß und einflussreich genug, um den neuen europäschen Kurs zu prägen. Aber es ist nicht das Wissen um die eigenen und gemeinsamen Möglichkeiten und auch nicht das Bild einer europäischen Rolle, die Deutschland treiben. Die traditionelle Außenpolitik hat sich lange Zeit wenig geändert. Erst zwei Provinzwahlkämpfe einer absaufenden Kanzlerpartei haben die Politik der BRD in eine Richtung getrieben, die alles andere als geplant war. Die Ressentiments gegen die USA mögen begründet sein – als dauerhafte Begründung für Europas Rolle taugen sie nicht. Die Gefahr, dass eine gleichermaßen vorlaute wie ängstliche deutsche Politik Alternativen zum US-Reich eher beschädigt als fördert, ist im Vorlauf der Irakinvasion gewachsen.

Aber erste neue Ansätze werden sichtbar. Als der deutsche Außenminister Joschka Fischer am 8. Februar 2003 den USA eine deutsch-französische Irakinitiative entgegensetzte, war das mehr als eine Quittung für Donald Rumsfelds »Deutschland – Libyen – Kuba«-Affront. Wie vor Petersberg bewegt sich Europa auch diesmal über die deutsch-französische Achse. Das nordatlantische Scharnier ist gebrochen. Die Trennung hat begonnen.

Die amerikanischen Soldaten, die Deutschland als Basis für die imperialen Kriege nutzen, haben nichts mit deutscher Sicherheit und alles mit deutscher Ängstlichkeit zu tun. Gegen die Amerikaner wahlkämpfen und ihnen gleichzeitig das eigene Land als Stützpunkt überlassen, das wird auf Dauer nicht gehen. Europa wird sich erst von den USA lösen, wenn die BRD einen Schlussstrich zieht. 1945 ist Deutschland auch durch die Truppen der USA befreit worden. Die Schuld, in der sich die Deutschen gegenüber Amerika fühlen, hindert sie daran, den überfälligen Strich zu ziehen. Die Schuldgefühle haben sich längst zum Tabu eingekapselt. »Antiamerikanismus« – man muss es nur laut genug rufen, dann zuckt die Bundesrepublik wieder zurück. Aber zum ersten Mal spüren beide Seiten, dass die Nachkriegszeit zu Ende ist. Gemeinsam mit den anderen Europäern muss sich Deutschland jetzt weiter trauen.

Und Amerika?

Beim Blick in die Zukunft stört zweierlei: die Gegenwart und die eigene Brille. Fast jeder antwortet auf die Frage »Wem gehört das gerade begonnene Jahrhundert« mit »den USA«. Was heute ist, wird auch morgen sein. Dass alles anders wird, kommt erstens immer wieder vor und ist zweitens den meisten unvorstellbar. Einiges spricht dafür, dass sich nicht nur in Amerika viel verändert.

Die USA haben unter George Bush einen weltweiten Krieg begonnen, den sie nicht gewinnen können. Auf einem Schauplatz nach dem anderen werden sie siegen und nur feststellen, dass sie nichts gewonnen haben. Während sie Statthalter für Statthalter installieren, wird der Widerstand gegen die globale Statthalterei wachsen. Mit Vasallen, die ihre Staaten plündern und Terroristen, die zu allem bereit sind, wird die Welt noch einige Zeit an den beiden wichtigsten Nebenprodukten der neuen amerikanischen Strategie leiden.

Wenn die Zahl der Opfer die erste kritische Marke erreicht, wenn Kriege und Besatzungen die Grenzen der Finanzkraft durchstoßen, wenn einer Mehrheit in den USA der persönliche Preis für den Krieg zu hoch wird und wenn ein Satellit nach dem anderen die Umlaufbahn verlässt, dann steht ein isoliertes und wirtschaftlich angegriffenes amerikanisches Herrschaftsprojekt vor dem Scheitern. Dann wird sich auch in den USA etwas ändern.

Können die USA in ein Netz internationaler Vereinbarungen, Verfahren und Institutionen eingebunden werden? Neben der imperialen Tradition hat es in den USA immer zwei andere gegeben: eine der Abwendung und Isolation und eine der gemeinsamen globalen Ordnung. Ein amerikanischer Präsident hat den Völkerbund begründet, ein anderer spielte bei der Begründung der Vereinten Nationen eine Schlüsselrolle. Jetzt regiert die Junta der Bushmänner. Wenn sich die Dinge wenden, werden sie zuerst isoliert und dann abgewählt.

Wer kann die Wende gegen das Reich schaffen? Niemand allein, aber viele gemeinsam, lautet eine erste Antwort. Drei Akteuren kommen besondere Rollen zu. Die bunten Bewegungen der Globalisierungskritik gewinnen mit ihren losen Netzen schon heute so viel Einfluss, dass die politischen und wirtschaftlichen Führungsgruppen mit ihnen den Dialog suchen müssen. Trotz der Ängstlichkeit ihrer Führer ist die Europäische Union die einzige Macht, die offen gegen Amerika auftreten und sich durchsetzen kann. Letztlich wird sich aber in der amerikanischen Gesellschaft selbst entscheiden, ob die USA ihren Kurs ändern. Hunderttausende, die gegen Bush auf die Straße gehen, sind ein guter Anfang.

Die USA werden noch lange die militärisch stärkste Macht der Welt bleiben. Sie können alles niederkämpfen, was sich militärisch bekämpfen lässt. In ihrer Welt aus intelligenter Munition, unsichtbaren Bombern, unbemannten Flugzeugen und Cyberkriegern nehmen sie nicht mehr wahr, dass sie Osama bin Laden in die Falle gegangen sind. Jeder Stützpunkt und jede festungsartige Botschaft provozieren als Fremdkörper Abstoßungsreaktionen. Al-Qaida wird nur eine von vielen sein.

Die Schwäche der USA liegt in der öffentlichen Meinung. Je mehr sie auf ihre überlegenen Waffen vertrauen, desto größer ist die Chance, dass sie den Krieg um die Köpfe verlieren. George Bush glaubt, dass die Welt dem amerikanischen Führer folgen muss. Wenn sein Kreuzzug am Ende der Sackgasse angelangt ist, wird auch der Präsident sehen, dass es nicht mehr weiter geht.

Vor zweihundert Jahren wandten sich die USA von einem Europa, in dem die Mächte um die Vorherrschaft kämpfen, ab. Zwei Jahrhunderte später sind die Seiten getauscht. Europa hat nach der Katastrophe des Zweiten Weltkriegs ein politisches Projekt im Geist der Aufklärung begonnen. Die USA spielen noch einmal die alte Rolle der Supermacht. Die Welt beginnt, sich abzuwenden.

Zum Schluss meine Brille. Jeder hat seine auf, und jeder sieht durch sie etwas anderes. Durch meine Brille sehe ich hinter Bush und Rumsfeld und hinter B-2 und Blitzkrieg mein Amerika. Ich liebe Amerika. Es gibt kein zweites Land, das so schön, so bunt und so aufregend ist. Zwischen Long Island und San Fransisco, zwischen Alamo und den Niagara Falls breitet sich eine der offensten und spannendsten Kulturen der Welt aus. Vom hügelig Gemütlichen gerät man unmittelbar in Städte, neben denen ihre europäischen Schwestern wie alte Tanten wirken. John Lee Hooker und Little Jimmy Scott, Cormack McCarthy und Philip Roth, Martin Scorsese und Robert de Niro, Charles Mingus und Charlie Parker sind Amerika. Seine Bilder und seine Lieder sind unsere Welt. Politisch gezähmt und ohne seine fossile Junta wird Amerika noch schöner.

Anmerkungen

1 Eric Hobsbawm: Age of the Extremes, London 1995, S. 558.
2 vom Österreichischen Informationsbüro für Sicherheitspolitik und Rüstungskontrolle (OISR)
3 White House, State of the Union Address, 29. 1. 2002.
Das vollständige Zitat lautet: »The last time I spoke here,
I expressed the hope that life would return to normal. In some
ways, it has. In others, it never will. Those of us who have lived
through these challenging times have been changed by them.
We've come to know truths that we will never question: evil is
real, and it must be opposed. (Applause.) Beyond all differen-
ces of race or creed, we are one country, mourning together
and facing danger together. Deep in the American character,
there is honor, and it is stronger than cynicism. And many
have discovered again that even in tragedy – especially in
tragedy – God is near.«
4 President Bush Addresses the Nation, www.wtap.com,
11. 9. 2002.
5 CBS, 60 Minutes, 12. 5. 1996.
6 DIA: Iraq Water Treatment Vulnerabilities, deklassifiziertes
Originaldokument, 22. 1. 1991, S. 2.
7 ebda.
8 Zwei Mitglieder eines FAO-Teams errechneten eine Zahl
von etwa 567 000 Kindern, die auf Grund der Sanktionen ver-
storben waren. The Lancet 346, London 2. 12. 1995.
9 Dawn/AFP 2. 11. 2001.
10 ebda.
11 BBC News, 2. 7. 2002.
12 Noam Chomsky: Speech at MIT, in: www.counterpunch.org,
25. 10. 2001.
13 Plans for Iraq-Attack began on 9/11, CBS news.com,
4. 9. 2002.
14 Das Originalzitat lautet: «Best into fast. Judge whether good
enough hit S.H. at same time. Not only UBL.«

15 Originalzitat: «Go massive, sweep it all up. Things related and not.«

16 Bob Woodward: We will Rally the World, in: Washington Post, 28. 1. 2002.

17 Bob Woodward: Bush at War, New York 2002, S. 49.

18 ebda.

19 http://www.usconsulate.org.hk/pas/bkgr/fp/2002/031301.htm, Übersetzung d. Verf.

20 Milt Freudenheim, Barbara Slavin and William C. Rhoden, »The World in Summary. Readjustments in the Mideast«, New York Times, 28. 2. 1982

21 Güter, die für zivile und militärische Verwendung geeignet sind.

22 Manfred Berg: »… aber er war unser Schurke«, in: Die Zeit, 7. 11. 2002, S. 82.

23 ebda.

24 Mark Phythian: Arming Iraq. How the U.S. and Britain Secretly Built Saddam's War Machine, Boston 1997, S. 88.

25 Im Zusammenhang mit Recherchen über Noricum war ich Mitte der achtziger Jahre auf österreichische Beteiligungen an SAAD 5, SAAD 15 und SAAD 21 gestoßen. Die Bau- und Produktionspläne, die ich israelischen Behörden zur Verfügung stellte, ergänzten das detaillierte Bild, über das Israel bereits damals verfügte. Mitarbeiter des Mossad schilderten mir anlässlich eines Besuchs in Tel Aviv, dass sie die USA immer wieder erfolglos auf die Gefahren der irakischen Aufrüstung hingewiesen hatten – bis sie zur Kenntnis nehmen mussten, dass die USA andere Interessen vertraten.

26 Zehn Bell-Helicopter wurden zusätzlich zu sechzig Hughes-Helicoptern kurze Zeit zuvor geliefert.

27 Alan Simpson/Glen Rangwala: The Dishonest Case for War on Iraq, Cambridge 2002, S. 3.

28 CDI (Center for Defense Information): Terrorism Project, Washington D.C. 2002, S. 9.

29 Director of Central Intelligence: Impact and Implications of Chemical Weapons Use in the Iran-Iraq War, 1987, deklassifiziertes Dokument der CIA, deklassifiziert am 7. 2. 1996.

30 ebda.

31 ebda.

32 Bruce W. Jentleson: With Friends Like These: Reagan, Bush, and Saddam, 1982-1990, New York 1994, S. 78.

33 Message from the Secretary to Tariq Aziz, 0 2120512 OCT 89 ZFF6, FM SECSTATE WASHDC TO AMEMBASSY BAGHDAD IMMEDIATE.

34 Stuart Auerbach: $1.5 Billion in U.S. Sales to Iraq, Washington Post, 11. 3. 1991.

35 The White House: National Security Directive 26, 2. 10. 1989.

36 ebda.

37 ebda.

38 The White House: National Security Directive 45, 20. 8. 1990.

39 The White House: National Security Directive 54, 15. 1. 1991.

40 Jonathan C. Randal: After such Knowledge: What Forgiveness? My Encounters with Kurdistan, New York 1997, S. 60.

41 Patrick Cockburn: Frozen Out, in: www.slate.com, 17. 1. 2003.

42 der ehemalige stellvertretende UN-Generalsekretär Denis J. Halliday im Interview mit David Edwards, www.greenbooks.co.uk/edwards/iraq.htm.

43 James Fallows: The Fifty First State? in: The Atlantic Monthly, November 2002.

44 William Arkin: War by Spring, in: www.washingtonpost.com, 11. 11. 2002.

45 The Observer online, 25. 8. 2002.

46 John Le Carré: The United States of America Has Gone Mad, in: The Times Online, www.timesonline.co.uk, 15. 1. 2003.

47 Bob Woodward: Bush at War, New York 2002, S. 58.

48 Michael Schwelien, Constanze Stelzenmüller: Wie sie verlernen, die Bombe zu fürchten, in: Die Zeit, 6. 6. 2002.

49 Michael Naumann: Spiel mit der Angst, in: Die Zeit, 6. 6. 2002.

50 Schwelien, s. Anm. 48.

51 Bob Woodward: Bush at War, New York 2002, S. 303.

52 George W. Bush: Einleitung zu: The National Security Strategy of the United States of America, Washington 2002.

53 ebda., Kap. 1, S. 1.

54 »Die USA wollen die Weltherrschaft«, Spiegel-Gespräch mit Eric Hobsbawm, Der Spiegel 12/2002.

55 Robert B. Zoellick: Countering Terror With Trade, Washington Post, 20. 9. 2001.

56 ebda.

57 zit. nach: Henry Kissinger: Does America Need a Foreign Policy? New York 2002, S. 238.

58 Robert A. Caro: Lyndon Johnson – Master of the Senate, New York 2002, S. 36.

59 ebda.

60 Gore Vidal: The Decline and Fall of the American Empire, New York 2002, S. 17.

61 New York Times, 14. 6. 1941, zitiert nach: William Blum: Killing Hope, London 1986, S. 11.

62 William Blum: Killing Hope, London 1986, S. 64ff.

63 Kermit Roosevelt: Countercoup: The Struggle for the Control of Iran, New York 1979.

64 New York Times, 16. 6. 1954, zit. nach Blum, s. Anm. 62.

65 Blum, s. Anm. 62, S. 194.

66 William Blum: Killing Hope. U.S. Military and CIA Interventions Since World War II, Monroe 1995, S. 123.

67 ebda., S. 133.

68 James Becket: Barbarism in Greece, New York 1970.

69 Bill Vann: Washington schweigt, in: www.wsws.org, 11. 12. 1998.

70 Le Nouvel Observateur, No. 1732, 15. 1. 1998, S. 76.

71 Jeffrey Steinberg: War in Afghanistan Spawned a Global Narco-Terrorist Force, in: Executive Intelligence Review, Washington D.C., 13. 10. 1995.

72 Reflections on Soviet Intervention in Afghanistan, Memo to President from Zbigniew Brzczinski, 26. 12. 1979, CNN-online.

73 Seumas Milne: They Can't See Why They are Hated, in: The Guardian, 13. 9. 2001.

74 Neighbourhood Bully. Interview mit Ramsey Clark, SunMagazine 11/2001 (www.thesunmagazine.org/bully.html).

75 George Bush vor dem Iowa Western Community College am 21. 1. 2000, zitiert nach: The Complete Bushisms, in: http://slate.msn.com/?id=76886.

76 David Halberstam: War in a Time of Peace, New York 2001, S. 391.

77 Der jeweilige Desk Officer ist für ein spezielles Land zuständig.

78 The President's State of the Union Address, Office of the Press Secretary, Washington 29. 1. 2002.

79 Die blutigen Grenzen des Islam. Gespräch mit Samuel Huntington, in: Die Zeit, 5. 9. 2002, S. 15.

80 ebda.

81 Der Standard, 10. 1. 2003.

82 Achse des Hasses? in: Die Zeit, 16. 1. 2003.

83 The Washington Post, 31. 5. 2000.

84 zit. nach: Michael Naumann: Das Reich des Guten, in: Die Zeit, 7. 11. 2002, S. 3.

85 Jane's Intelligence Review 4/1995.

86 The Washington Post, 31. 5. 2000.

87 Bernard Lewis: The Roots of Muslim Rage, in: The Atlantic online, September 1990.

88 Julia Gerlach: Globalisierung auf Islamisch, in: Die Zeit, 5. 9. 2002.

89 Rede von George Bush am 11. 9. 2001, www.afa.net/activism/aa091201.asp.

90 Dan Diner: Feindbild Amerika, München 2002, S. 182.

91 Steinberg, s. Anm. 71.

92 Mark Scheffler: The Real War on Terrorism, Interview mit Robert Young Pelton, in: www.salon.com, 23. 4. 2002.

93 Joshua Micah Marshall: The Pentagon's Internal War, in: www.salon.com, 9. 8. 2002.

94 Department of Defense: DoD News Briefing – Secretary Rumsfeld and Gen. Myers, 26. 6. 2002.

95 David W. Sigrist: Prospects for Super-Terrorism, Potomac Institute for Policy Studies, Arlington 1999.

96 The Miami Herald, 16. 11. 1997.

97 William Blum: Rogue State, London 2002, S. 80.

98 Pauline Jelinek: bin Laden Hunt Frustrates Pentagon, in: www.salon.com, 14. 11. 2002.

99 Department of Defense: Secretary Rumsfeld Speaks on »21st Century Transformation« of U.S. Armed Forces, Washington, 29. 1. 2002.

100 Ansprache von George Bush in Washington D.C. am
11. Dezember 2002, in: The Complete Bushisms,
www.slate.com.

101 Robert Kagan: When America Blinked. How We Unlearned
the Art of War, in: The New Republic, 12. 3. 2001.

102 ebda.

103 Dan Diner: Feindbild Amerika, München 2002, S. 192 f.

104 ebda.

105 U. S. Department of State, Policy Planning Staff: Review of
Current Trends: U.S. Foreign Policy, Foreign Relations of the
United States (FRUS), 1948 (veröffentlicht 1967), Volume 1,
Part 2, S. 510–529.

106 Gore Vidal: The American Presidency, Chicago 1998,
S. 76.

107 Christopher Hitchens: No One Left to Lie to, London 1999,
S. 69.

108 ebda.

109 David Halberstam: War in a Time of Peace, New York 2001,
S. 75.

110 Kagan, s. Anm. 101.

111 Michael Ignatieff: The Burden, in: The New York Times
Magazine, 5. 1. 2003.

112 zit. nach: ebda.

113 www.newamericancentury.org/statementofprinciples.htm.

114 Rebuilding America's Defenses. Strategy, Forces and
Resources For a New Century. A Report of The Project for
the New American Century, September 2000, www.newameri-
cancentury.org/RebuildingAmericasDefenses.pdf.

115 ebda., S. 14.

116 ebda.

117 Rebuilding America's Defenses. Strategy, Forces and
Resources For a New Century. A Report of The Project for
the New American Century. September 2000, S. 51.

118 The Atlanta Journal Constitution, 29. 9. 2002.

119 Robert Kagan: Power and Weakness, in: Policy Review No.
113, Juni 2002, S. 17.

120 Das Regierungsteam von George W. Bush, in: Cosmopolis
Nr. 21, Schweiz 2000.

121 The Complete Bushisms, in: http://slate.msn.com/?id=76886.

122 ebda., Austin, 20. 12. 2000.

123 ebda., Washington D.C., 2. 5. 2002.

124 ebda., Saginaw, 29. 9. 2000.

125 ebda., Washington D.C., 18. 12. 2000.

126 ebda., Washington D.C., 29. 1. 2001.

127 ebda., Rom, 22. 7. 2001.

128 ebda., Washington D.C., 22. 5. 2001.

129 ebda., Bentonville, 6. 11. 2000.

130 Gore Vidal: The American Presidency, Chicago 1998, S. 49.

131 ebda., S. 79.

132 Edward Said: Waiting on a Countervailing Force, in: Counterpunch, 16. 11. 2002.

133 The Atlanta Journal-Constitution, 29. 2. 2002.

134 State of the Union Addres 29. 1. 2002.

135 Dan Morgan, David B. Ottaway: In Iraqi War Scenario, Oil Is Key Issue, in: Washington Post, 15. 9. 2002.

136 Damien Cave: Oily Waters, in: www.salon.com, 20. 11. 2001.

137 Die Weltwoche, 14. 1. 2002.

138 Damien Cave: The United States of Oil, in: www.salon.com, 19. 11. 2001.

139 Michael Moore: Stupid White Men, New York 2001, S. 16–24.

140 Damien Cave, s. Anm. 138.

141 John Le Carré: The United States of America Has Gone Mad, in: The Times Online, www.timesonline.co.uk, 15. 1. 2003.

142 Christian Tenbrock: Die Verteidigten Staaten, in: Die Zeit, 30. 1. 2003, S. 19.

143 Der Spiegel 3/2003, S. 106.

144 Unocal Statement: Company not supporting Taliban in any way, El Segundo, 14. 9. 2001.

145 Hans Brandt: Brisante Pipelines am Kaspischen Meer, in: Der Tagesanzeiger, 19. 4. 2002.

146 Colin J. Campbell: Ölwechsel, München 2002, S. 129.

147 Sonia Mikick, Jo Angerer: Irak-Öl – deshalb droht Krieg, Monitor, 21. 11. 2002.

148 Colin J. Campbell: Peak Oil: A Turning for Mankind, Cork 2001.

149 ebda.

150 Colin J. Campbell: Ölwechsel, München 2002, S. 57.
151 Robert A. Caro: Lyndon Johnson – Master of the Senate, New York 2002, S. 8.
152 ebda.
153 Oliver Burkeman: Gore attacks Bush on terror war, in: www.theage.com.au, 2. 7. 2002.
154 Greg Palast: The Best Democracy Money Can Buy, London 2002, S. 6.
155 ebda., S. 6.
156 ebda., S. 39.
157 Michael Moore: Stupid White Men, New York 2001, S. 2.
158 zitiert nach: Friedenspolitischer Ratschlag, Kassel 2. 7. 2002.
159 Die Zeit, 4. 7. 2002.
160 The National Security Strategy of the United States of America, Washington D.C. 2002, S. 31.
161 International Court of Justice: Military and Paramilitary Activities in and against Nicaragua (Nicaragua vs. United States of America) (1984-1991).
162 Die Zeit 44/2001, S. 11.
163 New York Times, 13. 5. 1999.
164 James Shea, Pressekonferenz im NATO-Hauptquartier, Brüssel, 3. 5. 1999.
165 State of the Union Address, 29. 1. 2002.
166 Aristide Briand war französischer, Frank Billings Kellogg US-Außenminister.
167 Der Falter 38/2001, Wien.
168 Anthony York: A Big, Big Mistake, Interview mit R-Mike Thompson, in: www.salon.com, 4. 10. 2002.
169 ebda.
170 The National Security Strategy of the United States of America, Washington 2002, S. 6, Übers. d. Verf.
171 Department of Defense: Secretary Rumsfeld Speaks on «21st Century Transformation« of U.S. Armed Forces, Washington, 31. 1. 2002.
172 US Department of Defense: Pressegespräch mit Secretary D. Rumsfeld, 5. 8. 2002.
173 Reinhard Merkel: Amerikas Recht auf die Welt, in: Die Zeit, 2. 10. 2002, S. 37.

174 The National Security Strategy of the United States of
     America, Washington 2002, S. 15.

175 Bob Woodward: President Broadens Anti-Hussein Order, in:
     Washington Post, 16. 6. 2002.

176 Robert Fisk: We are the war criminals now, http://
     www.rabbani29.pwp.blueyonder.co.uk/zzzrobert_fisk.htm.

177 Organization for the Prohibition of Chemical Weapons.

178 The Guardian, 16. 4. 2002.

179 Le Monde Diplomatique, 10. 7. 2002.

180 Christian Science Monitor, 24. 4. 2002.

181 Le Monde Diplomatique, 10. 7. 2002.

182 ebda.

183 Washington Post, 19. 9. 2002.

184 Caroline Walter, Steffen Mayer: Biowaffen: Verbotene
     Forschung in amerikanischen Regierungslabors,
     www.kontraste.de/0201/manuskripte/txt_biowaffen.html..

185 al-Qaida

186 zit. nach: Bob Woodward: Bush at War, New York 2002,
     S. 248.

187 Baltimore Sun, 13. 12. 2001.

188 Text der Rede unter: www.sunshine-project.org.

189 Frank Miller war leitender Mitarbeiter des Nationalen
     Sicherheitsrats für den Bereich Verteidigung.

190 Condoleezza Rice

191 Bob Woodward: Bush at War, New York 2002, S. 100.

192 www.ctbto.org.

193 Friedenspolitischer Ratschlag der Universität Kassel,
     26. 2. 2002.

194 Michael Brzoska, Herbert Wulf: Rüstungskontrolle in der
     Krise und Abrüstung am Wendepunkt, Bonn International
     Center for Conversion (BICC), in: Friedenspolitischer
     Ratschlag, Universität Kassel, 2001.

195 http://www2.gol.com/users/bobkeim/landmine/lmupdate.html.

196 ebda.

197 Herbert Wulf, Michael Brzoska: Rüstungskontrolle in der
     Krise und Abrüstung am Wendepunkt, in: Friedenspolitischer
     Ratschlag, Kassel 2001.

198 ebda.

199 Florian Rötzer: US-Regierung scheitert an Blockade des Zusatzprotokolls zur Anti-Folter-Konvention, in: www.heise.de/tp, 25. 7. 2002.

200 Michael Ignatieff: The Burden, in: The New York Times Magazine, 5. 1. 2003.

201 Department of Defense: Secretary Rumsfeld Speaks on »21st Century Transformation« of U.S. Armed Forces, Washington D.C., 31. 1. 2002.

202 ebda.

203 Michael Ignatieff: The Burden, in: The New York Times Magazine, 5. 1. 2003.

204 Robert D. Kaplan: Warrior Politics, New York 2003, S. 107.

205 Rebuilding America's Defenses. Strategy, Forces and Resources For a New Century. A Report of The Project for the New American Century. September 2000, S IV.

206 Nationale Sicherheitsdoktrin der USA, Washington 2001, S. 11f.

207 zit. nach: Rainer Rilling: American Empire als Wille und Vorstellung, Kassel 2002.

208 National Strategy to Combat Weapons of Mass Destruction, Washington 2002.

209 ebda.

210 ebda.

211 ebda.

212 Andrew Koch: USA's Tough WMD Stance: Pitfalls Abound, in: Jane's Defense Weekly, 18. 12. 2002.

213 ebda.

214 ebda.

215 nach: David Halberstam: War in a Time of Peace, New York 2001, S. 400.

216 The National Security Strategy of the United States of America, Washington 2002, S. 29.

217 Die Zeit 40/2002, S. 9.

218 HNaA: Das eurostrategische Lagebild und die Bedrohung, Wien 2001.

219 Luke Hill: NATO to Streamline Command Structure, in: Jane's Defense Weekly, 18. 12. 2002.

220 Supreme Allied Commander Europe.

221 NATO-Handbook, NATO-publications, Brüssel 2001.

222 Allied Forces Northern Europe

223 Allied Forces Southern Europe

224 Rebuilding America's Defenses. Strategy, Forces and Resources For a New Century. A Report of The Project for the New American Century. September 2000, S. 15.

225 Mikhail Khodarenok: Russia Surrounded with US Military Bases, in: Russia Weekly (Center for Defense Information, Washington) Nr. 10/2002.

226 ebda.

227 ebda.

228 ebda.

229 Le Monde Diplomatique, Januar 2002.

230 Ken Opala: MPs Seek Talks Over US Bases in Kenya, in: www.AfricaOnline.com, 13. 12. 2001.

231 Kurier, 1. 12. 2002.

232 Emily Wax: A U. S. Beachhead on Horn of Africa, in: Washington Post, 5. 12. 2002.

233 Department of Defense: Pressegespräch mit Secretary D. Rumsfeld, 5. 8. 2002.

234 Rumsfeld Visits Millenium Challenge Experiment, in: American Forces Information Service, 29. 7. 2002.

235 U.S Department of Defense: Media Availability with Defense Secretary Rumsfeld and Norwegian MoD, 29. 7. 2002.

236 ebda.

237 US-Raketenabwehr: Bush kündigt den ABM-Vertrag, in: Friedenspolitischer Ratschlag, Universität Kassel, 15. 2. 2001.

238 Anti Ballistic Missiles.

239 www.globalsecurity.org/wmd/library/policy/dod/npr.htm.

240 Brad Knickerbocker: In an Age of Biowarfare, US Sees New Role for Nukes, in: The Christian Science Monitor, 26. 11. 2002.

241 National Institute for Public Policy: Rationale and Requirements for U.S. Nuclear Forces and Arms Control, Washington 2001.

242 Colin S. Gray/Keith Payne: Sieg ist möglich, in: Blätter für deutsche und internationale Politik 12/1980, S. 1503.

243 Karl-Heinz Kamp: Ein »geheimer Atomplan« der USA?

Arbeitspapier der Konrad Adenauer-Stiftung Nr. 62/2002, Sankt Augustin 2002, S. 3.

244 IISS Military Balance 1999/2000.

245 Internationales Konversionszentrum Bonn (BICC): Jahresbericht 2002, Presseerklärung.

246 ebda.

247 U.S. Military Transformation: Not Just More Spending, But Better Spending, in: Center for Defense Information, Washington D. C., 31.1.2002.

248 Der Spiegel, 20. 8. 2001.

249 U.S. Military Transformation: Not Just Spending, But Better Spending, in: Center for Defense Information, Washington, 31. 1. 2002, www.cdi.org.

250 ebda.

251 David Halberstam: War in a Time of Peace, New York 2001, S. 457.

252 Nick Cook: Armed and Dangerous, in: Jane's Defense Weekly, 8. 1. 2003.

253 ebda.

254 Vernon Loeb: Afghan War a Lab for US Innovation, in: The Washington Post, 28. 3. 2002.

255 Robert D. Kaplan: Warrior Politics, New York 2003, S. 9.

256 Jane's Defense Weekly, 2. 10. 2002, S. 3.

257 ebda.

258 USA Expedites Chem-Bio Bunker-Buster Project, in: Jane's Defense Weekly, 18. 9. 2002, S. 3.

259 1 kT entspricht der Sprengkraft von 1000 Tonnen TNT.

260 Georg Schöfbänker: Die Bush-Doktrin, in: Franz Leidenmühler: Krieg gegen Terror, Idstein 2003.

261 William Blum: Rogue State, London 2002, S. 96.

262 Denis J. Halliday: Economic Sanctions on the People of Iraq: First Degree Murder or Manslaughter? in: AAUG-Monitor Vol. 15 Nr. 1/2000, Washington D.C.

263 ebda.

264 Joshua Micah Marshall: The Pentagon's Internal War, in: www.salon.com, 9. 8. 2002.

265 stellvertretender Außenminister unter George Bush senior

266 David Halberstam: War in a Time of Peace, New York 2001,
     S. 37.

267 »I'm not Sure Which Planet They Live on.« Gespräch mit
     Anthony Zinni im Middle East-Institute, Washington, in:
     www.salon.com, 17. 10. 2002.

268 Joshua Micah Marshall, s. Anm. 264.

269 EO ist eine südafrikanische Firma, die ehemalige
     Berufssoldaten für Einsätze anbietet.

270 Private Military Companies.

271 Al J. Venter: Dogs of War Come in from the Cold, in: Jane's
     International Defense Review, January 2003.

272 ebda.

273 The National Security Strategy of the United States of
     America, Washington 2002, S. 27.

274 ebda., S. 28.

275 Zbigniew Brzezinski: Die einzige Weltmacht. Amerikas
     Strategie der Vorherrschaft, Hamburg 1999, 65 f.

276 The National Security Strategy, s. Anm. 273, S. 25.

277 Michael Naumann: Das Reich des Guten, in: Die Zeit,
     7. 11. 2002, S. 3.

278 U.S Department of Defense: Media Availability with Defense
     Secretary Rumsfeld and Norwegian MoD, 29. 7. 2002.

279 Erich Reiter: Die nationale Sicherheitsstrategie der USA
     vom September 2002, Bundesministerium für Landes-
     verteidigung/Büro für Sicherheitspolitik, Wien 2002, S. 7.

280 ebda.

281 Joris Janssen Lok: High Readiness Forces, in: Jane's
     International Defense Review, January 2003.

282 Christopher Hitchens: No One Left to Lie to, London 1999,
     S. 100.

283 Gwynne Roberts: Saddam's Secret Time Bomb: Gassing of
     the Kurds, Roberts & Wykeham Films ltd., Channel 4.

284 Internationale Atom Energie Organisation mit Sitz in Wien.

285 Michael Ignatieff: The Burden, in: The New York Times
     Magazine, 5. 1. 2003.

286 Andreas Zumach: Blühende Geschäfte, in: taz, 19. 12. 2002.

287 Joschka Fischer: Für einen neuen Gesellschaftsvertrag,
     München 2000, S. 80.

288 John Williamson: What should the World Bank think about the Washington Consensus? in: The World Bank Research Observer vol. 15, no. 2, August 2000, S. 251f.

289 Eric Hobsbawm: Age of Extremes. The Short Twentieth Century 1914 – 1991, London 1994, S. 409.

290 Eric Hobsbawm: The New Century, London 2000, S. 69.

291 Richard Falk: Predatory Globalization, Cambridge 1999, S. 2.

292 Joschka Fischer: Für einen neuen Gesellschaftsvertrag, München 2000, S. 113.

293 International Monetary Fund – Internationaler Währungs-fonds

294 Das Neuseeland-Experiment, in: Die Zeit, 52/2000.

295 Joseph Stiglitz: Gobalization and its Discontents, New York 2002, S. 17.

296 Noam Chomsky: Profit over People, New York 1999, S. 23 f.

297 Joseph Stiglitz: Globalization and its Discontents, New York 2002, S. 80 (Übers. d. Verf.).

298 ebda., S. 45.

299 The National Security Strategy of the United States of America, Washington D.C. September 2002.

300 Stephan Schulmeister: Die unterschiedliche Wachstums-dynamik in den USA und Deutschland in den neunziger Jahren, in: Arne Heise (Hg.): USA – Modellfall der New Economy, Marburg 2001, S. 145.

301 ebda., S. 146.

302 ebda., S. 159.

303 Paul Bairoch: Economics and World History. Myths and Paradoxes, Chicago 1993, S. 5.

304 ebda., S. 30.

305 ebda., S. 16.

306 Schulmeister, s. Anm. 300, S. 159 f.

307 Stephan Schulmeister: Globale Finanzmärkte – Siegeszug des Neoliberalismus? Beitrag zum Symposium »Kurswechsel. Sozial ins 21. Jahrhundert«, Wien 1999, S. 4.

308 Trevor Evans, Michael Heine, Hansjörg Herr: Weiche Kurse – harter Fall? in: Arne Heise (Hg.): USA – Modellfall der New Economy? Marburg 2001, S. 57.

309 Schulmeister, s. Anm. 307, S. 31 ff.

310 The National Security Strategy of the Unites States of America, Washington D.C. September 2000, S. 17.

311 ebda., S. 18.

312 ebda.

313 IMF: Members Quotas and Voting Power, 28. 6. 2002.

314 Robert B. Zoellick: American Trade Leadership: What is at Stake? Rede vor dem Institute for International Economics, Washington, 24.9.2001, S. 3.

315 Der Sozialist Charles Schenck hatte aufgerufen, sich der Einberufung zu widersetzen.

316 Schenck vs. United States 1919, zit. nach: Nancy Chang: Silencing Political Dissent, New York 2002, S. 23.

317 Nancy Chang: Silencing Political Dissent, New York 2002, S. 25.

318 Insatiable Appetite: The Government's Demand for New and Unnecessary Powers after September 11. ACLU-Report, Washington D.C., 2002, S. 3.

319 ebda., S. 9.

320 ebda., S. 1.

321 ebda., S. 5.

322 Operation Tips, Information von Citizen Corps, www.citizencorps.gov/tips.html.

323 www.ojp.usdoj.gov/ojpcorp/cpg.pdf.

324 Chang, s. Anm. 317, S. 95.

325 ebda.

326 Jane Black: Sone TIPS for John Ashcroft, in: Business Week online, 25.7.2002.

327 ebda.

328 William Matthews: Ashcroft offers TIPS-Assurances, in: Federal Computer Week, 26. 7. 2002.

329 Black, s. Anm. 326.

330 Verena Ringler: Der Feind im Inneren, in: Die Zeit, 7. 11. 2002, S. 35.

331 www.campuswatch.org.

332 zit. nach ACLU-Report, s. Anm. 118, S. 10.

333 omb.watch, 19. 6. 2002.

334 omb.watch, 15. 7. 2002.

335 http://www.darpa.mil/iao/index.htm.

336 Suzanne Goldenberg: Big Brother Will Be Watching America, The Guardian, 23. 11. 2002.

337 http://www.darpa.mil/iao/TIASystems.htm.

338 http://www.darpa.mil/iao/EELD.htm.

339 Farhad Manjoo: Is Big Brother Our Only Hope Against bin Laden? in: www.salon.com, 3. 12. 2002.

340 The Washington Times, 15. 11. 2002.

341 Dave Lindorff: Grounded, in: www.salon.com, 15. 11. 2002.

342 ebda.

343 ebda.

344 Defense Department News Briefing mit Secretary of Defense Donald H. Rumsfeld, 26. 2. 2002.

345 William M. Arkin: The Military's New War of Words, in: Los Angeles Times, 24. 11. 2002.

346 Gerry J. Gilmore: Strategic Influence Office ›Closed Down,‹ Says Rumsfeld, in: American Forces Press Service, 26. 2. 2002.

347 Arkin, s. Anm. 345.

348 ebda.

349 Michael Young: Air War, in: reasononline, www.reason.com, 8. 10. 2001.

350 ebda.

351 Veronica Forwood: Censorship of News in Wartime Is Still Censorship, in: Guardian Unlimited, 15. 10. 2001.

352 zit. nach: Mira Beham: Kriegstrommeln. Medien, Krieg und Politik, München 1996, S. 95.

353 ebda., S. 100.

354 ebda., S. 96.

355 David Halberstam: War in a Time of Peace, New York 2001, S. 153.

356 Edward Gibbon: The History of the Decline and Fall of the Roman Empire, London 2000, S. 9.

357 ebda., S. 10.

358 Eric Hobsbawm: Age of the Extremes, London 1995.

359 Trevor Evans, Michael Heine, Hansjörg Herr: Weiche Kurse – harter Fall? in: Arne Heise (Hg.): USA – Modellfall der New Economy? Marburg 2001, S. 55.

360 Christopher Hellman: Last of the Big Time Spenders, Center for Defense Information, Washington D. C., 4. 2. 2002.

361 James Rowley: US Has Wider Strategic Aims, Says an International Conference, in: Business Times, 25. 9. 2002.

362 James Fallows: The Fifty-First State? in: The Atlantic Monthly, November 2002.

363 U.S Army Command and General Staff College: Fundamentals of Operational Warfighting. DJMO Scenario and Reference Book for CENTCOM (Notional), Kansas 2001.

364 ebda.

365 ebda.

366 ebda.

367 New York Times, 12. 10. 2001.

368 Elaine Sciolino: Some Pentagon Officials and Advisers Seek to Oust Iraq's Leader in War's Next Phase, in: New York Times, 12. 10. 2001.

369 U.S. Sets Meeting on Exploiting Iraqi Oil after Hussein, in: Oil and Gas International, 2. 10. 2002.

370 Gore Vidal: The Decline and Fall of the American Empire, New York 2002, S. 14.

371 www.tdcj.state.tx.us/stat/finalmeals.htm.

372 Michael Moore: Stupid White Men, New York 2001, S. 206.

373 U.S Department of Commerce/U.S. Census Bureau: The Changing Shape of the Nation's Income Distribution, Washington D. C. 2000, S. 4.

374 Human and Income Poverty. Human Development Report 2002, OECD.

375 Daten aus: Human and Income Poverty. Human Development Report 2002, OECD.

376 Kurier, 4. 12. 2002.

377 Human and Income Poverty, s. Anm. 374, S. 20.

378 Paul Krugman: Der amerikanische Albtraum, in: Die Zeit 7.11.2002, S. 25.

379 Dan Diner: Feindbild Amerika, München 2002, S. 192.

380 Edward Said: Waiting on a Countervailing Force, in: Counterpunch, 16. 11. 2002.

381 Michael Moore: Stupid White Men, New York 2001, S. 209 ff.

382   Colin J. Campbell: Ölwechsel, München 2002, S. 77.

383   ebda., S. 87.

384   Hermann Beer: Chancen und Trends bei der Nutzung regenerativer Energiequellen weltweit, in: F.A.Z.-Institut: Regenerative Energiequellen, Frankfurt am Main 2000, S. 10.

385   Harry Lehmann: Ein solares Energieversorgungskonzept für Europa, Forschungsverbund Sonnenenergie »Themen 98/99«, Wuppertal 2000.

386   ebda.

387   ebda.

388   Hermann Scheer: Wegweiser für ein zukunftsfähiges Deutschland, München, 2002.

389   Ian Roberts: Car Wars, in: The Guardian, 18. 1. 2003.

390   Wolfgang Uchatius: Vergesst die Globalisierungsdebatte! Vorbesprechung eines Artikels von Daron Acemoglu in der American Economic Review, in: Die Zeit, 4. 7. 2002.

391   Daniel Thürer: Recht der internationalen Gemeinschaft und Wandel der Staatlichkeit, Sonderdruck aus: Daniel Thürer, Jean Francois Aubert, Jörg Paul Müller: Verfassungsrecht der Schweiz, Zürich 2001, S. 44.

392   ebda., S. 39.

393   Daniel Thürer: Neutralität der Schweiz – Illusionen oder (humanitäre) Chance? in: Benedek/Isak/Kicker: Development and Developing International European Law, Essays in Honour of Konrad Ginter on the Occasion of his 65th Birthday, Frankfurt 1999, S. 748 f.

394   ebda., S. 744 f.

395   Thürer, s. Anm. 391, S. 47.

396   Thürer, s. Anm. 393, S. 745.

397   Bill Vann: Washington schweigt, in: www.wsws.org, 11. 12. 1998.

398   Die Frage danach. Chile diskutiert über die Folgen der Rückkehr Pinochets, in: www.condor.cl.

399   Albert Scharl: Chronologie der Verhaftung und des Auslieferungsverfahrens gegen Pinochet, in: www.amnesty-muenchen.de.

400   Pressekonferenz mit dem Autor, Wien, 12. 8. 1999.

401 Christopher Hitchens: The Trial of Henry Kissinger, London 2002, S. XXV.

402 ebda., S. XX.

403 ebda., S. XXIV.

404 Internationaler Strafgerichtshof nimmt Arbeit auf, in: Friedenspolitischer Ratschlag, Kassel, 2. 7. 2002.

405 Michael Ignatieff: The Burden, in: The New York Times Magazine, 5. 1. 2003.

406 Robert D. Kaplan: Warrior Politics, New York 2003, S. 77.

407 Ryszard Kapuscinski: Der Fußballkrieg. Berichte aus der Dritten Welt, Frankfurt am Main 1990, S. 158.

408 Austria Presse Agentur APA504, 28. 11. 2002.

409 James P. Pinkerton: Forget Elway – U.S. Is Throwing the Long Bomb, in: Newsday (NY), 2. 2. 1999, A36.

410 Jeffrey Goldberg: Party of God, The New Yorker Online, 7. 10. 2002.

411 ebda.

412 John Lewis Gaddis: And Now This: Lessons from the Old Era for the New One, in: Strobe Talbott, Nayan Chanda: The Age of Terror, New York 2001, S. 10.

413 U. S. Department of Defense: DoD Briefing – Secretary Rumsfeld and Gen. Myers, 26. 6. 2002.

414 George Bush vor dem deutschen Bundestag am 23. 5. 2002, White House, Office of the Press Secretary.

415 Steven Everts: Unilateral America, Lightweight Europe? Managing Divergence in Transatlantic Foreign Policy, Centre for European Reform, London 2001, S. 3.

416 Edward Said: Waiting on a Countervailing Force, in: Counterpunch, 16. 11. 2002.

417 ebda.

418 Westeuropäische Union – Sicherheitsgemeinschaft westeuropäischer Staaten, die inzwischen weitgehend in der EU aufgegangen ist.

419 Zahlen aus: Patrice Hummel (EADS): Optimisation of European Armaments Industry Capabilities, Referat vor der Tagung der WEU, Madrid, 6. 3. 2002.

420 Hummel, s. Anm. 419.

421 Francois Heibourg: European Defense: Making It Work,

Chaillot Paper 42, Institute for Security Studies, Western European Union, Paris 2000, S. 99.

422 Die Ordnung des Vaters, die Herrschaft des Sohnes. Gespräch mit Egon Bahr, Freitag (Wochenzeitung Berlin), 20. 9. 2002.

423 Robert Kagan: Power and Weakness, in: Policy Review No. 113, Juni 2002, S. 12.

424 Edward Foster: Sharing the Reins, in: Jane's Defense Weekly, 8. 1. 2003.

425 ebda.

426 Erich Reiter: Die nationale Sicherheitsstrategie der USA vom September 2002, Bundesministerium für Landesverteidigung/Büro für Sicherheitspolitik, Wien 2002.

427 Zahl nach: James Fallows: The Fifty First State? in: The Atlantic Monthly, November 2002.

428 David Halberstam: War in a Time of Peace, New York 2001, S. 86.

429 ebda.

430 www.globaldefense.net.

431 z.B. Robert Kagan: Power and Weakness, in: Policy Review No. 113, Juni 2002.

432 ebda., S. 9.

433 Robert Kaplan: Warrior Politics, New York 2003, S. 82.

434 The National Security Strategy of the United States of America, Washington 2002, S. 25.

Literatur

Abraham, Rick: The Dirty Truth. The Oil and Chemical Dependency of George W. Bush, Houston 2000

Bairoch, Paul: Economics and World History. Myths and Paradoxes, Chicago 1993

Becket, James: Barbarism in Greece, New York 1970

Beham, Mira: Kriegstrommeln. Medien, Krieg und Politik, München 1996

Blum, William: Killing Hope. U.S. Military and CIA Interventions Since World War II, London 1986

Blum, William: Rogue State, London 2002

Bowen, Russel S.: The Immaculate Deception. The Bush Crime Family Exposed, Carson City 1991

Brisard, Jean Charles/Dasquié, Guilleaume: Forbidden Truth. U. S.-Taliban Secret Oil Diplomacy and the Failed Hunt for bin Laden, New York 2002

Brzezinski, Zbigniew: The Grand Chessboard. American Primacy and its Geostrategic Imperatives, New York 1997

Brzoska, Michael/Wulf, Herbert: Rüstungskontrolle in der Krise und Abrüstung am Wendepunkt, Bonn International Center for Conversion (BICC), 2001

Butler, Richard: Saddam Defiant. The Threat of Weapons of Mass Destruction and the Crisis of Global Security, London 2001

Campbell, Colin J. u.a.: Ölwechsel, München 2002

Caro, Robert A.: Lyndon Johnson – Master of the Senate, New York 2002

Chang, Nancy: Silencing Political Dissent, New York 2002

Chomsky, Noam: 9-11, New York 2001

Chomsky, Noam: Profit over People, New York 1999

Clark, Ramsey: Wüstensturm. US-Kriegsverbrechen am Golf, Göttingen 1993

Cockburn, Alexander/St. Clair, Jeffrey: Al Gore: A User's Manual, London 2000

Diner, Dan: Feindbild Amerika. Über die Beständigkeit eines Ressentiments, München 2002

Evans, Trevor/Heine, Michael/Herr, Hansjörg: Weiche Kurse – harter Fall? in: Arne Heise (Hg.): USA – Modellfall der New Economy? Marburg 2001

Falk, Richard: Predatory Globalization, Cambridge 1999

Fischer, Joschka: Für einen neuen Gesellschaftsvertrag, München 2000

Gibbon, Edward: The History of the Decline and Fall of the Roman Empire, London 2000

Halberstam, David: War in a Time of Peace, New York 2001

Heibourg, Francois: European Defense: Making It Work. Chaillot Paper 42, Institute for Security Studies, Western European Union, Paris 2000

Heise, Arne (Hg.): USA – Modellfall der New Economy, Marburg 2001

Hitchens, Christopher: No One Left to Lie to, London 1999

Hitchens, Christopher: The Trial of Henry Kissinger, London 2002

Hobsbawm, Eric: The New Century, London 2000

Hobsbawm, Eric: Age of the Extremes, London 1995

Jentleson, Bruce W.: With Friends Like These: Reagan, Bush and Saddam, 1982-1990, New York 1994

Kaplan, Robert D.: Warriors Politics, New York 2003

Kapuscinski, Ryszard: Der Fussballkrieg. Berichte aus der Dritten Welt, Frankfurt am Main 1990

Kennedy, Paul: The Rise and the Fall of the Great Powers, New York 1987

Kissinger, Henry: Does America Need a Foreign Policy? New York 2002

Moore, Michael: Stupid White Men, New York 2001

Nye, Joseph S.: The Paradox of American Power. Why the World's Only Superpower Can't Go Alone, New York 2002

Palast, Greg: The Best Democracy Money Can Buy, London 2002

Phythian, Mark: Arming Iraq. How the U.S. and Britain Secretly Built Saddam's War Machine, Boston 1997

Rai, Milan: War Plan Iraq, London 2002

Randal, Jonathan C.: After such Knowledge: What Forgiveness?
My Encounters with Kurdistan, New York 1997

Roosevelt, Kermit: Countercoup: The Struggle for the Control of
Iran, New York 1979

Schulmeister, Stefan: Globale Finanzmärkte – Siegeszug des
Neoliberalismus? Beitrag zum Symposium »Kurswechsel. Sozial
ins 21. Jahrhundert«, Wien 1999

Simpson, Alan/Rangwala, Glen: The Dishonest Case for War on
Iraq, Cambridge 2002

Stiglitz, Joseph: Gobalization and its Discontents, New York 2002

Talbott, Strobe/Chanda, Nayan: The Age of Terror, New York 2001

Taylor, Telford: Nuremberg and Vietnam. An American Tragedy,
New York 1971

Thürer, Daniel: Neutralität der Schweiz – Illusionen oder (huma-
nitäre) Chance? in: Benedek/Isak/Kicker: Development and
Developing International European Law, Essays in Honour of
Konrad Ginter on the Occasion of his 65th Birthday, Frankfurt 1999

Thürer, Daniel: Recht der internationalen Gemeinschaft und
Wandel der Staatlichkeit, Sonderdruck aus: Daniel Thürer, Jean
Francois Aubert, Jörg Paul Müller: Verfassungsrecht der
Schweiz, Zürich 2001

Vidal, Gore: The American Presidency, Chicago 1998

Vidal, Gore: The Decline and Fall of the American Empire, New
York 2002

Woodward, Bob: Bush at War, New York 2002

Woodward, Bob: Die Befehlshaber, Köln 1991

Zinn, Howard: Terrorism and War, New York 2002

Essays und Artikel

ACLU: Insatiable Appetite. The Government's Demand for New
and Unnecessary Powers after September 11. ACLU-Report,
Washington D. C. 2002

Everts, Steven: Unilateral America, Lightweight Europe?
Managing Divergence in Transatlantic Foreign Policy, Centre for
European Reform, London 2001

Fallows, James: The Fifty First State? in: The Atlantic Monthly,
November 2002

Gray, Colin S./Payne, Keith: Sieg ist möglich, in: Blätter für deutsche und internationale Politik 12/1980, S. 1503

Halliday, Denis J.: Economic Sanctions on the People of Iraq: First Degree Murder or Manslaughter? in: AAUG-Monitor Vol. 15 Nr. 1/2000, Washington D. C.

Heibourg, Francois: European Defense: Making It Work. Chaillot Paper 42, Institute for Security Studies, Western European Union, Paris 2000

Ignatieff, Michael: The Burden, in: The New York Times Magazine, 5. 1. 2003

Kagan, Robert: Power and Weakness, in: Policy Review No. 113, Juni 2002

Kagan, Robert: When America Blinked. How We Unlearned the Art of War, in: The New Republic, 12. 3. 2001

Kamp, Karl-Heinz: Ein »geheimer Atomplan« der USA? Arbeitspapier der Konrad-Adenauer-Stiftung Nr. 62/2002, Sankt Augustin 2002, S. 3

Lewis, Bernard: The Roots of Muslim Rage, in: The Atlantic online, September 1990

Marshall, Joshua Micah: The Pentagon's Internal War, in: www.salon.com, 9. 8. 2002

Reiter, Erich: Die nationale Sicherheitsstrategie der USA vom September 2002, Bundesministerium für Landesverteidigung/ Büro für Sicherheitspolitik, Wien 2002

U.S. Military Transformation: Not Just More Spending, But Better Spending, in: Center for Defense Information, Washington D. C., 31. 1. 2002

Sigrist, David W.: Prospects for Super-Terrorism, Potomac Institute for Policy Studies, Arlington 1999

Cave, Damien: Oily Waters, in: www.salon.com, 20. 11. 2001

Paul Krugman: Der amerikanische Albtraum, in: Die Zeit, 7. 11. 2002, S. 25

Dokumente und Erklärungen

The National Security Strategy of the United States of America, Washington 2002

Department of Defense: DoD News Briefing – Secretary Rumsfeld and Gen. Myers, 26. 6. 2002

Department of Defense: Secretary Rumsfeld Speaks on »21st Century Transformation« of U. S. Armed Forces, Washington, 29. 1. 2002

Human and Income Poverty. Human Development Report 2002, OECD

International Court of Justice: Military and Paramilitary Activities in and against Nicaragua (Nicaragua vs. United States of America) (1984-1991)

National Strategy to Combat Weapons of Mass Destruction, Washington 2002

Rebuilding America's Defenses. Strategy, Forces and Resources For a New Century. A Report of The Project for the New American Century, September 2000

The President's State of the Union Address, Office of the Press Secretary, Washington 29. 1. 2002

U. S Army Command and General Staff College: Fundamentals of Operational Warfighting. DJMO Scenario and Reference Book for CENTCOM (Notional), Kansas 2001